자연 환경 식물이야기

자연 환경 식물이야기

강상규 지음

문경출판사

머리말

고운식물원은 청양에 있는 청양의 것이요. 청양의 자랑이며 보배이다. 충남 청양군 청양읍 식물원길 398-23에 위치하고 있는 식물원은 자연과 조화된 그대로의 지형을 살려 약 37.4ha의 부지에 35개의 소정원으로 조성된 전국 최고의 자연친화형 식물원으로 2003년 4월 28일에 개원하였으며 우리나라 자생식물을 비롯하여 1만 여 종의 다양한 식물들이 자라고 있는 그야말로 천상의 화원이다. 기후변화로 멸종위기를 맞은 광릉요강꽃을 비롯하여 새우난초 등 많은 종의 식물들을 증식 보존 관리하고 있으며 해발 265m의 전망대에서 230m을 타고 내려오는 세계 유일한 무동력 자연친화형 롤러슬라이드를 즐길 수 있고 4계절 피고 지는 꽃향기와 숲이 주는 자연의 소리(새소리, 물소리, 바람소리 등) 들을 수 있는 등 자연과 함께 몸과 마음이 치유되는 곳이다.

우리 청양은 영산 칠갑산(해발 561m)과 지천구곡(100리)을 중심으로 산자수려한 천혜의 자연경관과 환경은 동양의 알프스라 일컫고 있으며 한국 제일의 청정지역임을 자랑하고 있다.

이와 함께 어우러진 식물원은 인류의 건강과 기본질서인 도덕성 및 사회성 등 심성을 일깨워주고 경제적 가치도 제공해주는 곳이기도 하다.

오늘날 지구촌의 문제는 세계적인 기후위기 시대를 넘어 지구 재난의 시대로 날로 심각해지고 있고 이 시대 시급한 과제이기도 하며, 이는 생물다양성의 증진과 탄소중립의 실천 그리고 환경 문제의 해결이다.

이러한 시대 식물의 기능과 역할은 무엇보다도 크고 위대하며 인류의 희망이요, 미래가 아닌가 생각해 본다.

아울러 우리 시대 또 하나의 희망이며 과제인 식물 다양성 증진과 인구 감소, 윤리의식의 실종 해결 등을 위한 우리들의 지혜와 뜻이 모아져야 한다는 생각을 해보며 작은 마음에 생각들을 모아보았다.

뜻있는 분들한테 다소나마 도움이 되길 바라면서 끝으로 그동안 본 책이 발간되기까지 음으로 양으로 도와주시고 자문해 주신 고운식물원 이주호 회장님, 대표이사이신 김광두 교수님, 김태권 고문님 그리고 이귀선 여사님께 감사의 뜻을 전한다.

2025. 12.

강 상 규

차례

차례

차례

차례

절박함이 있어야 기적이 일어난다

우공이산(愚公移山)이란 말이 있다.

우직하게 한 우물만 파는 사람이 큰 성과를 거둔다는 말이기도 하며 여기서 중요한 것은 산을 옮겨야 한다는 절박함이며, 산을 옮겨야 하겠다는 의지 즉 철학이다.

어떤 일이나 때가 닥쳐 여유가 전혀 없고 몹시 금한 상태를 절박하다고 표현하며 절박한 상황에서는 무엇인가 절실히 원할 수밖에 없고 타 대책을 찾기 위해 무슨 일이든 필사적으로 노력한다. 이곳 청양에서 태어나 청양에서 자란 필자가 어리석은 생각으로 몇 가지 생각해 본다.

지금 전 세계적으로 기후변화와 지구온난화 등 환경의 변화가 심각한 수준이고 절박한 심정으로 이에 대응해야 할 것이며 청양의 가장 큰 문제는 사람이 줄고(인구감소) 있다는 것이다. 타 시군도 마찬가지이겠지만 특히 청양의 인구감소는 절박한 심정으로 생각해야 하며 지역의 지도자들은 절박함을 느껴야 한다.

지역의 발전은 우선 사람이 있어야 지속 가능한 발전을 할 수 있어 '사람이 지역의 미래다'라는 역설을 새겨야 한다.

인구가 증가해야 정치, 경제, 사회문화, 복지 등 전 분야에 걸쳐 성장 동력을 찾을 수 있으며 인구 증가는 구호만 외쳐도 안되고 누이 좋고 매부 좋다는 식의 대책도 안되며 정말 죽느냐, 사느냐의 절박한 마음이 있어야 한다. 하려는 의지는 방법을 낳고 기술과 돈을 낳는다고 한다.

지역의 밤이 조용하고 경제가 침체되는 등 모두가 늘어나지 않는 인구 때문인지도 모른다.

한때 12만 군민이었는데 이제 3만 정도의 청양으로 변해 있다. 이런 청양에 사람이 살고 싶어 모여들고 결혼하기가 좋고 아이 낳기가 좋아 미래가 있는 이런 청양 정녕 만들 수 없는 것일까!

요즈음 어쩌다 어린아이들이나 학생들 그리고 결혼한 젊은 청년들을 보면 기분이 좋아진다. 이들이 마음껏 꿈과 희망을 펼칠 수 있는 곳이 되어 청양에 살고 싶은 마음이 생길 때 사람들이 청양으로 몰려들지 않을까! 학생들이 배우기 좋고 청년들이 결혼하기 좋고(경제력, 취업, 위상, 보람) 노후가 보장되는 곳이라면 사람들이 떠나지 않고 몰려들 것 아닐까 하는 생각을 해본다.

세계에서 가장 살기 좋은 도시 1순위는 오스트리아 비엔나라는 도시라고 한다. (지난 4년간 1위 차지, 2위는 덴마크의 코펜하겐, 3위는 호주의 멜버른) 평가지표는 안전성, 의료문화, 환경, 교육, 인프라 등 5가지 분야에 걸쳐 평가되었다고 한다.

우리가 살고 있는 아시아에서 보면 1순위로 일본 오사카이며 우리나라 서울은 4순위, 부산은 6순위이다.

우리 청양군의 1년 예산이 약 6천억 된다고 한다.

반은 기본 살림을 해야겠지만 3천억 정도로 3년 정도 약 9천억 원의 예산을 사람들이 모여들도록 하는데 투자를 해보자.

청양을 살려야겠다는 절박한 심정이 있어야 성공할 수 있으며 투자가 가능하다.

우리나라 인구는 약 5,155만 명이며 내년이면 65세 인구가 1,000만 명이 넘는다고 한다. 65세 인구가 7% 넘으면 고령화사회, 14% 넘으면 고령사회, 20% 넘으면 초고령 사회라고 하는데 청양은 이미 35%대가 넘은 지 오래되어 이따금씩 지방소멸이란 얘기가 나오는 현실이다.

천둥이 치고 세찬 비바람이 몰아치고 깔지게는 넘어가고 몸은 설사를 하여 급하게 화장실에 가고 싶고… 이때 화장실을 찾는 심정으로 생각해 본다면 분명 답이(기적이) 나올 것이라는 생각이다.

20년 전만 해도 우리가 언제 물을 사 먹는 시대가 올 것이라 생각 했겠는가 그러나 지금은 물을 넘어 공기를 사 먹어야 할 시대가 도래하고 있다. 드론. 인공로봇 등이 파고드는 4차 산업혁명 시대를 지나 5차 산업혁명시대 청양은 어떻게 되고 인간은 어떤 존재일까 하고 필자는 상상해 본다.

분명하다는 것은 절박함이 있어야 기적이 일어난다는 것이다.

우리 모두 청양의 절박함을 느끼며 청양의 새로운 도전의 의지를 모아 우공이산의 정신으로 계속 정진해야 한다는 생각을 해본다.

〈2023. 4.〉

칠갑산 봄꽃축제 이야기

재직시절 제1회로 끝난 봄꽃축제가 떠오른다.

늘 상 생각하는 것이지만 청양의 콘셉트는 꽃이라 할 수 있다. 순결하고 청정한 곳, 맑고 신선한 곳, 아름다움의 대명사 청양(靑陽)이라는 지명이 그렇듯이 말이다.

'벌, 나비는 꽃을 찾아서 날아든다.' 옛 노랫말이 있다.

청양은 꽃, 벌, 나비는 도시사람(관광객) 얼마나 좋은가!

2008년 4월 25일부터 30일까지 백세공원에서 고운식물원과 같이 아름다운 만남, 즐거운 체험, 행복한 동행이란 주제로 제1회 칠갑산 봄꽃축제를 개최한 바 있다.

필자의 승진기념으로 개최해 보라는 군수님의 의지에 따라 축제팀을 구성(T/F) 티에프팀장을 맡아 지금의 군청 지하벙크에서 기획하고 추진하여 1회로 끝났지만 만일 지금까지 이어왔다면 청양은 지금보다 몇 배 발전했을지도 모른다. 때문에 지금도 아쉽고 기회가 되면 다시 개최하고 싶은 생각이다.

꽃잔디 가득한 백세공원에서 팬지, 튤립, 백합, 유채꽃 등 봄 꽃동산을 조성하고 오색분수 쇼, 환타치 꽃 조명, 고운식물원의 1,200여 종의 야생화, 희귀식물과 수목 그리고 천문대 별자리 보기, 다채로운 문화공연 행사에 이어 칠갑산 가요제, 군민이 소장하고 있는 꽃 전시관, 꽃향기 카페, 꽃 음식 전시장, 꽃 사탕 만들기, 봉숭아물들이기 등 다채로운 프로그램 운영으로 축제기간 중 20만 명이 넘은 관광객이 찾아오는 대 성공적인 축제였다.

그러나 인위적 꽃동산 조성은 예산 낭비라는 일부 여론에 밀려 1회로 끝났지만 예산 3억 원 가지고 6일 동안 어렵게 추진하였던 기억이다.

청양의 4~5월은 정말 플라워 벨트다.

벚꽃을 비롯하여 칠갑산에 피어오르는 이름 모를 꽃들, 청양의 구석구석 어디를 둘러봐도 꽃향기가 가득하며 산에는 진달래, 들엔 개나리꽃 등 새봄의 정취를 흠뻑 느낄 수 있다.

꽃은 사람들의 마음에 주는 힘이 정말 강하며 순수하기 때문인가.

이 세상에 꽃을 싫어하는 사람은 아마 없을 것이며 모두 꽃을 사랑한다. 또한 노래 "나의 살던 고향은 꽃피는 산골, 복숭아꽃 살구꽃 아기 진달래"처럼 사람들에게 향수를 자극한다.

울긋불긋 꽃 대궐 차린 동네 청양에서 매년 봄꽃축제를 개최하였으면 하는 생각이 절실하다.

김치와 김장 문화

오늘은 제15회 김치의 날로 김치재료 하나하나(11월)가 모여 22가지(22일) 효능을 나타낸다는 의미이다.

한 해의 마무리는 김장김치를 담그는 일이며 김장 담그기의 마지막은 돼지고기를 삶아 갓 만든 김장김치와 함께 먹는 보쌈 그 맛이다. 최상의 궁합이며 최고의 맛이다.

요즈음은(11월 중순) 소위 말하는 김장철로 주부들의 손길이 분주하다.

채소를 소금에 절이면 오래 보관할 수 있으며 소금이외에도 장이나 초, 향신료 등을 함께 섞어두었더니 새로운 맛과 향이 보태진 식품이 탄생되어 이와 같은 채소절임 식품이 김치의 시작이라고 한다.

고려 중엽 문장가인 이규보의(동국이상국집)에 겨울에 채소를 먹기 위해소금에 무를 절여서 보관했다는 기록이 있고 이후 절인 채소에 한번 더 양념하는 방식으로 한국인만의 독특한 방식으로 김치를 만들었다.

조선시대 고추의 도입(임진왜란 이후)과 함께 소금을 줄이고 감칠맛을 더해주는 해산물 젓갈류를 첨가해 김치맛을 더하게 만들었으며 고추의 매운맛과 향 때문에 해산물의 비릿한 맛이 어울려 독특한 채소 발효음식으로 발달되어 왔다.

김치는 무, 배추, 오이, 열무 등의 다양한 채소를 소금에 절인 후 고추와 파, 마늘, 생강, 젓갈 등의 양념을 섞어 저온에서 발효시켜 먹는 한국을 대표하는 음식중의 하나로 국내를 넘어 세계인을 사로잡고 있다.

김치는 재료마다 고유의 영양 성분이 있어 그 자체만으로도 우수한 영양학적 가치가 있지만 소금으로 절이면서 1차 발효가 일어나고 갖은 양념이 더해지면서 한꺼번에 2차 발효를 거치게 되는데 이때 식물성 재료와 동물성 재료가 섞여서 발효되어 다양한 영양소는 물론 풍부한 감칠맛을 낸다.

발효과정을 통해 김치에는 카로틴, 식이섬유, 페놀성 화합물 등 여러 생리활성 물질이 생성되며 특히 비타민과 무기질 함량이 높아서 항암, 고혈압, 당뇨 등 성인병 예방에도 도움이 되는 효능을 갖고 있다.

필자가 청양군 농업기술센터 소장으로 재직시절인 2012년 몽골 아르항가이도에서 농대를 졸업한 터머르다와(33세), 얼지잔아브(23세) 여학생 2명이 우리 센터에서 6월 20일부터 9월 4일까지 3달간 연수한 적이 있는데 이때 그들이 배우고 싶어 하는 것이 한국의 김치 담그는 법이었다.

이들은 김치 체험 후 “청양고추 역시 김치맛이 일품이에요”라고 말했다.

이후 2015년 10월 5일부터 11일까지 농업기술 전파목적으로 소장 강상규 외 6명이 몽골을 다녀온 적이 있다.

한편 맛있는 김치를 오랫동안 맛이 변하지 않게 하기 위해 조상들은 고유의 보관 방법으로 김치를 저장 보관해 왔는데 먼저 담근 김치는 손으로 꾹 눌러 중간에 공기를 빼고 그 위에 절인 배춧잎을 덮어 공기와 접촉을 차단하며 김치가 익는 동안 무거운 돌로 눌러주고 압력을 높이면 식염 효과가 가속화돼 김치가 빨리 익거나 모양이 변하는 것을 막을 수 있다.

일정 온도 유지를 위해 옹기에 담아 땅에 묻어 보관한다. 땅 표면에서 어느 정도 내려가면 공기가 통하지 않아 김치 산화를 억제하는 효과 있으며 통 속 온도는 4~5도 내외로 김치 숙성이 가장 잘 되는 온도로 유지된다. 산간지역에서는 옹기 외에도 나무로 만든 김칫독을 활용했으며 주로 피나무로 만드는데 나무 조직이 균일하고 물러 가공이 쉽다는 장점 외에도 온도 변화에 민감하지 않아 김치 보관이 쉬웠으며 또한 김치광을 만들어 보관했다. 햇볕이 잘 드는 곳에 장독대를 따로 마련해 두는 것처럼 서늘한 곳에 따로 김치광을 만들어 김치를 보관했다.

세계에서도 인정한 한국의 특별한 김장 문화 하늘과 땅, 사람이 조화를 이루어야 한다는 한국인의 뿌리 깊은 생각이 음식 문화 중 가장 오래도록 유지되어 온 김장 문화에도 녹아 있다. 좋은 재료와의 어울림으로 맛을 내고, 제때 바른 시기에 조리해 그 맛을 더욱 깊게 하고, 이웃과 가족이 한데 모이며 사람 간의 어울림을 실현하는 김장, 우리 민족만의 어울림 한마당이다.

2013년 한국의 김장 문화가 제8차 유네스코 무형문화유산 위원회에서 세계 인류 무형문화유산에 등재되었다. 세대에서 세대를 걸쳐 내려오면서 이웃 간 나눔을 실천하고 또한 공동체 연대감을 형성, 개인의 정체성과 소속감을 증대시켰다는 것이 등재 이유이며 전 세계에서도 눈에 보이지 않는 가치를 중요하게 생각하고 이를 계승, 보전하기 위해 무형문화유산으로 지정, 보고하고 있으며 김장문화 역시 마찬가지이다.

물론, 다른 유산들과 조금 다르게 전 국민이 전수자로, 온 나라가 김장문화를 계승해오고 있다는 점에서 특징을 갖는다.

또한, 가정마다 조금씩 다른 형태를 보이며(젓갈의 종류, 재료의 사용 등) 김장 문화가 이어져 오고 있다는 점도 눈에 띄며, 그뿐만 아니라 세계가 관심을 갖는 만큼 우리나라의 김장문화는 지금보다 더 다양한 모습으로 멀리 퍼져나가길 기대한다.

<김장김치 담그기 체험>

<몽골 아르항가이도 딸기재배 기술지도>

도토리와 벼농사 이야기

도토리는 주식물 대신 먹을 수 있는 구황작물(救荒作物)로 인류 최초로 사용한 식량 중의 하나라고 하며 우리 민족의 배고픔을 달래주는 고마운 작물이다.

조선시대 선조가 임진왜란이 터지자 북쪽으로 피난 갔는데 난리 중에 먹을 게 없어 임금 일행을 대접하기 위해 도토리묵을 쑤어 수라상에 올렸는데 도토리묵을 먹어 본 임금이 그 맛을 잊을 수 없다 하여 수라상에 자주 오르는 귀한 음식이 되었는데 수라상에 올린다고 해서 도토리나무를 상수리나무라고 했다고 한다.

도토리나무를 일반적으로 참나무("진짜"나무)라는 의미로 불렀으며 도토리나무인 참나무는 상수리나무, 굴참나무, 신갈나무, 갈참나무, 졸참나무, 떡갈나무 이렇게 6가지 종류가 있다.

먼저 상수리나무는 임진왜란 때 임금이 먹었던 상수리나무 열매로 만든 도토리묵이었으며 도토리가 가장 많이 달리는 나무이고 굴참나무는 껍질은 와인 병의 코르크 마개를 만드는 데 사용되며 과거에는 산간지방에서 굴피집(나무껍질로 만든 집)을 지을 때 주로 사용했으며 줄기가 세로로 굵게 갈라진다는 의미에서 굴참나무라 한다.

신갈나무는 옛날 짚신 안에 이 잎을 깔고 신어서 신갈나무라고 불렀으며 새로 나오는 잎의 색이 갈색을 띠고 있어 신갈나무라는 설도 있으며 숯의 재료로 가장 좋은 나무이다.

또한 떡갈나무는 잎사귀 뒷면에 흰떡가루가 묻어 있는 듯해 떡갈나무라 하며 잎을 떡을 찔 때 사용했는데 같이 찌면 떡이 달라붙지 않고 여름에는 쉽게 상하지 않아 많이 사용했다고 하며, 갈참나무는 다른 참나무보다 단풍잎이 가을 늦게까지 달려 있으며 묵을 만들면 찰지고 독특한 식감을 느낄 수 있다고 한다.

마지막 졸참나무는 다른 참나무와 비교했을 때 잎과 열매가 가장 작으며 졸참나무의 도토리는 다른 참나무의 도토리보다 떫은맛이 덜하고 열매의 속껍질도 쉽게 분리되며 졸참나무로 만든 묵이 가장 맛이 좋다고 한다.

도토리를 이용하여 요리를 만들어 먹는 나라는 현재 세계에서 우리 민족 밖에 없다고 한다.

예부터 우리나라 선조들은 도토리로 풍년과 흉년을 예상했다.

이유는 흉년에는 도토리가 많이 열리고 풍년에는 도토리가 적게 열린다.

참나무는 벼농사와 반대로 기상조건의 영향을 받아 비가 많이 오는 해는 도토리가 잘 열리지 않는데 이는 꽃가루가 빗물로 인해 수정이 잘 안되기 때문이며 벼는 반대로 잘 자랄 수 있는 환경이다.

도토리는 체내에 쌓인 중금속과 각종 유해물질을 몸 밖으로 배출해 주기도 하며 지금은 당뇨, 다이어트 등 건강식품으로 알려져 있다.

도토리는 산림생태계의 중요한 식물 중의 하나이기도 하다.

도토리나무는 산림생태계를 구성하는 대표적인 종목 중 하나로 생태계의 안정과 지속성을 유지하는데 중요한 역할을 한다.

특히 다람쥐는 도토리나무 번식에 중요한 매개체이다.

가을에 수백 개의 도토리를 땅에 묻어두고 식량으로 사용하지만 깜빡 잊고 파내지 못한 도토리가 많아 도토리나무가 자란다.

전국 어느 산이나 도토리나무를 흔히 볼 수 있는 것도 이 때문일 것이다. 우리나라 속담에 개밥에 도토리라는 말이 있다.

표현은 개가 개밥 속에 도토리가 섞여 있어도 먹지 않고 남기는 데서 유래되었다고 하며 뜻은 여러 사이에서 잘 어울리지 못하는 사람을 나타내는 표현이며 도토리 키재기라는 속담도 있다.

자연식품(自然食品, natural food)

자연식품이란 천연상태의 식품을 말하며 화학비료나 농약을 사용하지 않고 오염되지 않은 유기적으로 생육한 식품이다.

필자는 재직시절 청양의 산야초(산채, 야채, 약초)야말로 친환경 먹거리며 네추럴푸드라고 역설한 바 있다. 이것이야말로 신이 내린 보약이며 약식동원(藥食同源) 시대에 건강 장수 식품이다.

약식동원이란 약과 음식은 그 근원이 같다는 말로 자연과 인간의 건강이 상호 연관되어 있으며 이러한 음식들이 우리 몸에 약과 같은 역할을 할 수 있고 단순히 약을 통한 치료가 아니라 식생활을 통해서 많은 사람들이 건강을 유지하거나 회복하기 위해서 약에 의존하지만 음식 자체가 우리 몸에 큰 영향을 미친다고 할 수 있다.

지리산의 산야채로 여러 인근 시, 군 사람이 먹고살지만 우리 청양에는 해발 561m의 칠갑산이 있다. 칠갑산 자락에서 청정이슬을 먹고 자라는 산채, 야채, 약초야말로 자연식품으로서 건강 장수 시대의 좋은 먹거리이다.

이곳은 외부에서 물이 한 방울도 안 들어오며 동쪽에는 계룡산, 서쪽에는 오서산, 남쪽에는 지리산 등 큰 산이 있어 먼지를 걸러주고 전체 산림의 67%가 임야이며 칠갑산 아흔아홉 골을 중심으로 많은 실개천이 있어 음이온 발생이 많은가 하면 칠갑산에서 발원하여 흐르는 지천 100리 길에는 무성하게 우거진 각종 이름 모를 풀들에서 퍼져가는 그윽한 향기 계절 따라 눈을 현혹하고 잠자리며 나비며 맑은 물속에서는 하얀 조약돌 사이로 헤엄치며 노는 수많은 물고기들, 어릴 적 친구들과 멱 감고 물장구치며 천렵도 하고 곤충도 채집하던 이곳은 자연생태의 보고(寶庫)이고, 아름다운 자연경관과 함께 동양의 알프스라 일컬으며 한국 제일의 청정지역이라 부르기도 한다.

이러한 지역의 자연 속에서 자란 산야초야말로 보약이라 아니할 수 없다.

재직시절 꽃차(茶)에 관해서도 많은 관심이 있었다. 영롱한 아침 햇살 맞으며 피어나는 꽃들을 이용해 많은 웰빙음식을 개발하면 지역 특성과 사람들의 웰빙 욕구에 좋은 식품이 될 것이다라는 생각에 "꽃차 연구회" 등을 운영하면서 2019년 상사업비로 꽃차 체험장을 지원한 바도 있다.

얼마 전 대치면 작천리에서 "꽃이 머무는 자리"라는 브랜드로 카페를 운영하는 김영이 사장님 찻집에서 메리골드 차를 마신 바 있다.

재직시절 도움을 주지 못한 것이 아쉬웠지만 어려운 가운데서도 열정을 가지고 꽃차체험 등 찻집을 운영에 고마움을 느꼈다.

청양에는 꽃차에 관심 있는 분들이 많이 있으며 요즈음 건강장수 시대 웰빙식품으로 인기가 좋고 청정 청양의 콘셉트에도 잘 어울린다.

코로나 19가 생기기 전 비봉면 관산리 녹색농촌체험마을에 의왕시 생활개선 회원들이 다녀간 기억이 난다.

차에서 내리자마자 또랑가의 미나리며 들녘의 쑥이며 돌나물 그리고 머위, 달래, 냉이, 씀바귀 등을 뜯고 캐가는 모습을 보았다.

바로 이런 식물들이 건강 장수식품으로 천연 보약이 아닌가 생각해 보며 자연식품 바로 네추럴푸드가 아닌가 생각해 본다.

또한 필자는 산야초 효소 연구회를 조직 육성하는 한편 2015년 제1회 칠갑산 산야초 축제를 고추 구기자 축제와 병행하여 개최한 바도 있으며, 2020년까지 산야초를 통한 농가소득 1,000억 달성을 목표로 산야초 산업화 육성을 위해 주력한 바도 있다.

이렇듯 청양지역에서 재배되는 청정 산야초는 신이 내린 보약으로 건강 장수시대의 네추럴푸드로 더욱 발전하기를 기원한다.

사람이 미래다

2022년 통계청이 발표한 지난해 우리나라 합계 출산율이 역대 최저치인 0.78명으로 OECD(38개 회원국) 국가 중 최하위이다.

또한 2022년도 어느 통계에 의하면 결혼을 해야 한다고 생각하는 사람의 비중이 50.0%로 전년보다 1.2% 감소하였고 결혼을 안 하는 1위(28.7%)가 돈이 없어서이며, 2위는(14.6%) 고용상태가 불안정해서이며, 3위는 결혼의 필요성을 못 느껴서(13.6%)이다.

한국고용정보원의 보도자료에 의하면 0.2명을 지방소멸 위험지역으로 분류한 결과 전국 시, 군, 구중 113곳으로 2곳 중 1곳이 해당된다는 충격적인 결과도 있다.

60~70년대 좁은 땅과 식량자급이 어려운데다 급격이 늘어나는 인구증가 문제해결 위해 둘만 낳기 산아제한 정책을 펼쳐 90년대까지 “아들 딸 구별 말고 둘만 낳아 잘 기르자”, “잘 키운 딸 하나 열 아들 안 부럽다” 등의 표어로 산아제한에 대한 장려정책이 이어졌고, 공무원들 사이에 자녀 1명 이상 낳을 경우 인사에 불이익을 준다는 웃지 못할 풍문도 있었다.

이뿐만 아니라 셋째 출산의 경우 의료보험 혜택을 주지 않았던 때가 불과 40여 년 전이다.

바로 필자가 공무원을 시작했던 시기로(1981년) 공무원 들어가자마자 의무적으로 2명씩 난관 내지 정관수술을 시켰던 기억이 난다.

이제는 고령화와 출산율 감소로 경제활동 인구가 감소되고 지방소멸을 넘어 한국 소멸이라는 얘기까지 나오니 저출산, 인구감소 문제 등은 심각한 문제가 아닐 수 없다.

불과 30여 년 전만 하여도 남자는 군대 갔다 오고 여자는 대학 졸업하면 보통 24~28세에 주로 결혼하였으나, 지금은 35세가 넘는가 하면 3포 세대(연애, 결혼, 출산포기)가 증가하며 형제, 사촌, 삼촌이 없어지고 20대 부모가 사라지며 독신주의, 비혼주의가 많아지는 추세이다.

저출산으로 인해 아이들이 점점 사라지고 유치원과 초등학교의 폐교가 늘어나는가 하면 아기 울음소리조차 듣기 어려운 시기이다.

과거에는 가문의 혈육을 유지하기 위해 또는 사업을 물려주기 위해 결혼했으나 불안정한 경제로 인해 취업 기회는 적고 생활에 어려움등 사회적 변화로 사람에 따라 결혼이 필수가 아닌 선택이며 성적인 자유와 다양성에 대한 인식도 높아지는가 하면 저출산과 고령화 및 인구감소등 사회적 상황에 큰 위기의식을 가지고 대책을 준비해야 할 때인 것 같다.

독일에서는 젊은이들도 현재 한국과 같은 결혼 출산율 0%대로 추락하여 큰일이다 생각하고 저출산 극복을 위해 독일 정부에서 보유토지에 청년층 결혼자 전용주택을 지어서 주위 시세 얼마와 상관없이 결혼하면 월20만원에 임대해 주고 독일 물가 수준으로는 거의 거저 수준으로 주택 문제를 해결해 주니 결혼 출산율이 1명대로 증가하였다고 한다.

우리나라도 현재 출산율을 높이기 위해 많은 정책들을 추진하지만 지자체별로 대규모의 청년층 결혼자에게 전용주택을 지어주는 등 가임 가능한 모든 청년층들이 희망을 가지고 마음 놓고 출산할 수 있도록 할 때가 아닌가 생각해 본다

이와 함께 젊은이들에게 취업기회 확대로 경제적 여유를 주고 사회적으로 많은 혜택을 주어 결혼을 미루지 않도록 하는 등 젊은 청년들이 안정적인 결혼생활을 할 수 있도록 서둘러야 한다는 생각이다.

윤리(倫理)는 가정과 사회를 지탱하는 근본

사람이 태어나 자라온 가정환경이나 개성이 서로 다르고 서로 간 시대 간 세대 간 서로의 다름이 있다. 당연한 이치지만 때로는 갈등의 요인이 생기기 마련이다.

인간과 가정과 사회를 지탱하여 주는 윤리가 실종되어 가고 있기 때문이 아닌가 생각해 본다.

옛날 대가족 때에는 어릴 때부터 할아버지 할머니 품에서 옛날얘기와 곁들인 윤리사상을 받았으나 급속한 산업화와 개인주의 만연으로 더불어 함께 사는 협동심은 물론 존경과 신뢰가 무너지고 있다.

사회적 단위는 가족인데 10여 명이 되던 떼와 달리 지금은 2~3명의 핵가족화되면서 삼촌, 고모는 물론 형. 동생이 없는 경우가 많기 때문에 서로 보살펴 주고 가르쳐 주고 그 속에서 스스로 배우는 소위 가훈이 실종된 것은 아닐까만 15세에서 49세 여성이 낳을 것으로 예상되는 우리나라 합계 출산율은 2022년 기준 0.78명으로 OECD 국가 중 최하위로 인구의 감소는 계속되고 있다. 사회복지 연구원에 따르면 결혼과 출산이 필수라고 생각 하는 여성이 4%밖에 안 된다고 하며, 통계청에 의하면 1인 가구 증가로 인해 혼인과 출산율이 감소하고 인구 고령화가 가속되고 있는 가운데 1인 가구 비중이 34.5%이며 10곳 중 1곳이 독거노인이라고 한다.

또한 소위 3포 세대(결혼, 연애, 출산포기)라고 하는 20대~30대가 증가하고 있으며 농림축산식품부에 따르면 1인 가구가 늘어나면서 정서적 교감을 나눌 대상으로 동적인 반려동물을 사육하는 가구가 2012년 364만 가구(556만 마리)에서

2022년 602만 가구(799만 마리)로 증가하였으며 시장 규모도 2022년 기준 우리나라 8조 원 세계시장 규모 498조 원이라고 한다.

반려동물 관련 산업도 장례식장, 공원, 병원 등 급성장하고 있다.

사람이 태어나 사람의 젖을 먹고 자라야 모성애 부성애(자식을 생각

하는 어머니 아버지의 마음)도 생기고 사람의 성격도 좋아지고 인륜의 정도 생기는 것인데 소젖을 먹고 자라고 있으며 유아원, 유치원에 맡기는 등 부모와 떨어져 지내니 부모 자식 간에 사랑이 적어지고 소통이 소외되고 개인주의가 심화되며 성격도 변하는 것 아닌가 하는 생각도 해본다.

참말인지는 모르겠지만 보도에 의하면 서울대생을 대상으로 부모가 언제쯤 돌아가시면 가장 적절한가를 묻는 질문에 63세라고 대답한 학생이 제일 많다고 한다. 이유는 은퇴한 뒤 퇴직금을 남겨 놓고 사망하는 것이 가장 이상적이라는 것이다.

필자가 재직시절 한 70대 후반의 노인이 찾아와 2명의 아들이 있는데 자식들이 잘해주고 나이도 있고 해서 전 재산 논 8마지기(1,600평)을 팔아 자식들에게 나누어 주었는데 그 뒤로부터는 명절 때도, 생일 때도 집에 안 오고 기다려도 외국 나간다고 전화만 하더라고 하며 재산이 없으니까 자식들도 찾지 않더라는 말을 들은 적 있다.

얼마 전만 해도 명절(추석, 설)이 되면 가족들과 함께하며 조상 성묘하고 차례 지내기 위해 귀성객이 많았는데 지금은 명절 연휴 때 외국으로 놀러 나간다고 한다. 부모가 돌아가셔도 슬퍼서 울기는커녕 부조돈만 챙기며 옛날 3년 탈상에서 1년 탈상, 49제, 이제는 삼우제 발인 당일 탈상을 하는가 하면 제사도 지내지 않은 세대들이 늘어난다고 한다.

이처럼 무엇 때문인지 가족 관계가 붕괴되고 지역 사회가 붕괴되는 현실을 보면서 그저 모든 게 기성세대의 잘못된 생각인가 하기엔 이 사회가 한번 생각해 보았으면 한다.

요즈음 인터넷을 보다 "왕의 DNA를 가진 어린아이이기 때문에 왕자에게 말하듯이 좋게 돌려서 말해도 다 알아 듣습니다. 지시하거나 명령하는 식으로 말하면 아이는 분노만 축적됩니다"라고 초등학교 담임선생님께 부모님이(모 학교의 행정실장) 쓴 갑질의 편지를 보았다.

교육의 가치와 선생님의 역할은 무엇인가 하고 생각해 보게 된다.

환경이 변하고 세상이 아무리 변한다 하여도 사람들에게서 윤리의식은 변하지 않았으면 좋겠다는 생각을 해본다.

〈2023.10.〉

자연(自然)이 전하는 소리

사전에 보면 자연은 산, 강, 바다 등 생명력을 가지고 스스로 생성 발전하는 것이다.

즉 사람의 힘이 더해지지 아니하고 세상에 스스로 존재하거나 우주에 저절로 이루어지는 모든 존재나 상태(자연 자원), 사람의 힘이 더해지지 아니하고 저절로 생겨난 산, 강, 바다, 식물, 동물 따위의 존재 또는 그것들이 이루는 지리적, 지질적 환경(자연이 주는 혜택)을 말한다고 되어 있다.

최근 들어 우리나라를 비롯한 세계 여러 나라들이 지구 온난화의 결과로 가뭄, 태풍과 같은 자연재해 발생이 급격이 증가하고 있으며, 대규모 골프장이 들어설 예정지에 멸종위기 야생생물 2급이자 천연기념물인 수리부엉이 서식지가 발견되었는데 골프장이 들어서게 되면 야간조명으로 인해 야행성 동물인 수리부엉이 서식환경이 크게 우려된다는 이야기가 나오고 있다.

자연을 보호하고 지키며 인간과 자연이 공존하며 살아가는 것이기 때문일 것이다.

우리나라 계절도 빠르게 변하고 있다.

봄과 여름의 시작 시기는 각각 6일과 3일 빨라지고 전체 길이는 4일씩 길어졌다고 하며, 반면 겨울의 시작은 하루 늦어지고 길이는 전체 7일 줄었다고 한다. 따라서 기온상승과 빨라진 봄의 시작으로 식물의 플로리겐(개화 호르몬)이 예전보다 빠른 시기에 생성된다.

기상청이 발표한 자료에 따르면 최근 30년간 한국의 평균 기온은 12.8도로 과거 평년값(12.5도)과 비교하면 0.3도 상승했다고 한다.

벚꽃의 경우 이미 지난여름에 꽃의 싹을 만들어 꽃눈에 저장시켜 두었기 때문에 봄에 온도만 맞으면 꽃이 핀다. (2023년 청양지역 4월 3일 만개 벚꽃, 개나리, 진달래) 원인은 높은 기온과 긴 일조 시간인데 올해 벚꽃 개화 전 기온과 일조시간을 보니 2월과 3월의 전국 평균 기온이 평년보다 각각 1.3도, 3.6도 높았으며 일조시간 역시 두 달 안 30일이 더 길었다고 한다.

중요한 것은 땅속 온도는 땅 위 온도보다 느리게 올라가기 때문에 곤충들이 바깥이 따뜻해졌다는 걸 더 느리게 감지하여 꽃이 다 피어버린 뒤에나 지상으로 올라가 활동을 시작할 수도 있다는 것이며 곤충들이 사라질 수도 있다는 것이다.

이른 개화는 냉해 등 각종 피해에 더 많이 노출되며 그렇게 식물의 생산성이 떨어져 생물 성장을 방해하는데 쉽게 말해서 식물이 광합성을 제대로 못해서 탄소흡수량이 적어진다는 것이다.

또, 식물이 꽃을 피우면 열매를 맺기 위해 곤충이 꽃가루를 옮겨야 하는 데 개화 시기가 앞당겨지면 곤충의 활동에 영향이 있다.

서로의 시간이 어긋나게 될 경우 종 보전의 문제까지 발생할 수 있다는 것이다.

2021년 환경부에서 발표한 토양오염 실태 조사 결과를 보면 수은(19.4%), 납(11.7%) 등은 기준보다 증가한 것으로 나타났으며, 봄철이 되면 황사, 미세먼지 등으로 뿌연 하늘 때문에 건강뿐만 아니라 기분도 우울해진다. 미세먼지는 코점막을 통해 걸러지지 않고 인체 내부까지 침투하기 때문에 주의해야 한다.

또한 생물의 다양성인데 생물 다양성이란 생물이 서식하는 생태계의 다양한 생물이 지닌 유전자의 다양성을 총체적으로 지칭하는 말로 인간의 삶과 밀접하게 연결되어 있을 뿐만 아니라 환경오염 물질의 흡수와 분해를 통한 대기와 물의 정화, 토양의 비옥도와 적절한 기후조건을 유지하는데 결정적인 역할을 한다.

우리나라에서는 생물다양성을 보존하기 위해 자연적으로 또는 인위적 위협요인으로 멸종위기에 처할 우려가 있는 야생생물을 멸종위기 야생생물로 지정하여 보호하고 있는데 2022년 말 282종(1급 68, 2급 214)이며 이중 식물은(1급 13종, 2급 79종)으로 가장 많다.

멸종위기에 처해 있는 야생생물들의 위협요인들이 빨리 제거되어 야생생물들이 멸종위기에서 하루빨리 벗어날 수 있기를 기대한다.

아울러 자연이 전해오는 소리에 귀 기울여 적극적으로 대처해 나가는 자세가 중요하다.

자연과 인간은 공존한다고 한다.

우리의 삶의 터전인 이 땅에서 모두가 건강하게 공존할 수 있도록 더 많은 관심을 기울여야 할 것이다.

기후변화 이제 현실이다

청양군에 따르면 지난 2023년 7월 13일부터 18일까지 청양지역에 내린 강우량은 평균 490mm(청남 594.5mm, 목면 556,5mm, 정산면 528mm)의 폭우로 산사태, 제방 붕괴, 농경지와 축사 주택침수, 이재민 발생 등 그야말로 많은 피해가 발생했다.(약 312억 피해)

MBC 뉴스에 의하면 7월 14일~15일 단숨에 내린 비는 환경부에서 수립한 500년에서 1000년에 한 번 있을법한 빈도의 폭우로 분석되었다고 한다.

원인은 바다에서 만들어진 막대한 수증기 때문이라고 하며, 최근 100년 동안 지구의 온도는 1.1℃ 상승하였으며 온도가 1℃ 상승하면 수증기는 7% 늘어난다고 하며 수증기 7%는 무게로 환산하면 약 8,900억 톤으로 이는 세계에서 가장 큰 싼샤댐(중국 후베이성 이창시에 있는 장강(양쯔강) 중류를 가로막아 건설한 댐) 저수량 393억 톤의 22배의 물이 대기에 흘린 것과 같은 폭우가 집중적으로 우리나라에 떨어진 것이며, 당시 한반도 상공으로 형성된 비구름(시간당 최고 70mm이상 폭우를 쏟아낼 수 있음)의 수증기가 장마전선과 저기압을 만나 폭우로 돌변한 것이라고 한다.

이에 정부는 지난 7월 19일 세종시, 청주시, 괴산군, 논산시, 청양군, 부여군, 익산시, 김제시, 예천군, 봉화군, 영주시, 문경시 등 13개 지역을 우선 특별 재난지역으로 선포해 복구지원과 피해를 최소화하도록 조치하였다.

지난 6월 인도에선 폭염(43.5℃)으로 166명이 사망하였다고 하며 우리나라도 6월

19일 양평과 여주의 낮 기온이 37℃를 넘었으며 전북 전주, 충남 홍성 등 서쪽 지방은 기상관측 이후 6월 중순 최고기온 신기록을 경신하는 등 6월 전 세계 평균기온이 역대 최고라고 하며, 또한 극한 추위의 대명사 시베리아도 6월 초 섭씨 40℃에 육박하는 고온을 보였다고 한다.

또한 유엔세계 식량계획(WFP)에 따르면 동아프리카는 5번째 비가 내리지 않는 계절을 맞았고, 이로 인해 최대 2,200만 명의 사람이 심각한 굶주릴 위험에 처해 있다고 하며, 프랑스와 독일은 2022년 1월부터 7월 중순까지 평균보다 약 7배 많은 토지를 태웠다고 하며 지중해와 북미지역 국가들도 50℃에 육박하는 이상고온에 시달리면서 대형 산불이 잇따르고 있다고 한다.

이렇듯 세계 곳곳에서 폭염, 폭우, 가뭄, 산불, 태풍, 지진 등 이상기후 소식이 지속적으로 들려온다.

동양일보의 지난 7월 18일자 신문을 보면 세계적 기상변화 심각-"안전한 곳 없다"라는 보도 내용에 세계적으로 극단적 기상이 점점 심하게 자주 닥치는 상황에서 적응 자체가 급선무이며 온실가스를 줄여 기후변화를 억제하는 장기적 과제도 중요하지만 당장 닥쳐올 재앙부터 면해야 할 시기가 왔다는 진단이다.

1℃ 이상의 지구 온도 증가는 오랜 기간 유지되어온 지구 시스템의 균형을 깨트린 것임을 의미한다.

단지 온도 1℃ 오르고 마는 문제가 아니라 현재 1℃만 올라간 상황에서도 전 지구적으로 전례가 없었던 환경의 변화가 일어나고 있는데 만일 전 지구의 평균온도 3~4℃까지 올라가면 어떤 결과를 초래될지 상상하기도 힘들다. 기후변화 대응과 탄소중립을 위한 노력이 중요한 지금 자연과 사람이 공생할 수 있는 묘수를 고민할 때다.

따라서 온실가스 감축(재생에너지 사용), 교통수단 개선, 산업분야 개선, 에너지 효율증가, 숲과 토양관리, 해양 보호, 친환경 소비와 재활용, 식생활 개선 등 기후의 온난화와 기후변화 위기에 대해 미래가 아닌 현실임 의 그 심각성을 깊이 인식하고 대책들을 서둘러 실천해야 할 때가 아닌가 생각한다.

태풍(颱風) 이야기

태풍이란 우리나라와 중국, 일본 등과 가까운 북태평양 서부지역에서 발생한 열대성 저기압을 태풍이라고 한다. (북태평양 동부지역과 북아메리카 대서양에서 발생한 열대성 저기압을 허리케인, 인도양에서 발생한 열대성 저기압을 사이클론이라 함)

매년 26개 정도가 발생하며 3~4개가 우리나라에 영향을 주는데 늦여름이나 초가을 사이에 평균적으로 영향을 준다.

따뜻한 바닷물이 증발하여 습한 공기가 상승할 때 형성되며 이 공기가 냉각되고 응축되면서 에너지를 방출하여 태풍의 발달을 촉진하고 중심부에 저기압 영역이 형성되어 주변 공기를 끌어당긴다.

따뜻하고 습한 공기가 더 많이 유입되면 힘을 얻고 회전(시계 반대방향) 하기 시작하는데 강풍과 폭우를 동반하는 매우 강력한 자연의 힘이 생긴다.

테풍의 영향을 자주 받는 지역은 일본, 필리핀, 중국, 대만, 한국과 같은 따뜻한 바다와 대기 조건이 태풍발달에 유리한 환경을 조성하기 때문이다. 태풍의 영향은 강풍(돌풍)으로 매우 빠른 속도로 건물, 나무, 기반 시설과 폭우는 홍수와 산사태 등을 일으키며 폭풍, 해일, 정전 등 많은 피해를 준다.

지난 8월 10일 09:00경 한반도에 상륙하여 8월 11일(금) 오전 6시 평양 부근에서 소멸된 제 6호 태풍 카눈은 한반도에 머문 시간이 가장 길고 과거와 달리 역대급 위력을 자랑했으며 최초로 한반도를 남북으로 종단한 태풍이란 점에서 해수면 온도상승 등 기후변화의 영향을 받은 것으로 생각된다. 해수면 온도가 높으면 수증기가 더 많이 증발해 태풍에 게 에너지로 공급하기 때문이다(당시 평년보다 1~2도 높음).

전문가들은 기후변화 영향으로 앞으로도 강한 태풍이 올 수 있다고 분석한다.

탄소배출 온실효과 등으로 지난 10년 동안 지구 해수면 온도가 섭씨 0.15℃ 정도 올랐다고 한다.

태풍의 이름은 2,000년부터 아시아 태풍위원회에서 각 국가별로 제출한 총 140개를 각조 20개씩 5개 조로 구성하고 1조부터 5조까지 순차적으 로 사용되며 우리나라는 개미, 나리, 장미, 미리내, 노루, 제비, 너구리, 고니, 메기, 독수리 등이 있다고 한다.

한국 환경연구원(KEI)에 의하면 우리나라가 온실가스 감축에 실패한 채 화석연료 사용 등을 지속할 경우 극한 강우와 태풍의 빈도, 강도가 커질 것이라는 연구결과가 나왔으며 이미 한반도의 집중호우나 강수량은 과거보다 늘어난 상태라고 한다.

지금 세계 곳곳에서 폭염, 폭우, 태풍, 산사태 등 많은 재해가 일어나고 있다.

기후변화의 탓인지도 모르며 기후변화는 가상이 아닌 현실이 되었다.

우리 모두가 그 심각성을 같이 인식하고 기후변화에 더 적극적인 대응책을 고민하고 실천할 때가 아닌가 생각해 본다.

기후변화 해양 생태계까지 사라지고 있다

기후란 어떤 지역에서 오랜 시간 반복되는 평균적인 기상현상 보통 30년 이상 관측한 기온, 습도, 강수량, 풍향, 풍속 날씨 정보를 말하며 일시적으로 기온이 높아지는 것을 기상이변이라고 하고, 요즘처럼 평균기온이 올라가는 것을 기후변화라 하며 태양에너지의 변화, 화산폭발 등과 같은 자연적 원인과 인위적인 원인은 온실가스 에어로졸 등에 의해 대기구성 성분이 변화하는 것인데 온실가스가 주범으로 지목받고 있다.

온실가스는 이산화탄소(CO_2), 메탄(CH_4) 그리고 이산화질소(N_2O)와 같은 가스의 과도한 배출로 이 가스들은 지구대기에 열을 가두어 놓는데(온실역할) 이는 지구의 온도상승으로 이어진다.

이와 함께 산림 벌채 그리고 석탄, 석유, 천연가스와 같은 화석연료의 사용은 온실효과를 더욱 향상 시킨다.

이와 같은 기후변화는 지구생태계는 물론 폭우, 폭염, 가뭄, 태풍, 산불 등 다양한 현상이 발생하고 있어 많은 피해를 주고 있으며, 바다 생태계에도 많은 영향을 준다.

동해에서 잘 잡혀 "국민생선"으로 불리던 명태가 자취를 감추었다고 하며 온도가 올라 갈치. 고등어, 김 등의 가격이 오르고 있다고 한다.

바다는 지구 표면의 71%를 차지하며 다양한 해양생물이 서식하고 있다.

기후의 변화는 산호초, 어류 개체군, 해류 등 해양 생태계 환경 전반에 대해 영향을 끼치고 있다.

해수 온도상승은 폭염으로 이어질 수 있으며, 폭염은 산호 백화와 먹이 그물을 파괴하며 해양동물의 행동을 변화시킨다.

지구 기온이 상승하면 빙하와 만년설이 녹아 해수면이 상승하며 해수면 상승은 연안 홍수와 침식, 해류가 염분의 변화로 생물 종의 이동과 서식지 상실 등 중대한 영향을 미칠 수 있다.

바다가 더 많은 이산화탄소를 흡수하면 산성화로 조개류와 산호초를 포함한 해양생물의 성장과 번식을 감소시킨다.

육지에 숲이 있듯이 바닷속에는 생물들의 서식처 및 쉼터이며 바다의 꽃이라 불리는 산호가 있다.

한국해양과학기술원(KIOST)에 따르면 열대 바다에서 서식하는 산호가 독도 남서해역 수심 7m 아래에서 발견되었다고 한다.

즉 열대 바다에서 사는 생문이 북부에 위치한 독도에서 발견되었다는 것이다.

산호는 18세기까지만 해도 식물 또는 광물로 분류되었지만 자포동물문, 산호충강에 속하는 군체 동물이며 똑같이 생긴 산호충들이 군집을 이룬 형태로 살아가며 입, 위와 장, 촉수를 갖고 있으며 자웅이체로 알을 낳아 번식한다고 한다.

산호는 동물 중 수명이 가장 길며 환경조건이 양호하면 수백 년 살아가는데 지구온난화 등으로 바다가 뜨거워지면 산호 속에 함께 살고 있던 공생조류가 그 온도를 버티지 못하고 빠져나가 산호가 색을 잃게 되며 공생조류가 산호를 떠나면 산호는 영양분을 못먹 고 죽는다(백화현상) 해양수산부에 따르면 해양 생태계 기후변화 지표층 연어 등 23종을 지정하여 바닷물 온도상승으로 인한 서식, 분포 범위변화, 번식 활동 시기 변화, 개체군 변화 등 지속적인 조사 관할을 통해 기후변화를 파악해 체계적으로 보전 관리해 나간다고 한다.

기후변화가 해양 생태계에 미치는 영향은 분명하고 부인할 수 없는 사실이다.

영향을 완화할 수 있도록 탄소 배출을 줄이고 재생에너지 사용 등 우리 주변 환경의 모든 영역에서 기후변화에 대응하기 위한 노력을 다할 때가 아닌가 생각해 본다.

폭염(暴炎) 속에 건강 지키자

세계 방방곡곡에서 폭우, 폭염, 가뭄, 태풍, 산불 등 기후변화로 인한 자연재해 소식이 연일 들려온다.

우리나라도 현재 폭우로 많은 피해를 준 긴 장마에 이어 폭염이 계속되고 있다.

소위 "더위 먹었다"라는 얘기가 있다.

무더운 날씨가 계속되면 몸은 신체 리듬을 잃게 되고 땀을 많이 흘려 수분부족 등 피로를 느끼고 입맛을 잃게 되며 소화 기능이 약해지는 등의 증상이 나타나며 이것이 지속되면 열사병과 일사병으로 나타난다고 한다.

폭염이 계속되고 있는 요즈음 설마 괜찮겠지 하는 생각에 야외 논. 밭에 서 일하면 자칫 건강을 잃는다.

특히 요즈음 고추 따기, 콩밭메기, 시설하우스 관리 등 농사일에 주의하여야 하며 오후 2시부터 5시까지는 농사일을 삼가는 것이 좋다. 자칫 온열 질환에 걸리기 쉽기 때문이다.

현재 한반도 대기 상층은 건조한 티베트 고기압이 중하층은 덥고 습한 북태평양 고기압이 각각 자리 잡고 있다.

대기가 위아래로 안정돼 구름이 거의 없고 지표면이 여름철 강한 햇빛에 노출돼 폭염이 계속되고 있으며 건강을 위협하는 폭염은 당분간 계속된다는 전망이다.

기상청의 장마 종료 하루 전 지난 7월 25일 온열 환자는 7명이었으나 이후 전국 낮 기온이 38℃까지 오르내리면서 7월 29일에는 10배가 넘는 73명이 신고 되었다.

질병관리청이 최근 3개월간 집계한 온열 환자는 1,015명에 이르며 50대와 60대가 가장 많고 65세 이상의 비중도 27.3%나 되었으며 80% 이상이 야외 작업장, 논, 밭 순으로 나타났다.

온열 질환은 크게 열사병과 일사병으로 나타나며 열사병에 걸리면 체온이 40℃를 넘고 발작, 경련을 계속하거나 의식을 잃기 때문에 빨리 병원을 찾아 치료를 받게 해야 하며, 일사병의 경우 체온 37℃~40℃ 사이로 탈수현상, 어지러움, 식욕부진, 구역감 등을 느끼는데 이때에는 물을 많이 마시고 그늘에서 충분히 쉬면서 시원한 음료수를 마시며 회복해야 한다.

지난 26일부터 29일 사이에 집계된 온열질환자는 255명이며 이중 온열질환 추정 사망자는 12명에 달한다고 하니 안타까운 일이다.

또한 여름철 무더운 날씨에 덥다고 샤워할 때 찬물보다는 미지근한 물로 샤워하는 것이 좋다는 것이다.

왜냐면 더운 날씨에 확장되었던 혈관이 갑자기 수축해 심장으로 가는 혈입량이 줄어 심장병이 악화될 수 있으며 동맥경화반이 갑자기 파열돼 급성심근경색증이 발생해 심정지가 일어날 수 있기 때문이라고 김대희 서울아산병원 심장내과 교수는 말하고 있다.

특히 폭염엔 고혈압이나 심장질환 등과 만성질환자들의 주의가 더 필요하다. 또한 여름에는 겨울보다 상대적으로 혈압이 낮아져 기립성저혈압을 주의하여야 한다. 갑자기 일어설 때 머리가 어지러운 기립성저혈압이 여름에 많이 발생하기 때문이다.

지난 7월 9일부터 7월 25일까지 긴 장마 속에 내린 폭우로 많은 피해를 입었다.

요즘 민, 관, 군이 모두가 이를 복구하느라 현장에서 구슬땀을 흘리고 있어 건강에 걱정이 앞선다.

아무튼 폭염이 계속되는 여름철 건강관리에 더욱 신경을 써서 더 이상 온열 질환으로 사망하는 사례가 없기를 간절히 소망한다.

〈2023. 7.30.〉

물(Water, 水, H_2O) 이야기

모든 것이 소중하지만 물이 없다면 어떻게 될까? 산소와 수소가 결합된 화학물로 표준온도(섭씨 25℃)에서 무색투명하고 무취무미하다. 고체인 상태인 것을 얼음, 기체인 상태인 것을 수증기, 액체상태인 것은 물을 가리킨다.

열량이 없고 유기 영양분을 제공하지는 않지만 생명을 유지하는데 없어서는 안되는 필수요소다. 모든 생물에 있어서 가장 중요한 물질로 인체는 약 70%, 어류는 약 85%, 그밖에 물속의 미생물은 약 95%가 물로 구성되어 있다고 한다.

지구상에 존재하는 전체물의 97.5%은 바닷물이라고 하며 사람이 이용 가능한 민물은 2.5%중 0.3% 정도 인간이 사용할 수 있어 이는 전체 지구 물의 양에 0.007% 불과하다고 한다.

지구상에 존재하는 물의 총량은 일정하며 증발, 증산, 응축, 강수 유출을 통해 순환한다. 바닷물 대기의 수증기, 구름, 토양의 물, 지표수, 지하수 동식물 사이에서 지속적인 이동이 이루어지며 이를 통해서 기후변화를 좌우하고 끊임없이 지구 생태계와 인류문명에 많을 영향을 주고 있다.

물은 생명의 원천으로 모든 생명체는 몸속에 일정한 양의 물을 유지해야 살 수 있다.

사람의 경우 몸무게의 70% 정도가 수분이기 때문에 개인 차이는 있지만 평균적으로 땀, 오줌, 똥 등으로 하루에 1.5리터 정도의 수분손실이 발생하기 때문에 이를 보충해 주어야 하며 1~2% 정도의 수분손실이 발생하면 갈증을 느끼고 3% 정도 손실이 발생하면 탈수증상을 보이고 10% 정도의 수분손실이 발생하면 생명이 위험하다고 한다.

매년 3월 22일은 국제연합(UN)이 정한 '세계 물의 날'로 1992년 유엔 총회에서 선포하였다.

인구와 경제활동의 증가로 수질이 오염되고 전 세계적으로 먹는 물이 부족해지자 물의 소중함을 되새기고 경각심을 일깨우기 위함이며 1997년부터 3년마다 3월 22일을 전후하여 세계 물 포럼을 개최하고 있으며 우리나라도 1995년 이래 매년 세계 물의 날 기념식을 개최하며 지자체, 관련단체, 업체들도 도심과 하천 정화작업 등 다양한 캠페인을 벌이고 있다.

이처럼 중요한 물의 오염 방지를 위해 상수처리, 폐수처리, 폐기물 처리 등 많은 정책과 대책들이 추진되고 있지만 우선 각 가정에서부터 화학세제 안 쓰기 운동부터 실천하는 것도 중요하다 할 것이다.

환경관리사의 사명

환경(環境)이란 생물(사람을 비롯한 생명이 있는 모든 동식물)에게 직접, 간접적으로 영향을 주는 자연조건이나 사회적 상황을 말한다.

오늘날 심화되는 환경의 문제는 자연이 스스로 정화할 수 없는 지점에 도달하여 각종 문제를 일으키고 있으며 인류의 존망을 가장 크게 위협하고 있다. 따라서 인간이 계속 살아가기 위해서는 환경을 보호해야 하는 것으로 귀결된다.

환경정책 기본법 제3조의 4항에 보면 환경오염이란 사업활동 그 밖의 사람의 활동에 의하여 발생하는 대기오염, 수질오염, 토양오염, 해양오염, 방사능오염, 소음 및 진동, 악취, 일조방해, 인공조명에 의한 빛 공해 등으로서 사람의 건강이나 환경에 피해를 주는 상태라고 되어 있으며, 오늘날 환경의 문제는 개인에서 이웃, 지역, 국가를 넘어 이제는 지구 전체의 일이다.

세계적으로 환경에 대한 문제의식을 본격적으로 공유하게 된 것은 1990년대 이후이며 21세기 들어와서 환경문제의 해결을 위한 많은 노력들이 쏟아지고 있다.

환경을 고려하지 않는 많은 개발은 환경문제의 주된 원인이 되었고 과학기술 지상주의는 환경의 문제를 더욱 가속화시키고 있었다.

농업문제에서 보면 1960년대 절대 굶임의 시대에(당시 국민소득 87$) 박정희 대통령이 미국의 캐네디 대통령을 찾아가 원조(밀가루)를 부탁하였는데 이때 미국이 가르쳐 준 것이 화학비료(N.P.K) 및 농약(살충, 살균, 제초, 생장촉진제)이라고 한다.

이른바 보릿고개라는 말이 있을 정도로 살기가 어려웠던 시절에 다수성 통일계 벼품종 개발과 화학영농 등으로 보릿고개를 해결하고 쌀밥을 배불리 먹을 수 있었던 소위 녹색혁명을 달성하였다. 그러나 한편으로는 화학비료와 농약 사용으로 농사를 지어오면서 자연생태계의 파괴와 암, 기형아 등 인류건강에 많을 피해를 받았다.

(정자는 한번 사정에 3cc로 약 3억 마리였으나 환경오염으로 현재는 4천만 마리라고 하며 2천 마리 미만이면 불임이 된다고 하고 현재 불임은 65만 쌍이라고 함)

1990년대 후반부터 자연환경 보전과 건강이 중요시되는 건강장수 시대에 접어들면서 친환경농법이 전개되었고(최초 주형로 오리농법) 1997. 12. 13 법률 제 5442호로 친환경농업 육성법이 제정되어 추진되어 왔으며 우수 농산물 관리제도(GAP) 농약 허용 물질 목록 관리제도(PLS 2019년 시행) 등 안전 먹거리 생산을 추진하여 왔다.

또한 요즈음 연일 들려오는 소식은 세계 방방곡곡에서 폭우, 폭염, 폭설, 가뭄, 태풍, 산불 등 모두가 기후변화로 인한 자연재해 소식이다.

연구결과에 따르면 최근 100년 사이에 지구의 평균온도가 1.09℃ 상승했다고 한다. 더 큰 문제는 온도상승이 가속화되고 있으며 현 상황을 2100년까지 이어가면 평균온도가 8℃ 상승하여 사람이 살 수 없는 엄청난 재앙이 닥칠 것이라는 것이다.

지구의 평균온도 1℃ 상승은 10%의 육상생물 멸종, 물 부족, 기후변화로 30만 명 사망, 역대급 산불 발생 빈도급증, 해수면 상승, 생물다양성 상실, 홍수, 가뭄, 태풍 등 자연재해 발생으로 인간의 건강에 큰 피해를 준다는 것이다.

지구 온도 상승의 주범인 이산화탄소(CO_2) 배출의 주원인인 석탄, 석유, 천연가스 같은 화석연료의 사용과 산림벌채, 폐기물, 농축산업, 비료사용, 자동차 이용 등 많은 요인이 있다. 한편 기후변화는 해양생태계까지 사라지고 있다.

동해에 잘 잡혀 국민생선으로 불리던 명태가 자취를 감추었다고 하며 산호초, 어류개체군, 해류 등 해양생태계 전반에 영향을 미친다.

육지에 숲이 있듯이 바닷속에는 생물들의 서식처이며 쉼터인 바다의 꽃이라 불리는 산호가 있다. 산호는 동물 중 수명이 가장 길며 환경조건이 양호하면 수백년 살아가는데 지구온난화 등으로 바다가 뜨거워지면 산호속에 함께 살고 있던 공생조류가 그 온도를 견디지 못하고 빠져나가 산호는 영양분을 목 먹고 죽는다(백화현상). 또한 기후변화에 의한 많은 식물들이 멸종위기를 맞고 있다.

환경부 지정 멸종위기 식물을 보면 1급 식물로 광릉요강꽃 등 13종, 2급 식물로 가시오갈피 등 79종이 지정되어 증식 보존 관리되고 있다.

오늘날 인간생활에 심각하게 대두되고 있는 환경의 문제는 결국 인간의 활동에 의해서 야기되는 문제로 이젠 인간이 해결해 나아가야 한다. 즉 인간의 몫이다.

환경관리사들은 모임에서 "환경의 가치는 우리가 지킨다"라는 구호를 외친다.

바로 환경의 가치는 환경과 공존하는 바로 우리 인간 삶을 지키는 가치다. 따라서 긍지와 자부심 그리고 사명감을 갖고 환경의 더 높은 가치를 창출해야 한다는 생각이다.

꽃과 꽃말 이야기

꽃은 사람의 마음에 주는 힘이 무엇보다도 강하다고 한다.

꽃을 보면 마음이 편안해지는 등 사람들의 몸과 마음을 치유한다.

꽃은 왜 필까? 종의 번식을 위해 즉 열매를 맺기 위해 꽃은 핀다.

종자식물의 번식기관으로 모양과 색이 다양하며 꽃받침과 꽃잎, 암술과 수술로 이루어져 있다.

꽃의 등장은 약 1억 7400백만 전인 쥐라기 초기에 서식했던 꽃 식물화석이 중국 장쑤성 난징지역에서 중국과학원 난징지질고 생물연구소 창푸교수가 이끄는 국제연구팀이 최근 난징 동쪽 교외지역에서 찾은 표본을 분석해 세계에서 가장 도래된 꽃 화석임을 밝혀냈다고 한다.

식물은 암술만 지닌 암꽃과 수술만 지닌 수꽃이 따로 나뉘면 단성화 암술과 수술을 모두 지닌 꽃은 양성화로 구분되며 한 나무에 암꽃과 수꽃이 모두 피면 자웅동주 암꽃만 피거나 수꽃만 피는 자웅이주로 구분되며 식물들은 스스로 움직일 수가 없으므로 꽃가루를 퍼뜨리기 위해 다양한 수단을 동원하게 되는데 다양한 색을 띠며 꿀을 품고 벌레가 꼬이게 하여 벌레의 몸으로 꽃가루를 묻혀 다른 꽃으로 날아가 수정이 되게 하는 충매화와(대부분의 꽃들이 충매화) 꽃가루를 바람에 날리게 하여 수분을 시키는 풍매화가 있으며 물을 이용하는 수매화, 새를 이용하는 조매화 등이 있다.

꽃말은 꽃의 특징에 따라 의미를 지니고 있는데 이 꽃말을 활용하여 전달하고

자 하는 메시지를 대신한다. 특히 생일이나 기념일 등 특별한 날에는 백마디 말보다 꽃으로 뜻과 의미를 전달할 수 있다.

예를 들어 빨간 장미는 열정적인 사랑과 아름다움을 의미하고 백색 안개꽃은 죽음을 의미하지만 백색 안개꽃과 장미를 함께 선물하면 "죽을 때까지 사랑해"라는 매력적인 꽃말을 지니게 된다.

백색 백합은 "순수한 사랑을 의미" 하고, 해바라기 꽃은 "일편단심" 999송이 해바라기는 "수 백 번을 태어나도 당신만을 사랑하고 바라본다"라는 뜻이 있으며 빨간색 카네이션은 부모님에 대한 사랑을 뜻한다.

개나리는 "나의 사랑은 당신보다 더" 노란색 국화는 "짝사랑" 목련화는 "숭고한 정신" 무궁화꽃은 "끈기, 섬세한 사랑과 아름다움" 민들레꽃은 "행복"을 뜻한다.

꽃의 색깔에 따라 꽃말이 다르다. 예를 들어 분홍색 수국은 "진실한 사랑과 성장하고 있는 소녀의 꿈"을 의미하고, 백색 수국은 "변덕, 변심, 넓은 마음, 관용"을 의미한다.

또한 인기가 많거나 아름다운 여자를 아름답고 화려하게 번영하는 일, 중요하고 소중하며 핵심적인 것 등을 꽃으로 비유적으로 이르는 말이다.

즉 아름다움과 화려함을 상징하는 비유적 표현으로 사용되어 왔다.

또한 불교에서는 연꽃이 부처의 자비와 지혜를 나타내는 상징으로 여겨지는 등 많은 행사에 상징적 의미로 쓰이고 있다.

또한 일부 꽃은 식용으로도 쓰인다.

한국 요리 중에 화전이라는 요리가 있는데 진달래 등의 꽃으로 만들며 요즈음 많은 요리와 특히 꽃차 등으로 이용한다.

이와 같이 꽃의 가치는 무한하며 다양하다.

장 미

해바라기

안개꽃

백 합

개나리

진달래

보리이야기

세계 4대 작물 중 하나인 보리는 오곡(五穀 : 쌀, 보리, 조, 콩, 기장) 중 하나로 쌀 다음으로 가는 곡물이다.

"보리밥" 정말 먹기 싫었으나 먹어야만 했던 어린 시절 학교에 갔다 오면 배가 고파 어머니께서 보리를 삶아 장독대 소쿠리에 퍼지라고 널어놓은 보리쌀을 몰래 훔쳐 먹던 생각이 난다.

가을에 추수한 식량이 다 떨어지는 이른 봄철 춘궁기(春窮期) 즉 보릿고개라 하였다. (보릿고개 : 식량은 떨어지고 보리는 막 여물기 시작하는 때) 보리는 화본과에 속하는 1년생 혹은 2년생 초본(草本) 식물로 대맥(大麥)이라고도 한다.

재배역사가 가장 오래된 작물의 하나로 중부유럽이나 석기시대의 유물에서 보리가 발견된 것으로 보아 약 1만 년 전에 재배가 되었을 것이라고 추정하며, 현재 보리는 세계적으로 널리 재배되고 있으며 우리나라에서도 전국적으로 재배되고 있다.

요즈음은 쌀이 풍족하고 식생활의 서구화와 소비 감소로 재배면적이 줄었다. (2022년 보리 재배면적 : 23,639ha로 전년보다 18% 감소)

그러나 보리의 생리 활성 기능이 재조명되면서 보리국수, 보리밥, 보리 미숫가루, 보리차, 보리음료, 보리싹 등 보리를 이용한 가공식품 개발이 활발히 이루어지고 있으며 보리밥 전문식당을 찾은 사람도 늘고 있다.

보리는 쌀에 비해 소화가 빨라 쌀밥 50g을 소화하는데 1시간 30분 정도 걸리는데 반해 보리는 같은 시간에 100g을 소화시킨다.

국제 영양학회에서 동물실험 결과를 발표한 내용에 따르면 쌀과 보리를 7:3 비율로 섞어 먹는 것이 몸에 제일 좋다고 한다.

보리의 주용 성분은 탄수화물 75%, 단백질 10%, 지방 0.5% 정도이며 그 외 섬유질, 회분, 비타민, 무기질 등도 포함되어 있으며 특이 다른 곡물에 비해 섬유질이 많이 함유되어 있다.

보리는 최고의 자연 강장제이며 말초신경 활동 증진과 기능 향상 등으로 정력증강에도 도움을 주며 위(胃)를 온화하게 해주고 장(腸)을 느슨하게 하며 이뇨(利尿)의 효과도 있다.

즉 보리는 오장(五臟)을 튼튼하게 해주는 식품으로 파키스탄에서는 옛날부터 심장보호제로 사용되었다고 하고 식이섬유인 "베타글루칸"은 대장에서 담즙과 결합한 뒤 몸 밖으로 배설되면서 혈중지질 수치를 낮추며 혈당조절에도 도움을 준다는 것이다. 때문에 지금은 기능성 식품으로 많이 알려져 사람들로부터 많은 사랑을 받고 있는 작물이다.

또한 경관작물로도 좋으며 3월부터 5월 새파랗게 돋아나는 푸른 보리는 사람에게 편안함과 새 희망을 주기도 한다.

귀화식물의 생태계 교란

귀화식물은 외국에서 우리나라에 들어와 토착화된 식물로 생명력과 번식력이 강하며 현재 대략 220여 종으로 자생식물의 0.5%에 달하는데 계속 증가하는 추세다.

요즈음 관상용으로 인기 있는 핑크뮬리는 환경부에서 2급 유해 종으로 지정되어 있다.

겨울 추위에 약한 편이나 30도가 넘는 아열대에서는 번식력이 강한 편이라 앞으로 지구온난화로 한국의 기후가 아열대성으로 바뀌게 되면 기존 생태계를 교란할 수 있다.

제주도에서는 핑크뮬리를 없애는 방향으로 가고 있지만 이외의 지역에서는 인위적 도움 없이 겨울을 나면서 번식하기가 힘들기 때문에 통제 불가능할 정도로 퍼질 가능성은 적다고 봐서 2021년 기준으로 아직까진 관상용으로 유지하고 있다.

생태계 교란 식물은 특정 지역에서 생태계의 균형을 교란하거나 교란할 우려가 있는 식물로 생태계 위해성 평가과정을 거쳐 환경부 장관이 지정 고시한다.

생태계 교란 식물은 외래식물로 한정하고 있지 않지만 2023년 현재 17 분류군의 생태계 교란 식물 중 환삼덩굴을 제외하면 모두 외래식물이다.

생태계 교란 식물로 지정된 외래식물은 토착종에 비해 번식능력이 뛰어나고 환경내성 범위가 넓어 단기간에 광범위로 퍼져 나간다.

가시박, 단풍돼지풀, 양미역취, 서양금혼초, 털물참새피, 영국갯끈풀 등은 토종식물 군락을 밀어내고 단일군락을 형성하여 생물 다양성을 감소시키는 주요 요인이 되고 있다. 생태계 교란 식물의 번식에 의한 식물 개체군의 급속한 변화는 생태계 먹이사슬 혼란을 야기하기도 한다.

또한 돼지풀, 환삼덩굴, 단풍잎돼지풀의 꽃가루는 알레르기를 유발하여 국민건강에 부정적인 영향을 미치며 목초지와 농경지에 침입하여 농.축산업에 피해를 일으키고 있다.

기후변화와 인간에 의한 한 생태계 파괴는 외래식물 확산 및 정착 가능성을 높이고 있으며 미래의 기온증가, 강수량 변화, 잦은 홍수는 멸종위기 생물에게 위협이 될 수 있지만 생태계 교란 식물에게는 빠르게 확산할 수 있는 기회가 될 것이다.

대부분의 생태계 교란 식물은 안정된 생태계보다는 교란된 환경에 빠르게 정착한다.

생태계 교란 식물에 의한 생태계 및 사회경제적 피해를 막기 위해서는 지속적인 모니터링과 종 특성을 반영한 관리방안 연구가 이루어져야 하며, 현재 생태계 교란종으로 지정 고시된 식문은

가시박, 가시상추, 갯줄풀, 단풍잎돼지풀, 도깨비가지 돼지풀, 마늘냉이, 물참새피, 미국쑥부쟁이, 서양금혼초, 서양등골나무, 애기수영, 양미역취, 영국갯끈풀, 털물참새피, 환삼덩굴, 돼지풀아재비 등 17종이 있다.

지구는 다양한 생물들이 공존하는 생태계로 이루어져 있다.

교란 식물은 생태계의 균형을 깨뜨리고 다른 생물에게 피해를 주는 주범으로 환경파괴의 주요 요인 중 하나이다.

생태계 균형을 유지하기 위해 입국 검역을 강화하고 교란 식물들을 제거하여 원래 생물들이 복구될 수 있도록 해야 하며 대체종의 연구와 개발도 중요하다.

우리 지구를 더욱 건강하고 아름답게 만들기 위해 교란 식물에 대한 새로운 인식이 중요하다.

생태계 교란 식물

돼지풀 / 단풍잎돼지풀 / 서양등골나무

털물참새피 / 물참새피 / 도깨비가지

애기수영 / 가시박 / 서양금혼초

미국쑥부쟁이 / 양미역취 / 가시상추

갯줄풀 / 영국갯끈풀 / 환삼덩굴

마늘냉이 / 돼지풀아재비

토종씨앗 축제현장을 다녀와서

지난 2023. 12. 19 부여군 농업기술센터 강당에서 부여군 여성농민회 한산림 부여여성 생산자회 주최로 열린 제9회 부여군 토종씨앗 축제에 고운식물원 이주호 회장님, 고운식물원 김태권 고문님과 함께 다녀왔다.

우리 토종을 찾아내고 지키며 기후변화에 대응하는 여성농민회원들의 열정은 대단하였다. 145종의 토종씨앗을 발굴하여 가꾸는 과정을 사진으로 전시하고 각종 토종씨앗 샘플을 만들어 전시하며 토종 먹거리 등을 판매하기도 하였다.

그동안 농업의 화학비료와 농약 사용은 지구 생태계를 파괴하고 기후위기를 불러왔으며 생산량이 적고 품이 많이 들어가는 토종 씨앗들은 설 자리를 잃고 있었으나 지구생태계의 보존, 기후변화의 대응 등 급변한 위기 환경 속에 전통적인 친환경 순환농법으로 재배하는 토종을 찾아내고 우수성을 알리는 일은 중요하지 않을 수 없다. 손쉬운 화학비료 대신 농산 부산물과 발효한 퇴비를 땅에 넣어 자생력을 기르는 등 토양에 부담을 주지 않고 종자 보존의 유전자를 간직한다.

토종씨앗은 급격한 기후변화 속에 반드시 보존해야 할 생명자원이며 미래 먹거리이다.

이 땅에 사라져가는 토종 종자들을 보존하기 위해 부여 여성농민회에서는 매번 채종포를 만들어 종자를 심고 가꾸며 보존을 게을리 하지 않는다고 한다.

이날 토종씨앗 32종을 샘플로 주신 부여군 양율회 여성농민회장님, 정진영 토종부장님께 진심으로 감사의 말씀을 드린다.

한편 고운식물원 이주호 회장님은 축제장에서 신동진 부여군 농업기술센터 소장, 박정현 부여군수를 만나 인사를 나누고 책자(미래를 열어가는 식물이야기)와 탁상용 달력을 증정하기도 하였다.

끝으로 부여군 여성농민회의 무궁한 발전을 기원하며 토종씨앗 축제에 축하를 보낸다.

제9회 부여군 토종씨앗 축제

토종씨앗

천리포수목원을 다녀와서

충청남도 태안군 소원면 천리포1길 187(의항리 875) 일대 592.172㎡(약 18만평) 면적에 15,600여 종의 수목을 보유하고 있는 한국 최초의 민간수목원으로 1979년에 귀화한 미국인 민병갈(1921~2002)이 설립한 수목원이다.

민병갈은 1945년 미군정보장교로 입국한 뒤 한국에 정착하였으며 1962년 사재를 털어 천리포 해변의 2ha 부지를 기반으로 1970년부터 식물원을 조성하기 시작하였다. 총 62ha의 부지에 본원에 해당하는 밀러가든과 생태교육관, 목련원, 낭새섬, 침엽수원, 종합원, 큰골 등 7개 지역으로 나누어 기후환경에 따라 적절히 배치관리하고 목련류 600여 종, 동백나무 300여 종, 호랑가시나무류 400여 종, 무궁화 300여 종, 단풍나무 200여 종을 비롯하여 1만 5,600여 종이 있다.

1979년 재단법인, 1996년 공익법인 인가를 받았으며, 2,000년 국제수목학회로부터 아시아에서는 처음으로 세계의 아름다운 수목원 인증을 받았으며, 2002년 원장 겸 재단이사장인 민병갈이 금탑산업훈장을 받았고 2009년 산림청으로부터 수목원 전문가 과정 인증을 받았으며, 2010년 국내수목원으로서는 유일하게 농어촌공사로부터 R-20(Rural-20) 관광명소의 하나로 선정되기도 하였다. 비공개로 운영해 오다가 2009년 3월 1일부터 밀러가든을 일반에 공개한데 이어 2010년에는 밀러의 사색길과 목련원을 일반에 개방하였다.

입장시간은 하절기(4월~10월)에는 오전 9시부터 오후 5시까지, 동절기(11월~3월)에는 오전 9시부터 오후 4시까지 연중무휴로 운영된다고 한다.

원장실에서 차 한잔 하는 동안 벽에 걸린 설립자 민병갈원장의 액자 속에 "작지만 세계적이다"라는 문구가 눈에 띄었다.

천리포수목원을 세계적인 수목원으로 조성한 설립자의 의지와 철학이 담겨 있는 내용이다.

방문자 리뷰를 보면 산책로가 잘되어 있어요, 볼거리가 많아요, 신기한 식물이 많아요 순으로 관광객들로부터 호평을 받고 있으며 "푸른 눈의 한국인"으로 불렀던 민병갈원장의 40여 년 동안 정성을 쏟아 일궈낸 작품으로 수목원 곳곳에 그가 흘렸던 땀방울이 빛나고 있었다.

2023년 12월 14일 한겨울에 가 보았지만 겨울을 기다려 피는 꽃들과 오래된 나무와 숲 등 멋지게 조성되었고 특히 매표소 안의 식물과 자재판매 등 다양한 상품이 많았고 화분에 심어놓은 "납매"라는 나무꽃의 향기가 관람객들을 유혹하고 있었으며 무인매표기 설치, 미끄럽지 않도록 깔아놓은 잔디메트, 이름표 등이 잘되어 있고 하우스에는 다양한 수목들을 접목 관리하고 자재창고도 정리정돈이 잘되어 있어 보기에 좋았으며 입구에는 금주의 아름다운 식물 6종을 주별로 소개하고 있었다.

현재 임요한 이사장과 수목원 설립자 고 민병갈 초대원장을 비롯하여 9대 김건호원장(성균관대 무궁화전공 농학박사)이며 식물자원의 집중적인 수집을 통한 수목원 조성 및 관리, 전문가, 교사 및 일반인 대상의 교육프로그램 운영, 식물종과 생태계 보전프로젝트 등을 수행한다고 한다.

날로 발전하는 천리포수목원의 더 큰 발전과 기후위기 시대의 미래로 사람들의 치유공간으로 거듭나길 기원한다.

천리포수목원

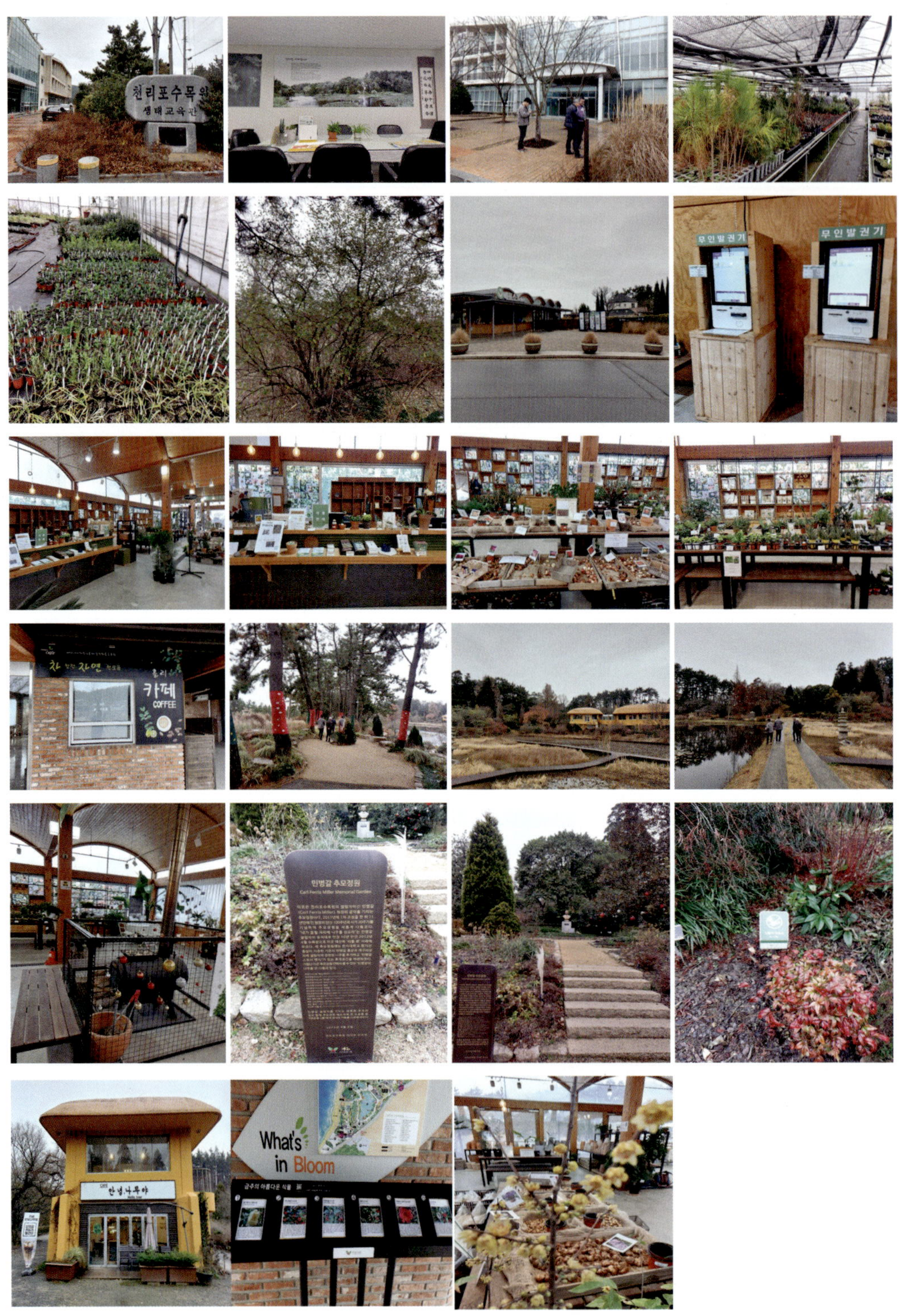

국립세종수목원 심포지엄을 다녀와서

2020년 10월 17일 임시개장을 거쳐 2021년 1월 2일 정식 개관한 세종특별자치시 세종동 수목원로 212-24 일대 약 65ha에 조성된 대한민국 최초 도심형 국립수목원은 지난 2012년부터 2020년까지 9년간에 걸쳐 조성되었으며 사계절 온실(열대온실, 지중해온실, 특별전시실), 희귀 특산온실, 방문자센터 연구동 시설 및 한국정원, 습지원, 민속식물원, 식물분류원, 어린이정원등이 조성되어 있으며 대한민국 정부에서 운영하는 4곳 중 한 곳이다. (국립백두대간수목원, 경기도 포천시에 있는 국립수목원(옛 광릉수목원), 강원도 평창에 있는 국립한국자생식물원)

지난 2023년 12월 6일 이곳 세종수목원 연구동 회의실에서 기후위기대응 심포지엄이 있어 참석한 바 있다.

14:30~17:30까지 개최되는데 11:00경 도착하여 수목원을 돌아보는 중 수목원 내 조성된 지구를 위한 정원, 탄소정원을 돌아보면서 흉고직경 12cm의 느티나무는 1년간 68.1kg의 이산화탄소를 흡수한다는 등 잣나무, 벚나무, 팥배나무, 메타세쿼이아, 목련, 침엽수 등 년간 이산화탄소 흡수량을 표시해 놓는 등 탄소정원을 조성하여 체험교육장으로 활용하는 등 선도적 역할을 하고 있었다.

느티나무는 탄소흡수 우수종으로 우리 군에 많이 심으면 어떨까 하고 생각하며 군의 나무가 느티나무이기에 더욱 좋겠다는 생각도 들었다.

세미나는 기후위기시대 환경교육 정책의 변화와 도전이라는 주제로 국가환경교육센터 김인호 센터장의 기조연설과 한국환경교육연구소 정수경소장의 기후위기 환경교육의 접근과 사례, 국립해양생물자원관 손효숙교육팀장의 국립해양생물자원관 기후변화와 해양교육사례, 국립세종수목원 정원교육실 최지윤실장의 기후위기시대 수목원, 정원교육 사례 등 3분의 주제발표가 이어졌고 경상북도 환경연수원 심재헌원장이 좌장으로 종합토론이 있었다.

2023년 7월 3일이 역사상 가장 더웠고 기후위기는 절실하지만 손에 잘 잡히지 않기 때문에 보여주는 것이 중요하며 이산화탄소는 한번 배출되면 200년 정도 가며 (플라스틱은 만드는데 10분, 사용하는데 5분, 썩는데 500년) 나는 지구에 살고 있다는 지구시민이다라는 인식이 중요하고 지구환경에 대한 생태전환 교육과 탄소중립을 위한 사회적 역할이 교육환경에 목표를 두어야 하며 2022년부터 환경교육이 의무화되었다고 한다.

기후위기는 어떻게 대응하느냐 하는 교육이 중요하며 식물원과 지역사회가 함께 인식하며 다양한 가치를 환경 쪽에서 찾아 탐방객들과 함께하는 프로그램 개발이 중요하다.

이번 심포지엄을 통해 식물원 수목원 정원에서 기후위기에 대한 인식과 체험교육 등을 다른 곳 보다 앞장서서 실시하고 있구나 하는 것을 느낄 수 있었다.

탄소정원

탄소저감 모델정원
"지구를 위한 정원, 탄소정원"
흉고직경 12cm의
'스트로브잣나무'는 1년간
45.7kg의 이산화탄소를
흡수합니다
흉고직경 12cm의
'칠엽수'는 1년간
28kg의 이산화탄소를
흡수합니다
지구를 위한 10가지
탄소정원 가꾸기

세계꽃식물원을 둘러보며

충남 아산시 도고면 아산만로 37-37에 위치한 약 4만 2000㎡의 부지에 약 70,000평 규모의 세계꽃식물원은 연중 3,000여 종의 원예종 관상식물을 관람할 수 있는 전국 최대규모의 실내온실로 2004년 개장 이후 매년 15~20만 명의 관람객이 찾는다고 한다.

원예와 정원문화가 발달한 유럽과 미국, 일본에서 흔히 볼 수 있는 '가든센터'라는 공간을 한국에 최초로 도입하여 다양한 원예 프로그램을 개설하고 원예 관련 제품을 소개하고 판매하며 카페와 레스토랑, 휴식공간을 운영하여 건강한 여가 공간을 마련하고 있다.

식물원은 열대지방 화초가 잘 자라고 있고 겨울에도 꽃을 볼 수 있는 곳이다.

식물원 유리온실 등 지난해 3월 화마로 인해 많은 어려움이 있었음에도 복구가 잘되고 있었으며 남기준 대표자의 꿈과 의지 그리고 열정이 대단하신 것을 느낄 수 있었다.

세계꽃식물원은 입장료가 8,000원인데 관람을 마치고 나갈 때 판매장에서 식물 및 원예용품 등 식물을 구입할 수 있는 바우처로 사용할 수 있다. (바우처의 사전적 의미는 할인권, 쿠폰, 상품권이란 뜻이며 또 다른 뜻은 일정한 조건을 갖춘 사람에게 교육, 주택, 의료 복지 서비스를 이용할 시 정부가 비용을 대신 지불한다는 지불보증서를 의미)

방문객의 리뷰(서평, 평론)를 보면 볼거리가 많아요, 신기한 식물이 많아요, 산책로가 잘 되어 있어요, 사진이 잘 나와요, 주차하기 편해요, 편의시설이 잘 되어 있어요, 가격이 합리적이네요, 화장실이 깨끗해요 순으로 방문객들로부터 좋은 평가를 받고 있었다.

식물원에 들어서면 나무아래서 부처가 깨달음을 알았다는 인도의 큰 부리수 나무 2그루가 반겨준다.

초화정원, 테마정원, 에코정원, 향기정원, 연못정원, 독식물정원 등 다양한 정원으로 구성되어 있으며 특히 테마정원은 튤립, 수선화, 카라, 백합, 국화, 다알리아 등 원예종류(알뿌리)들로 계절별 온실과 실외에 전시한다.

세계의 다양한 꽃들로 일 년 내내 동백축제, 튤립축제, 베고니아축제, 백합축제, 다알리아축제 등 20여 가지의 테마 꽃 축제를 선보이기도 한다.

꽃이나 나무 앞에 팻말을 통해 설명이 잘 되어 있어 가족이 함께 아름다운 꽃과 식물을 감상하며 자연학습을 하기에도 적합하다.

겨울에도 커다란 온실 속에서 차를 마시며 마음의 여유를 찾고 아이들과 함께 꽃을 보며 즐길 수 있으며 입장료를 바우처로 꽃과 재료를 살 수 있으며 신기한 식물이 많아 볼거리가 많은 곳 우리 식물원이 벤치마킹해야 할 세계꽃식물원의 자랑이다.

〈2023. 12. 6.〉

세계꽃식물원

세금내는 천연기념물
석송령(石松靈)과 황목근(黃木根)

천연기념물 294호로 지정(1982. 11. 9)되어 있으며 옛 풍기지방(경북 영주시 풍기읍과 예천군 운풍면 지역의 지명)에 큰 홍수가 났을 때 마을 앞 석관천을 따라 떠내려 오던 나무를 그곳을 지나던 과객이 건져 이곳에 심었다는 경북 예천군 천향리 석평마을에 소재한 수령이 700년 정도를 추정하는 석송령은 높이 11m 둘레 4.2m의 웅장하고 수려한 외관을 가졌을 뿐만 아니라 자신의 이름으로 토지를 보유하고 있어 해마다 재산세를 내고 있다.

석송령이 토지를 보유하게 된 것은 1927년 자식이 없던 이수목(李秀睦)이라는 마을 주민이 석평마을의 영험한 나무라는 뜻으로 석송령이라 이름 짓고 자신의 토지 3,937㎡를 상속 등기하면서부터라고 한다.

한국기록원은 석송령은 세계에서도 유례를 찾아보기 힘든 희귀한 사연을 갖고 있는 나무라며 기네스북 등재를 통해 세계에 알린다는 것이다.

석송령은 마을 주민들로부터 구성된 석송령보존회에서 관리하고 있으며 1985년 전두환 대통령이 석송령에 기부한 500만 원과 토지에서 나오는 수입금으로 마을 학생들에게 장학금을 지급하고 있다.

2022년에 낸 토지분 재산세는 11만 780원이며 1986년부터 마을 중·고학생에게 장학금을 주는데 현재 47명이 받았다고 하며 마을사람들에게 석송령은 단순한 동신목이 아닌 의지하며 더불어 살아가는 그 이상의 존재로 여기고 있다.

동서로 누운 가지의 길이가 32m에 이르고 석송령으로 인해서 생기는 그늘 면적이 324평이나 된다고 하며 낙뢰예방을 위해 피뢰침을 세워 놓았고 700년이란 세월 동안 살아오면서 죽은 가지 하나 없이 튼실하고 웅장함이 돋보이며 신기하다.

마을에서는 마을을 수호해 주는 나무로 여겨 매년 정월 보름날 새벽에 동제를 지낸다고 한다.

석송령

천연기념물 제400호로 지정(1998. 12. 23)된 경북 예천군 금남리 696번지에 있는 황목근은 팽나무로 남부지방에서는 쪽나무, 포구나무 등으로 불리며 수령이 500년으로 추정되며 높이 12.7m 둘레 5.65m로 석송령보다 약간 크다.

식물학적으로 팽나무인 이 나무는 봄에 노란색을 꽃 피워서 황(黃)씨성을 근본이 있는 나무라는 뜻에서 목근(木根)이라 하며 1939년 마을 공동자산인 토지를 팽나무 앞으로 등기하면서 붙여진 이름이다.

황목근

이 황목근이 소유하고 있는 토지는 12,232㎡로 한국에서 가장 많은 토지를 보유한 나무이며 2021년도 재산세로 2만 6천 원을 냈다고 하며 100여 전부터 마을출신의 중학생에게 한 해 30만 원씩 장학금을 주었다고 한다. 이 나무는 마을의 신단이라 적힌 제단이 있고 마을 사람들은 이 나무를 수호목이자 당산목으로 삼아 매년 정월 대보름 제사와 축제를 열어 친목과 화합을 도모하고 있다.

땅은 석속령보다 많이 가지고 있지만 석송령은 2차선 포장도로 옆에 위치한데 반해 황목근은 뜰 가운데 있어 세금을 적게 낸다고 한다.

우리나라에는 세금 내는 나무 3그루가 있는데 하나는 보호수인 경남 고성군 마암면 삼락리 108-2의 평부 마을에 있는 수령 500년 이상된 전승목(戰勝木)이라 불리는 푸조나무이다.

고구마 이야기

어릴 적 가을이 되면 고구마를 수확하여 내 키보다도 훨씬 큰 수수깡으로 통가리를 만들어 사랑방 윗목에 놓고 그 안에 고구마를 저장하여 겨우내 꺼내 먹던 생각이 난다.

겨울밤 저녁을 일찍 먹고 할아버지 몰래 사랑방 통가리에서 고구마를 꺼내 아궁이에 구어 호호 불면서 동치미와 함께 맛있게 먹었던 고구마.

필자가 학교 다닐 때 등굣길에 가방에다 고구마를 넣어가지고 20리 길 중간쯤 걸어오다 덤불에 고구마를 던져 놓았다가 하굣길에 꺼내면 살짝 얼어 더 맛있게 먹었던 생각도 난다.

이렇게 고구마는 구황작물로 어릴 적 추억과 함께 굶주림시대 간식으로 배고픔을 달래준 귀한 작물이다.

고구마는 중앙아메리카와 남미 베네수엘라가 원산지이다. 주로 아메리카에서 재배되다가 아프리카, 동남아시아, 중국을 거쳐 일본을 통해 조선통치사였던 조엄 선생에 의해 1763년 우리나라에 들어왔다. 그로부터 250년이 지난 지금은 여러 가지 색깔과 더불어 맛과 품질이 우수한 품종이 육성돼 농민들에게는 높은 소득을 보장해주는 효자작물이 되었다.

쌀 자급을 이루어 낸 이후에는 재배면적이 감소하다가 2000년대부터 건강식품으로 다시 인기를 되찾고 있다. 이러한 고구마에는 탄수화물, 섬유질, 비타민뿐만 아니라 베타카로틴, 안토시아닌과 같은 기능성 성분들이 다량 함유돼 있고, 미국의 식품영양운동단체인 공익과학센터(CSPI)에서는 건강식품 10가지 중에서 고구마를 첫 번째로 선정하기도 했다.

언제나 최고의 간식으로 자리를 굳힌 고구마는 호박, 당근과 함께 폐암 예방에도 도움이 되는 3대 적황색 채소로 꼽히기도 한다. 또 위와 비장을 튼튼하게 하고, 피를 맑고 따뜻하게 하는 효능이 있어 오장을 튼튼하게 해 준다. 그리고 고구마는 껍질째 먹는 것이 좋다. 껍질에 섬유질, 카로틴과 항산화 물질이 많이 들어 있고 전분을 분해하는 효소도 들어 있어 소화가 잘 되기 때문이다. 뿐만 아니라 변비 예방에도 효과가 있다고 하며, 일본 최고의 장수촌 오키나와 오기미 마을은 40~50년 전부터 고구마를 주식으로 하고 있고 최근에는 미국의 허밍턴 포스트에 브로콜리 등과 함께 10대 슈퍼 푸드와 우주식품으로 선정되었으며, 청나라 건륭황제는 인삼보다 좋다고 하여 '토인삼'이라고 이름 붙였다고 한다.

우리나라에서 고구마는 주로 밤고구마, 호박고구마, 꿀고구마 등으로 불린다. 이는 찌거나 구웠을 때 식감에 따라 구분한 것인데, 전분 함량이 높아 밤처럼 퍽퍽한 고구마를 밤고구마라고 한다. 호박고구마는 단호박처럼 속이 주황색을 띠며 부드럽고 단맛이 강한 고구마를 말한다. 꿀고구마는 말 그대로 맛이 꿀처럼 달다고 해 붙여진 이름이다.

고구마에도 다양한 품종들이 있다. 농촌진흥청에서 개발한 주요 품종들 중에서 밤고구마를 대표하는 품종은 '진율미'이다. 식감이 부드럽고 단맛이 강한 편이며 국내 밤고구마 시장의 60%가량을 차지하고 있다.

호박고구마 품종으로는 '호감미' '풍원미', '호풍미' 등이 있다. 부드러운 식감에 구웠을 때 당도가 32브릭스(Brix) 이상이며 베타카로틴이 다량 함유돼 있다. 외래 품종보다 병해충에 강하고 수량이 많다.

꿀고구마 대표 품종에는 '소담미'가 있다. 쪘을 때 감미도(단맛의 정도)가 19.1로 일본 꿀고구마 대표 품종인 '베니하루카'의 16.6보다 높다. 저장성도 뛰어나 수확 후 이듬해 7월까지 9개월 이상 장기 저장해도 부패가 거의 발생하지 않는다.

잎자루용 고구마 품종도 있다. '통채루'라는 품종인데, 고구마 줄기 껍질이 연해 벗기지 않고 통째로 먹을 수 있다고 해서 붙여진 이름이다.

맛·기능성·재배안정성 등에서 우수한 고구마 품종들이 개발·보급되면서 국내 육성 고구마 품종 보급률도 증가하고 있다. 국산 품종 보급률은 2016년 14.9%에서 2022년 36.9%로 2.5배 가까이 높아졌다. 2025년에는 50%까지 높일 계획이라고 한다.

이제 과거 구황작물 가운데 하나였던 고구마는 건강을 위해 먹는 기능성 식품으로 널리 인식되고 있다.

보리와 보릿고개 이야기

가을에 추수한 식량이 다 떨어지는 봄이 오면 보리는 미처 여물지 않는 춘궁기(春窮期)를 소위 "보릿고개"라 불렀으며 보리수확기까지 양식이 떨어지는 어려운 농가가 많았다. 즉 식량이 부족하여 먹고살기도 힘겨웠으며 보리밥도 배불리 못 먹고 살던 굶주림의 시대였다.

필자도 학교 갔다 오면 배가 고파 삶아서 퍼지라고 장광에 갖다 놓은 보리쌀을 훔쳐 먹었고 학교에 가면 선생님이 보리 혼식했나! 도시락 검사를 하였으며 동생 녀석은 할아버지 밥 남기기만 기다렸다 남겨주면 먹던 생각이 난다.

이때는 밥을 할 때 쌀은 솥 가운데에다 조금 넣고 할아버지 밥만 쌀밥을 푸고 나머지는 섞어서 펐다.

아이야 뛰지 마라 배 꺼질라/ 가슴 시린 보릿고개길/ 주린 배 잡고 물 한 바가지 배 채우시던/ 그 세월을 어찌 사셨소/ 초근목피에 그 시절/ 바람결에 지워져 갈 때/ 어머님 설움 잊고 살았던/ 한 많은 보릿고개여……

굶주림 시대 우리 민족의 애환을 담은 가수 진성 씨가 부른 보릿고개가 요즈음 명곡이 되었다.

보리는 세계 4대 작물 중 하나로 우리나라의 경우 오곡(五穀: 쌀, 보리, 조, 콩, 기장) 중 하나이며 쌀 다음가는 주식(主食) 곡물이다.

보리를 이용하여 보리밥, 보리죽, 보리수제비, 보리수단, 보리감주, 보리막걸리, 보리누룩 등을 만들 수 있으며 맥주의 원료 등으로 널리 쓰이고 있다. 이젠 쌀이 풍족하고 식생활이 서구화됨에 따라 보리 소비는 감소되었다.

그러나 보리의 생리활성 기능성이 재조명되면서 보리국수, 보리빵, 보리 미숫가루, 보리차, 보리음료 등 보리를 이용한 가공식품 개발이 활발히 이루어지고 있다. 또한 건강 관리를 위하여 보리밥 전문식당을 찾는 사람들도 늘고 있다. 보리는 쌀에 비해 소화가 빨라 쌀밥 50g을 소화하는데 1시간 30분이 걸리는 반면 보리밥은 같은 시간에 100g을 소화시킨다. 국제영양학회에서 동물실험 결과 쌀과 보리를 7:3 비율로 섞어 먹는 것이 몸에 제일 좋다고 한다.

보리의 주요 성분은 탄수화물 75%, 단백질 10%, 지방 0.5% 정도이며, 그 외 섬유질, 화분, 비타민, 무기질 등도 포함되어 있다. 특히 보리는 다른 곡물에 비해 섬유질을 많이 함유하고 있어 배변에 도움이 된다.

보리는 화분과에 속하는 1년생 혹은 2년생 초본(草本)식물로 대맥(大麥)이라고도 한다. 보리의 기원에 대해서는 여러 학설이 있으나 이원발생설(二元發生說)이 가장 유력하다. 즉 이조야생종 원산은 서부 아시아의 온대지방 특히 홍해로부터 코카서스 및 카스 피해에 이르는 지역이고, 육조야생종은 티베트의 타오프, 라사 등의 지역을 중심으로 하는 동부 아시아의 양자강 유역이 원산지라고 한다.

보리는 재배 역사가 가장 오랜 작물의 하나로 중부 유럽이나 이집트의 석기시대 유물에서 보리가 발견되었기 때문에 보리는 약 1만 년 전에 재배가 시작되었을 것이라고 추정하고 있다. 현재 보리는 세계적으로 널리 재배되고 있으며 우리나라에서도 전국적으로 재배되고 있다.

보리는 최고의 자연 강장제이다. 말초신경 활동 증진과 기능 향상 등으로 정력증강에도 도움이 된다. 보리는 위(胃)를 온화하게 하고 장(腸)을 느슨하게 하며 이뇨(利尿)의 효과도 있다. 즉 보리는 몸을 보하고 오장(五藏)을 튼튼히 해주는 식품이다. 파키스탄에서는 옛날부터 보리가 심장보호제로서 오랫동안 사용되었다.

보리의 식이섬유인 '베타글루칸'은 대장에서 담즙과 결합한 뒤 몸 밖으로 배설되면서 혈중 지질 수치를 낮추며 혈당 조절에도 도움을 주는 것으로 알려졌다. 그러나 보리만 넣은 밥을 먹기는 어려우므로 밥을 할 때 쌀에 보리쌀을 30%만 섞어도 영양학적 효과를 충분히 거둘 수 있다.

똑같은 칼로리를 섭취해도 음식의 종류에 따라 식후 혈당, 혈중 지질 변화에 확연하게 차이가 있으며, 2개월쯤 지나면 체중까지 달라진다.

보리 혼식(混食)이 혈당을 낮추고 체중도 줄여준다.

햄버거, 피자, 라면, 빵 같은 패스트푸드 섭취가 급증해 비만, 당뇨병, 고지혈증 등이 증가하고 있는 추세에 비추어 우리나라 전통 식사법인 여러 가지 곡물을 섞은 밥 중심의 식사를 하는 것이 생활습관병(성인병) 예방의 대안이 될 수 있다. 굶주림 시대를 함께하며 동고동락(同苦同樂)한 보리밥이 이젠 인류건강을 지켜주는 보약이 된 셈이다.

동양의 알프스 청양의 고운식물원

동양의 알프스라 불리는 청양군에 있는 고운식물원은 1990년부터 부지매입을 시작으로 조성하기 시작하여 2003년 4월 28일 정식개원 하였는 데 자연과 조화된 참 식물원의 조성이란 목표 아래 야산 형태의 기존 자연 지형을 살리고 환경 훼손을 최소화하는 친환경 공법으로 조성한 전국 최고의 자연생태 식물원이다.

청양군 청양읍 식물원길 398-23(군량리 389-2번지)에 위치하며 군량리에 있는 천마봉(해발 422.1m,) 산 맞은편 오봉산(해발 약 501m) 자락에 있으며 산악지형(정자 있는 곳 해발 265m)으로 약 37.4ha(약 11만 3,000여 평)에 35개 소정원으로 이루어져 있으며 약 1만 여 종의 다양한 식물을 보유한 조성자 이주호 회장의 피와 땀이 서려 있는 곳이다.

동아대학교 원예학과를 졸업한 그는 1973녀 고운조경이란 개인사업을 시작으로 직원 5명이 함께 출발해 30여 년을 넘게 조경업을 하면서 40여 명의 직원과 함께 조경업계의 대부(상위 그룹 회사)로 성장하였으며 평생에 자연 그대로의 식물원을 조성하겠다는 평소 꿈을 실현하기 위해 그동안 조경업으로 번돈 수 백 억 원을 식물원을 조성하는데 투자하였다고 한다.

조성자의 꿈과 강한 의지 그리고 철학으로 이룩된 식물원은 청양의 자랑이요. 보배이며 다름 아닌 청양의 것이다.

물소리, 새소리, 바람소리, 곤충소리 등 자연의 소리와 함께 인간과 자연이 하나 되는 곳으로 성장시켜 국민건강증진과 지역사회 발전에 크게 기여하여 오고 있다.

무엇보다도 사라져 가는 수목과 꽃들을 식재하고 향토식물 자원보존과 생태관광, 체험학습, 학술연구 등을 할 수 있는 전국 최대의 식물원으로 조성되어 있다.

특히 기후변화에 따른 멸종위기 식물들을 증식보존 관리하고 있으며 (2010년 환경부 지정 멸종위기식물 서식지외 보존기관으로 지정) 2016년에는 산림생명자원 관리기관으로 산림청의 지정을 받기도 하였다.

최근 기후변화로 가뭄, 폭우, 폭염 등 자연재해가 심각하다. 이를 위한 나무와 숲 그리고 식물 가꾸기에 여념이 없다.

녹색식물의 성장촉진이 기후변화와 탄소중립을 위해 중요하기 때문이다. 뿐만 아니라 식물을 가꾸는 것은 치유와 더불어 기쁨의 힘을 제공해 주기도 한다.

청양의 고운식물원에는 다양한 식물과 꽃들이 4계절 내내 피고 지고 있다.

봄의 전령사인 복수초, 노루귀, 설강화, 풍년화, 납매, 앉은부채 등이 새봄을 알리고

3월 초에서 4월 초에는 산수유, 매화, 미선나무, 벚꽃, 개나리, 진달래, 히어리 등이 피어나고

4월 중하순에는 광릉요강꽃, 영산홍, 신안새우란, 할미꽃, 풍년화

5월에는 팥배나무, 만병초, 손수건나무, 노랑붓꽃 등 30여 종이 피어나고 있으며,

6월에는 수국, 작약, 금낭화, 초롱꽃 등 20여 종

7월에는 꽃댕강, 참나리, 노루오줌, 하늘바라기 등 20여 종이 피고

8월에는 다알리아, 비비추, 진노랑상사화 등 10여 종이

9월에는 핑크뮬리, 백일홍, 천일홍, 꽃무릇. 대청부채 등 15여 종이

10월에는 국화, 코스모스, 아스타, 해국, 층꽃나무, 춘추벚꽃 등이 피고 지는 그야말로 4계절 내내 꽃들의 향연이 이어지고 있다.

(꽃의 개화시기는 기상상황에 따라 다소 변동이 있을 수 있음)

또한 식물원 명물로 소문난 롤러슬라이드(미끄럼틀)는 무동력 친환경 시스템으로 식물원 정자 있는 곳에서 230m을 타고 내려오는데 짜릿한 스릴감과 스트레스를 한방에 날려주고 있어 이용자들의 탄성을 자아내고 있다.

식물원에 오면 숲과 식물과 함께 스트레스를 날려 보낼 수 있다.

숲과 식물에서 배출되는 음이온과 피톤치드가 심신을 안정시키고 면역력까지 높여주어 우울감 해소에도 도움을 준다는 것이다.

숲은 인체의 오감(눈으로 보는 시각, 귀로 듣는 청각, 코로 맡은 후각, 혀로 느끼는 미각, 피부로 감지하는 촉각)을 자극하여 기분을 좋게 한다.

즉 푸른 숲, 아름다운 꽃과 식물, 향긋한 냄새, 맑은 공기, 새소리, 바람소리 등 모두 인간의 마음을 안정시키고 생리적 반응을 활성화 시켜주기 때문에 불안과 우울감이 해소되고 기분이 좋아지는 등 치유가 된다고 한다.

끝으로 식물원은 우리 청양이 가지고 있는 최고의 관광자원이다.

이 좋은 자원과 연계한 관광개발이 중요하며 무엇보다도 더 많은 사람들의 관심과 사랑이 이어지길 기대해 본다.

환경친화적인 청양 고운식물원

청양군의 위치는 한국의 중서부에, 충남의 중심부에 있으면서 서쪽으로 보령시, 북쪽으로 홍성군과 예산군, 동쪽으로 공주시, 남쪽으로 부여군과 접하고 있고 칠갑산(해발 561m)을 비롯한 산지들과 산간 분지들이 발달해 온 지역으로 고도 301m 이상의 면적이 6.99%이며 극치 온도가 인근 부여, 공주보다 1~2℃ 낮고 타 지역에서 한 방울도 들어오지 않는 물의 발원지이며 또한 67%가 임야인 산간지역이고 도립공원 칠갑산을 중심으로 천혜의 자연경관을 자랑하며 공기가 좋은 곳으로 청정지역으로 알려져 있다.

이곳 식물원은 청양읍 소재지에서 서쪽 방향으로 약 2km 떨어진 식물원길 398-23(군량리 389-2)에 위치하고 있고 해발 약 501m의 오봉산 자락에 자리하고 있으며, 숲이 우거지고 식물들이 많이 자라고 있으며 청양읍보다 평균온도가 1~2℃ 낮은 경우가 많다.

지난 1991년부터 부지 조성이 시작되었으며 1977년 식물원 조성인가를 받아 동양 최고의 자연식물원을 표방하며 2003년 4월 정식 개원하였다.

야트막한 산지형을 살린 환경친화적인 식물원으로 37.4ha의 부지에 35개소의 소정원으로 이루어져 있고 국내외에서 수집한 1만 여종의 다양한 나무와 식물들을 식재한 식물들의 천국이며, 향토식물의 보존과 생태관광 자연학습과 학술연구를 병행할 수 있도록 꾸며진 산림문화 공간이다.

다양한 꽃들이 피어나는 울창한 숲길을 따라 식물원을 한 바퀴 돌아보는 데는 약 2시간 정도 소요된다.

두 곳의 상설전시장과 야생화원, 4계절 정원, 작약 모란원, 튤립원, 비비추원, 만병초원 등이 있다.

식물원 곳곳에 설치한 쉼터와 포토존이 있고 아이들이 놀 수 있는 미끄럼틀 등 놀이시설이 있고 데이트하기 좋은 크고 작은 소정원과 산책길이 조성되어 관람하기 좋으며 특별히 2010년 환경부가 지정한 멸종위기 서식지 외 보전기관으로 멸종위기 식물들을 보존, 증식, 연구, 홍보, 교육을 목표로 노력하는 장소이기도 하다.

아울러 2016년 산림청으로부터 산림생명자원 기관으로 지정받아 다양한 생명자원 보존 관리에도 심혈을 기울이고 있다.

해발 약 300m의 전망대에 오르면 가슴이 탁 트이면서 보이는 식물원의 전경들 계절별로 절경을 느낀다.

이곳에서 짜릿한 스릴과 함께 스트레스를 한방에 날리며 나무사이로 타고 내려오는 230m의 친환경 무동력 롤러슬라이드는 아주 인기다.

새소리, 물소리, 바람소리 등 자연의 소리는 사람들에게 긍정적인 에너지를 공급해 주며 숲과 함께 수많은 식물들과 만남에서 몸과 마음이 치유된다.

좋은 기분(氣分)은 대상, 환경 따위에 따라 마음이 절로 생기며 한동안 지속되는 유쾌함을 말한다. 기분이 좋으면 행복하다.

좋은 기분을 위해서는 식물원을 자주 찾아 산책하며 좋은 공기 마시고 힐링하면서 식물들과 대화하며 걷다 보면 나를 괴롭혔던 생각들이 정리 되고 한결 기분이 좋아진다.

식물원은 사람들의 기분을 좋게 하는 환경과 물질들이 많다.

기분이 좋으면 사람이 꿈이 생기고 목표가 생기다 보면 얼굴에 생기가 돌고 의욕이 상승해 적극적으로 노력하기 때문에 우울감을 방지하고 성취감을 느껴 삶에 활력을 얻게 된다.

오늘도 이곳 식물원을 찾아 기분 좋은 하루를 보내자.

식물원 사람들

식물원에 오면 산뜻한 공기에 정신이 맑아지고 기분이 좋아진다.

아침 일찍부터 저녁 늦게까지 쉼 없이 숨은 곳에서 묵묵히 식물은 가꾸고 돌보는 사람들이 있기 때문일 것이다.

식물은 말을 못하기 때문에 배고파하면 거름 주고, 아파하면 약 주고, 목말라하면 물주고 항상 식물과 대화하면서 그들을 보살펴 주는 사람들의 덕분에 4계절 아름다운 꽃과 자연과 함께할 수 있는 것이다.

이른 봄부터 가을 늦게까지 새벽 5시경부터 식물원을 돌아보며 식물들을 관찰하고 가꾸어 오늘날 37.4ha의 규모에 1만 여 종의 식물이 자라도록 전국 최대의 자랑스런 자연 식물원을 일궈온 경영주의 꿈과 철학이 자라는 곳이며 그의 땀방울이 식물원 이곳저곳에 스며들어 있음을 느낀다.

찾아오는 관광객을 아주 친절하고 따뜻하게 맞으며 안내하는 매표소에서 친절하게 종합안내를 해주는 검표소, 자라고 있는 식물들을 소개하고 안내하는 문화홀 또한 단체 관람객을 친절히 안내하는 가이드, 관람객들에게 스트레스를 한 방에 날리고 짜릿한 스릴을 느끼게 하는 식물원의 또 다른 매력 친환경 무동력 롤러슬라이드 타는 것을 안내하는 분(식물원의 정자가 있는 곳) 그리고 식물원에서 커피 등을 판매하고 관광상품을 홍보 판매하는 곳까지, 또한 비가 오나 바람이 부나 식물들 곁에 잡초를 잡아주고 식물을 심고 가꾸는 분들, 일하는 사람들의 건강을 챙겨주는 좋은 식단으로 먹거리를 준비해 주는 분, 식물원의 대외 홍보와 외부와의 협력관계를 유지해 주는 분들까지 이외 여러 곳에서 모두가 쉼 없이 기능과 역할을 다해주기 때문에 식물원의 하루도 관광객들과 함께한다.

특히 식물원은 기후변화 대응 탄소중립 실천을 위해 사라져 가는 멸종위기 식물들을 증식 보존 관리하는 등 쉼 없는 노력을 다하고 있다.

식물을 가꾸고 지키는 일은 쉬운 일이 아니다.

식물은 말을 못 하기 때문에 사람들이 가장 밀접하게 접근하여 관찰하고 보살펴야 하기 때문이다. 때가 있고 장소가 있고 적합한 환경이 있어야 하기에 말이다.

사람도 목욕을 하고 이발을 하는 것처럼 식물도 깎아 주고, 잘라주고, 솎아 주고, 때로는 뙤약볕에서 온실 속에서 무더위와 싸우며 감내해야 하기도 하기 때문이다.

그러나 식물들은 사람들이 정성을 쏟은 만큼 그 댓가를 반드시 되돌려 준다. 즉 식물은 거짓말을 하지 않는다.

식물원에 오면 푸른 숲을 거닐며 자연의 소리와 함께 힐링과 치유가 되고 4계절 꽃과 함께 즐거움을 느낄 수 있다는 것은 행복한 일이며 그 뒤엔 또 다른 사람들의 숨은 노력이 같이 있다는 것을 잊어서는 안된다.

관광객들에게 더 좋은 기분, 더 좋은 아름다움과 서비스 제공을 위해

식물원 사람들은 오늘도 땀방울을 흘린다.

개나리와 진달래꽃

국민의 꽃으로 불리며 민족의 정서가 깃든 개나리와 진달래꽃은 우리나라 특산물이며 민족의 끈기를 닮아 척박한 땅에서도 곧잘 뿌리내린다.

개나리의 꽃말은 “희망”, “깊은 정”이고 진달래는 “사랑의 기쁨”이다

개나리는 물푸레나무과 식물로 노랑꽃을 피우며 한반도에서 흔한 특산종이다. 전국 어디서나 집 가까이서 흔히 볼 수 있으며 울타리나 길옆에 무더기로 심기도 하고 양지바른 산기슭에 자생하기도 한다.

낙엽 활엽관목으로 높이는 2~3m 정도이며 이른 봄에 잎보다 먼저 노란꽃이 피고 9월에 열매를 맺는데 열매는 해열, 해독 및 염증성 질환 등 한약재로 쓰이며 흔히 울타리용으로 많이 재배한다. 우리나라 특산종이고 중국, 일본 등지에서 다른 종이 분포한다.

귀여운 병아리처럼 노란 개나리 “나리 나리 개나리 잎에 따다 물고요 병아리 떼 종종종 봄나들이 갑니다.”

윤석중의 동요가 생각나기도 한다.

봄을 상징하는 꽃으로 벚꽃보다 개화시기가 빠르다.

진달래는 진달래과에 속하는 낙엽활엽관목으로 우리나라 전역에 자생하며 고향의 향수를 느끼게 하는 어머니 품속 같은 포근함이 있다.

꽃을 먹을 수 있어 “참꽃”이라 불리기도 하며 꽃 색깔이 붉은 것이 두견새가 밤새 울어 피를 토한 것이라는 전설 때문에 두견화(杜鵑花)라 하기도 한다.

꽃은 4월경에 잎보다 먼저 피고 가지 끝부분의 곁눈에서 1개씩 나오지만 2~5개가 모여 달리기도 한다.

우리나라 국화인 무궁화 대신 1위 후보로 되어 있을 만큼 민족적으로도 높이 평가되어 되어온 꽃이라고 한다.(지금은 북한의 나라꽃이 함박꽃나무이지만 건국 초기 당시 진달래는 북한의 나라꽃이었음)

또한 예부터 진달래술(두견주), 진달래 화전 등 꽃을 이용한 다양한 요리를 만들어 먹기도 하였으며, 해마다 한국인의 애송시로 선정되어 온 "진달래꽃"은 우리의 민요적 리듬으로 애환을 노래한 김소월의 대표작이기도 하다.

더욱 웃긴 것은 어릴 적 진달래꽃을 꺾으러 산에 가면 산에 용천백이가 출현한다는 소리가 있어 모르는 사람을 만나면 도망치던 기억도 생생하다. (당시엔 나병환자를 용천백이라 불렀다)

개나리꽃과 진달래꽃 모두 아름다운 추억의 향수를 불러온다.

새봄을 돋보이게 하는 노랑, 분홍꽃 행복을 주는 꽃임에는 틀림없다.

봄의 대명사로 불리는 개나리와 진달래꽃이 피면 우리의 서정적인 마음을 달래주기도 하며 완연한 봄기운이 온몸을 감쌀 때면 흔히 볼 수 있는 친숙한 꽃들이다.

이곳 청양 고운식물원에도 개나리와 진달래가 군락을 이루어 피고 있다. 2003년 만개는 4월 3일로 전년보다 7일 정도 빠른 느낌이다.

모든 꽃들의 개화가 전년보다 빨라지고 있는 것은 기후 온난화의 영향이 아닌가 생각한다.

봄꽃의 개화시기는 강수량과 일조시간 개화직전의 날씨변화 등 2월과 3월의 날씨에 영향을 받는다.

전통적으로 봄을 상징하는 개나리와 진달래꽃 동요에서 가곡에서 시속에서 자주 등장하는 친숙한 이름 봄이 되면 잊지 않고 꽃을 피워주는 고마운 국민의 꽃 개나리와 진달래.

가정에서도 식물을 가꾸자

요즈음 가정에서는 식물(특히 공기정화식물)이나 아름다운 꽃 등을 가꾸고 싶어 한다. 또한 삶의 질 향상에 따라 이런 것을 원하고 있고 추구하는 경향이다.

식물은 사람을 행복하게 해 주며 스트레스를 해소해 줄 뿐만 아니라 집안의 공기를 깨끗하게 해주는 등 건강에 도움을 주고 기억력, 학습, 창의력을 향상 시킨다. 특히 관협식물은 공기정화 효과가 높아 거실, 베란다, 침실, 아이들 공부방, 주방, 화장실 등에 걸맞은 식물들을 실내 생활공간마다 배치하는 것이 좋다.

요즈음 소위 반려식물이라는 말을 많이 쓴다. 식물을 집에서 키우는 사람들이 많아지면서 나타난 말이다. 이렇듯 식물은 외로움을 달래주고 우울증 예방, 정서적 안정과 치유와 힐링 등 건강에 많은 도움을 준다.

“여러분의 가정에 아름다운 정원을 꾸며 드립니다” 하고 희망자에 한하여 아파트 베란다나 옥상 또는 가정화단 등에 정원을 조성해주는 사업은 인기가 있을 것 같다는 생각이다.

이곳 청양 고운식물원에 근무하며 그런 사업을 해 보았으면 하고 생각하는데 인력 형편의 여유가 없어 필자는 그냥 생각만 하고 있을 뿐이다.

필자는 재임 시절 작고 매운 청양고추를 화분에 재배하여 세계의 모든 아파트 베란다에 놓고 키우며 1~2개씩 따서 된장찌개에 넣거나 해서 먹고 장기간 화분처럼 볼 수 있도록 하면 좋겠구나 더욱이 고추는 다년생으로 온도만 맞으면 꽃피고 열매 맺기 때문에 (물론 퇴화는 되지만) 오랜 기간 동안 가꿀 수 있어 만일 이 분화재배가 인기가 있다면 이건 블루오션이다 생각하고 시범 재배하여 서울 강동구, 강서구, 영등포구 등 자매결연지 5개 시, 구청에 30개씩 배부해 본 적이 있다. 충분히 가치가 있었고 인기도 좋았다.

그러나 청양고추는 절간이 길어 키가 크기 때문에 품종개량이 요구되었으나 이를 해결 못 하고 퇴임하게 된 것이 아쉬우며 지금도 청양고추 분화재배에 대한 생각은 변함이 없다.

청양고추 이외 원추리, 돌나물, 감자, 고구마 등을 분화재배하여 상품화하면 좋겠다 하는 생각을 해 보았다.

즉 식물들 아니 꽃은 아파트 베란다나 실내, 텃밭, 옥상 등 가정화단에 심으면 좋을 것이다. 또한 우리 군 특산물 구기자도 분화재배하여 상품화한다면 그것도 가치가 있을 것이다.

필자가 오래진 재임시절 구기자화분 10개를 모인이 달라고 해서 주었는데 상급기관에 선물하고 나머지는 아파트 베란다에 놓고 잎을 따서 각종요리 시 넣어 먹으니 좋고 화초처럼 가꿀 수 있어 좋더라는 이야기를 들은 적 있다.

그렇다! 구기자는 다비성 작물로 거름을 많이 주어야 하지만 외대로 분화재배하여 아파트 베란다 등 가정에서 키우면서 잎과 열매를 따서 먹을 수 있고 식물로 오래 볼 수 있다.

가정에서 식물을 키우고 가꾸면서 공기정화, 치유와 힐링 등 건강에 많은 도움을 주지만 무엇보다도 외로움을 달래준다는 것이다.

특히 나이가 들수록 좋은 일이고 행복한 취미이며 기후변화 탄소중립 실천에도 앞장서는 일이다.

우리네 감자이야기

오늘은 가을을 재촉하는 비가 간간이 대지를 적시고 있는데 갑자기 어릴 적 감자 먹던 생각이 난다.

주로 5월부터 10월까지 감자를 먹었는데 끼니마다 밥솥에 넣어서 밥과 함께 때로는 감자만 쪄서 가끔은 구워서 때로는 요리로 해서 먹고 어느 날인가는 친구들과 천렵 가서 고기 잡고 감자를 쪄 먹으며 배고픔을 달랬던 기억이 난다.

감자는 벼, 밀, 옥수수와 함께 세계 4대 식량 작물 중 하나이다.

또한 고구마, 옥수수와 함께 대표적인 구황작물로 인류를 기아(飢餓: 굶주림)의 공포에서 구제한 고마운 작물이다.

원산지는 남미 안데스지역 페루와 북부 볼리비아 지방으로 알려져 있으며 예로부터 주식(主食)으로 부식으로 다양하게 이용되어 왔다.

유럽에서는 18세기 후반부터 주식으로 이용하기도 하였으며 아일랜드, 독일 등 세계 많은 지역에서 주식으로 이용되고 있다.

구황작물(救荒作物)이란 흉년 등으로 기근(飢饉: 식량부족 상태)이 심할 때 주식으로 대용할 수 있는 작물로 재배 기간이 비교적 짧고 가뭄이나 장마 같은 기후의 영향을 적게 받으며 척박한 땅에서도 가꿀 수 있는 작물이다.

감자는 추운 지역이나 해발 4,000m의 고산지역에서도 재배가 가능하고 식용하는 부위는 뿌리가 아니고 줄기이며 이를 덩이줄기라 한다.

우리나라에서는 하지감자, 자슬, 북감저(北甘藷), 마령서(馬鈴薯)라고 하며 한반도에 감자가 전래된 것은 1824년에 처음 전래 되었고 본격적인 재배는 한국전쟁 이후라 하며 요즈음은 노지재배는 물론 시설재배로 연중 신선한 감자를 맛볼 수 있다.

감자는 조생종, 중생종, 만생종으로 20여 가지가 넘는 품종이 있으며 식용, 가공용, 생식용 등 용도에 따라 구분하기도 한다.

또한 봄 감자, 여름 감자, 가을 감자 등 심는 시기에 따라서도 구분하며 주로 수미감자, 홍감자(카스텔라), 대서감자 등을 심었다.

감자의 대표적인 품종이었던 "수미"(미국 위스콘인 대학교 교수가 1962년 개발)는 1974년 품종 등록되면서 국내 감자시장의 80%를 차지하였으나 최근에는 기후변화로 인한 고온과 집중호우에 취약하는 등 국내 기후변화에 적응하지 못하면서 생산량이 급감하고 있어 강원대학교 임영석 교수팀에 의해 고온, 가뭄, 병충해에 강한 한국 토종 "통일"이라는 품종을 개발하였다고 하며 "통일" 감자 품종개발의 성공은 한국농업 역사에서 혁신적인 종자 기술개발의 성공사례로 평가받고 있다고 한다.

감자는 쪄 먹는 것 외에 감자 칩, 조림, 샐러드를 비롯하여 매우 다양한 요리들이 우리네 식탁을 오르내리며 위 건강, 소화촉진, 항암효과, 노화방지 등 국민 건강에 많은 효과를 주고 있는 식품이다.

필자는 전국 대부분의 농가에서 재배했던 감자 "수미"가 그렇듯이 날로 증가되는 기후변화에 따른 작물의 재배환경이 달라지고 있음을 직시하면서 기후변화 대응 기술개발과 배고픔 시대 효자였던 자주감자 등 우리 토종 품종을 발굴하여 보존할 가치가 있다고 생각하며 우리 토종 작물들이 모두 건강을 지켜주는 기능성 있는 웰빙식품이며 이러한 토종 작물들을 발굴 보존하고 가꾸며 지키는 일도 중요하다는 생각을 해본다.

천일홍(千日紅) 이야기

변치 않는 사랑, 영원한 사랑이란 꽃말을 가진 천일홍은 꽃을 말리면(드라이플라워) 꽃의 붉은 기운이 1,000일 동안 퇴색되지 않는다 하며 오랫동안(1,000일) 보아도 질리지 않는다고 하여 붙여진 이름이다.

비름과의 한해살이풀로 미국이 원산지이며 높이 40cm 정도로 자라고 줄기는 곧게 서며 가지가 잘 갈라지고 전체에 털이 있다.

잎은 마주나기(잎이 마디마디마다 두 개씩 마주 붙어 남) 하며 긴 타원형이나 달걀꼴 타원형으로 가장자리가 밋밋하고 꽃은 7월~10월에 피며 주로 산사의 법당을 장식하는 꽃으로 재배되었으며 열매는 바둑알 같은 종자가 1개씩 들어 있고 관상용으로 많이 심는다.

특히 천일홍은 많은 사람들이 좋아하는 꽃으로 양주 나리농원에서는 9월 "변치 않는 사랑을 만나다"라는 부제로 2023년 양주 천만 송이 천일홍 축제를(9.18~9.24) 개최하기도 한다.

천일홍은 영원한 사랑을 약속하는 웨딩에서도 부케로 많은 신부들에게 선택을 받는다고 하며 천일홍 부케는 그대로 두어도 자연스럽게 건조되어 생화 같은 드라이플라워를 만들 수 있기 때문에 간직하기 좋은 부케라고 한다.

천일홍의 효능은 몸을 따뜻하게 해 주고 콜레스테롤을 낮춰 주며 기침과 두통을 멈추게 해 주고 우울감이나 스트레스, 불면증 등 정신안정에 효과가 있으며 기미, 미백 등 피부 미용에도 좋은 효능이 있다고 하며 꽃차로도 많이 이용한다고 한다.

천일홍은 씨앗이 얇은 막 같은 것이 겹겹이 쌓여 있어 씨앗이 그냥은 벗겨지지 않아 파종할 때 씨앗은 모래와 섞어 박박 비벼서 껍질을 벗겨내고 4~5월에 파종한다. 발아율이 낮기 때문에 씨앗을 물에 불려서 1.5배에서 2배 정도로 커졌을 때 파종하면 발아율을 높일 수 있다.

천일홍은 햇빛을 좋아하기 때문에 양지바른 곳에 파종하는 것이 좋으며 파종 후 발아 온도는 20~25℃이며 발아기간은 7~10일이다.

파종 후 30~40일 정도 지나 떡잎이 나오고 본잎이 2~3장 나왔을 때 천일홍 모종을 큰 화분이나 화단에 옮겨 심는다.

천일홍은 우리나라 여름 더위와 건조에 강하며 가뭄 때에도 다른 꽃들은 축 늘어지는데 천일홍은 괜찮다고 하며 질소질 비료를 많이 주게 되면 잎만 무성해진다.

따라서 심기 전 퇴비를 충분히 주고 복합비료를 뿌린 다음 심는 게 좋다.

천일홍은 백일홍과 함께 매년 파종하여 심으며, 우아하고 귀족적이고 매혹적인 꽃이며 색상도 각각이 화려하다.

우리나라 야생화 이야기

야생화란 야화라고 부르기도 하고 들꽃이라 표현하며 인공적인 영향을 받지 않고 자연 상태에서 자라는 식물로 우리나라에는 2012년 기준 205과 1,158속 4,939종으로 보고되고 있다.

다시 말하면 야생화는 스스로 자연 속에서 자라나는 식물의 꽃을 의미하고 사람의 보호를 받지 않고 자라는 식물이며 그 식물의 꽃이다.

우리가 쉽게 길가 주변에 볼 수 있는 것과 깊은 산속에 들어가야 볼 수 있는 것까지 매우 다양하며 사람에게 즐거움을 줄 뿐만 아니라 생태계의 중요한 구성 요소이기도 하다.

야생화는 곤충, 새 등 작은 동물에게 먹이를 제공하고 대신 야생화의 씨앗을 배설하여 널리 퍼트리는 등 야생화는 생태계가 순환하는 과정의 역할을 하며 토양을 덮어 보호하고 토양의 수분을 유지하고 토양의 유기물을 증가시키며 뿌리로 토양의 침식 방지와 토양의 질을 개선하고 사람들에게는 기쁨을 선사하는 등 야생화가 갖는 의미는 정말 많다.

봄에 피는 진달래, 개나리, 얼레지, 노루귀, 애기똥풀, 민들레, 붓꽃, 할미꽃, 광릉요강꽃, 깽깽이풀, 삼지구엽초, 현호색, 은방울꽃, 모란, 복수초 등 다양하며,

여름에 피는 패랭이꽃, 비비추, 동자꽃, 곰취, 맥문동, 노루오줌, 엉겅퀴, 참나리 등이

가을에는 코스모스, 구절초, 쑥부쟁이, 투구꽃, 국화, 초롱꽃, 천일홍, 과꽃, 용

담 등이 있으며

겨울에 피는 동백꽃, 솜다리 등 우리가 이름조차 잘 알지 못하는 야생화가 우리 주변에서 많이 자생하고 있다.

꽃을 싫어하는 사람은 아마 없을 것이며 길을 걷거나 숲 속을 걷다가 야생화를 보면 기쁨과 함께 마음이 평화로워지고 행복해진다.

우리나라 봄의 전령사로 대표 야생화꽃은 복수초이다.

복수초(福壽草)는 봄에 가장 먼저 피는 꽃으로 복과 장수를 상징하며 꽃말은 "영원한 사랑"이고 꽃잎을 닫고 있다가 해가 떠오를 무렵 꽃잎이 펴진다.

복수초는 황금색 꽃으로 제 몸의 열기로 눈을 녹이고 피어난다고 한다. 그래서 새해 제일 먼저 피어나서 봄이 옴을 알린다.

복수초는 눈 속에 피는 연꽃 같다고 해서 "설연화" 꿩의 눈을 닮았다고 해서 "꿩눈" 황금색 술잔을 닮아 "측금잔화" 설 무렵에 핀다고 해서 "원일초" 눈을 뚫고 나와 핀다고 해서 "얼음새꽃" 등 별명이 다양하다.

다음은 노루귀라는 식물로 미나리아재비과에 속하는 여러해살이 풀로 어린잎의 뒷면에 하얗고 기다란 털이 덮여 있는 모습이 노루의 귀처럼 보인다 하여 붙은 이름이다.

원산지는 우리나라이며 전국에 분포하고 10cm 정도 자라며 3~4월에 잎이 나오기 전 가느다란 꽃대 끝에 한 개의 꽃이 하늘을 향해 피며 흰색, 연분홍색, 보라색의 꽃을 볼 수 있다.

노루귀는 놀라운 효능이 있는데 피부 건강과 소화를 돕고 면역력 강화에 탁월한 효과가 있다고 전해진다.

이렇듯 사람들에게 기분을 좋게 하고 자연생태계를 지켜주는 우리 꽃 야생화에 더욱 관심을 가지고 사랑하며 지켜나가야 할 것이다.

복수초

정원을 배우GO 가꾸GO 즐기GO

정원(庭園, garden)은 일반적으로 실외에 식물 등 자연을 이용해 조성된 공간으로 자연적으로 형성될 수도 있고 인공적으로 조성할 수도 있다.

우리나라에는 국가정원이 순천만과 태화강 2개소가 지정되어 있는데 1호는 순천만 국가정원이다(2015. 9. 15. 지정) 뿐만 아니라 지방정원 개인정원을 비롯하여 약 125개소의 정원이 있다(2022. 6. 30. 기준).

충남의 민간정원 1호는 천안에 있는 "아름다운 화수목" 정원으로 2015년 전국 최초로 등록된 정원이며 석부작, 분재원, 탐라식물원 테마정원으로 조성되어 있다.

최근 정원 생활이나 활동이 국민건강과 치유에 많은 도움을 주는 인기 있는 분야로 각광을 받고 있으며 정원에 대한 국민의 관심과 열망으로 정원에 대한 법률이 생겨 국가정원으로 지정받으려면 30만㎡ 이상의 부지에 정원이 조성되고 지방정원으로 지정된 후 3년이 지나야 지정 신청이 가능하며 국가정원으로 지정받으면 정원의 유지관리를 위한 국비를 지원받을 수 있다.

지방정원은 해당지역에 존재하는 공원이나 유휴지를 이용하여 지자체 예산을 수립하여 조성하면 되는데 지방자치 단체장의 의지만 있으면 조성 가능하다.

그러나 민간정원은 국가나 지자체의 지원이 없이는 전문인력이나 운영 등 많은 어려움이 있는 것이 현실이다.

한 예로 국가나 지방자치단체에서 전문인력을 양성시켜 보내주어야 하는데 오히려 민간정원 우수인력을 데려가는 경향이다. 또한 민간정원은 재해보험, 조세

제도에도 취약하다.

어떻게 보면 민간정원은 다양한 식물재배, 멸종위기 식물증식, 보존관리 등 최근 문제가 되는 기후변화에 대응하고 탄소중립을 실천하는 큰 역할을 하고 있는 것임에는 사실이다. 따라서 민간정원으로 지정된 정원에도 제도적인 정부의 지원이 뒤따라야 한다는 생각이다.

정원의 종류에는 국가정원, 지방정원, 민간정원, 공동체정원, 생활정원 주제정원으로 교육정원, 치유정원, 실습정원, 모델정원 등이 있으며 수목원, 공원과의 차이로 정원이란 식물, 토석, 조형물, 시설물 등을 전시, 배치하거나 재배하고 가꾸는 지속적인 관리를 통해 이루어지는 공간이며 엄밀한 의미로 문화재 공간, 식물원, 수목원, 자연공원, 도시공원은 정원에 속하지 않는다.

정원이 식물 중심의 전시, 배치, 재배, 가꾸기에 중점을 두는 것에 비해 수목원, 식물원은 식물수집, 보존, 전시 등 학술적 산업적 연구를 하는 시설이고 공원은 자연을 보호하면서 국민의 건강, 휴양, 정서, 안정을 위한 시설이라는 차이가 있다.

최근 민간정원이 늘어나고 있다.(2023. 5. 10. 현재 103개소) 자연 속에서 바람소리, 물소리, 새소리 등 자연의 소리와 함께 삶의 여유를 찾고자 하는 사람들이 늘어나고 있기 때문이다.

또한 민간정원을 거점으로 볼거리, 먹거리, 즐길거리 등 관광명소로 가꾸기 위함인지도 모른다.

식물이 미래다.

전국에 많은 민간정원들이 조성되어 날로 심각해지는 기후변화에 적극 대응하고 국민들의 건강증진에 많은 도움이 되길 바라는 마음이다.

참고로 민간정원 등록은 시군을 통해 신청하면 도에서 현장점검을 하는 등 적합여부 검토를 받아야 하며 정원의 총면적 중 녹지면적이 40% 이상이며 주차장 및 화장실 등 이용자를 위한 조건의 시설을 갖추어야 하며 또한 농지법, 건축법 등 개별법 준수여부도 따라야 한다.

등록이 되면 명칭과 소재지, 운영자의 성명, 주소, 시설명세서, 보유하고 있는 식물의 목록 등이 일반에 공개된다. 또한 등록이 되면 입장료를 받을 수 있다.

식물원 매미들의 울음소리

긴 장마 후 폭염이 지속되는 요즘 한여름의 전령사 매미들의 울음소리가 식물원의 이곳저곳에서 들려온다. 마치 매미들의 천국이다.

여름부터 가을의 문턱까지 매미들의 울음소리를 들을 수 있어서 좋다. 더워서 우는 걸까! 슬퍼서 우는 걸까! 아니면 좋아서 우는 걸까! 아무튼 즐거웠던 추억이 서려 있어 더 즐겁게 들려오는지도 모른다. 우는 매미는 수컷 매미로 암컷 매미를 향한 구애나 포식자로부터 자신을 지키려는 수단이라고 한다.

매미 울음소리는 흔히 맴 맴 맴 우는 참매미의 울음소리를 떠올리지만 종류별로 다른 소리를 낸다.

참매미는 맴 맴 맴, 말매미(일명 왕매미)는 쇄~애 애 애 애, 쓰름매미는 쓰 름 쓰름 ….

매미는 노린재목 매미과에 속하는 곤충으로 전 세계에 약 1,500종이 있으며 우리나라에는 참매미, 말매미, 쓰름매미 등 15종이 있고 참매미는 우리나라 대표적 여름 매미라고 한다.

전 세계적으로 유명한 매미로는 아메리카의 주기 매미로 무려 17년이나 땅속에 살다가 성충이 되는데 어떤 해에는 한꺼번에 우화하여 나무를 온통 뒤덮는 대발생을 하기도 한다고 한다. 암컷 매미는 나무껍질 같은 곳에 알을 낳는다. 알은 나무속에서 약 1년간 있다가 다음 여름에 부화한다. 알에서 부화한 애벌레는 바로 땅속으로 들어가 나무뿌리의 즙을 빨아먹으며 평균적으로 5년 정도 살다 땅위로 올라와 나무에 매달려 껍질을 벗는다. 껍질을 벗고 나온 매미는 몸을 말린 후 날아다니며 울기 시작하는데 성충이 된 매미는 약 1달 정도 산다. (알-유충-우화-성충)

매미는 5가지 덕목(문, 청, 겸, 검, 신)을 겸허히 실천하며 살아간다.

첫째는 매미는 곧게 뻗은 입이 갓끈과 같아서 학문에 뜻을 둔 선비와 같다고 하며, 둘째는 사람들이 어렵게 지은 농산물을 해치지 않으니 염치가 있으며, 셋째는 집을 짓지 않으니 욕심이 없이 검소하고, 넷째는 죽을 때를 알고 스스로 지키니 신의가 있고, 다섯째는 깨끗한 이슬과 수액만 먹고 사니 청렴하다고 한다.

또한 매미는 창조의 섭리와 자연의 순리를 거스르지 않는다. 자기 운명을 기쁘게 받아들이며 본능에 충실할 뿐이다. 때를 알고 때에 맞게 순응하고 적응하며 살아간다.

매미는 기온 23℃ 이상이 되면 울고 일몰 후에는 울음을 그치며 구름이 많은 날에는 일찍 울음을 그친다고 한다.

어쨌든 기후변화 속에서도 청양 고운식물원에 한여름의 상징 매미 울음소리가 매년 들려오기를 기대한다.

광릉요강꽃을 보며

꽃부리가 요강을 닮았다 하여 이름이 붙여졌으며 1932년도에 경기도 광릉에서 처음 발견된 난초과 복주머니란 속에 속하는 속씨식물의 일종이다.

우리 식물원에 몇 백 주가 자라고 있는데 지난 4~5월에는 카메라에 담아가느라 사진작가들이 전국에서 몰려든 바도 있다.

땅 속 줄기는 가늘고 마디 사이가 길며, 위쪽에 2개의 큰 잎이 달리고 좌우에 넓은 부채모양으로 펼쳐지며 지름은 10~22cm이다. 가장자리는 물결 모양이고 잎맥은 부챗살처럼 뻗는다. 4~5월에는 줄기 끝에 1개씩 붉은 자주색의 주머니 모양을 한 꽃이 핀다.

광릉요강꽃은 환경부에서 2005년 멸종위기 야생식물 1급으로 지정하여 보호하고 있으며 인근 일본, 중국 등에서도 위협식물로 지정되어 보호하고 있는 것으로 알려져 있고 세계자연보호연맹(IUCN)의 위기종으로 지정 보호하고 있는 것으로 알고 있다.

현재 환경부의 멸종위기 야생식물은 1급인 광릉요강꽃, 금자란, 나도풍란 등 13종이며 2급은 가시연, 가시오갈피, 나도승마 등 79종으로 총 92종이다.

최근 국립수목과 연구기관 등 공동으로 인공 발아증식 기술개발로 산업화를 구축하고 희귀식물에 대한 번식기술 개발 등을 추진하고 있다.

또한 세계 각지에 널리 분포되어 있는 유전자원을 다양하게 수집하고 교배를 통해 새로운 품종을 만들어 내기 위한 노력도 지속적으로 추진하고 있다고 한다.

청양 고운식물원에도 2010년 환경부로부터 멸종위기 야생식물 서식지 외 보전 기관으로 지정받은 이후 지속적으로 증식보존 관리에 노력하고 있다.

2020년에는 멸종 희귀 야생식물 보전사업으로 대치면 광대리 316-20번지 일대에 광릉요강꽃(50 개체), 복주머니란(50 개체), 섬개야광나무(250 개체), 진노랑상사화(3,500 개체), 정향풀(1,500 개체)을 식재하여 2022년까지 현장 모니터링을 실시하는 등 증식보존 관리하고 있다.

2023년에는 금강유역환경청, 청양군, 대한상공회의소, 애경케미컬, 고운식물원 공동으로 지난 4월 26일 멸종위기종 식재 행사로 가시오갈피나무, 날개하늘나리, 제비동자꽃, 제비붓꽃, 대청부채, 섬시호 연잎꿩의다리 등 7종 약 900개체를 칠갑산 도립공원 내 식재하여 대체 서식지를 조성하였다.

그 외에도 식물원 내 4개소에 광릉요강꽃, 단양쑥부쟁이 등 20여 종 1,000여 개체를 증식 관리하고 있다.

기후변화로 인해 많은 식물들이 사라진다지만 우리 식물을 지키고 가꾸는 일은 중요한 일이며 또한 기후변화에 대응하고 탄소중립을 실현하는 데 사라져 가는 우리 식물의 증식 보존관리가 어느 때보다도 중요하다.

식물과 꽃 이야기

백 년 만에 한번 핀다는 꽃과 꽃말을 보면 용설란은 잎이 용의 혀와 같이 생겨서 용의 혀라는 뜻을 가지고 있어 용설란이라 이름 붙였다고 하며 청순한 마음이라는 꽃말을 가진 가시연꽃은 멸종위기 2급 식물로 이 꽃을 보면 행운을 가져다준다는 말도 있다.

토란꽃은 그대에게 소중한 행운을 준다는 꽃말을 가지고 있으며 소철의 암꽃은 자식을 품에 안은 강한 어머니를 닮았다고 하여 꽃말이 강한 사랑이라고 한다.

대나무 꽃은 지조, 인내, 절개라는 꽃말을 가지고 있고 소나무 꽃은 불로장수라는 꽃말을 가지고 있다.

2012년 청양 고추문화마을에 시체꽃이 피었을 때 꽃을 보러 열흘 동안 6만 명의 관람객이 모여든 사례도 있다. 20여 년에 한 번 핀다는 이 꽃은 개화시간이 48시간밖에 안 되는 세계적으로 100그루 정도만 남아 있는 희귀한 멸종위기 식물이라고 한다.

한편 이 꽃은 일명 아모르포팔루스 티타늄으로 스위스 바젤대 식물원

에서 2011년도 4월에 17년 만에 꽃이 피었고, 미국 캘리포니아주 버클리에서는 2010년 7월에 15년 만에 개화했었다고 한다.

식물들의 꽃은 왜 피는가?

이른 봄부터 사계절 때와 장소 구분 없이 피어나는 꽃! 향을 주기 위해서, 꽃을 주기 위해서, 사람들 발걸음을 멈추게 하기 위해서, 그냥 피고 싶어서, 결실을 도

와주는 벌과 나비 바람에 고마워서, 그것도 아니라면 열매를 맺어 번성하고픈 바람과 희망 아니겠는가? 즉 종의 번식을 위해 꽃이 피는 것일 것이다.

모든 생명은 일양일음(一陽一陰)의 숙명을 지니고 살아간다. 복수초나 노루귀 등 봄꽃들이 찬바람 속에서도 꽃을 피우는 것은 다른 나무들이 잎을 피우기 전에 서둘러 자신을 드러내기 위함일 것이다.

여름꽃, 가을꽃도 마찬가지일 것이다. 모든 꽃들은 밤이든 낮이든, 봄이든, 여름이든, 맛이 있든 없던 어떤 상황에서도 자기에게 주어진 임무를 완수하기 위해 색으로, 향기로, 때로는 가짜 꽃으로, 꽃피는 시기를 조절해서라도 자신에게 맞는 전략으로 기어코 결실을 맺는다.

국어사전에 보면 꽃은 종자식물의 번식기관, 모양과 색이 다양하며 꽃받침과 꽃잎, 암술과 수술로 이루어져 있으며 분류기준에 따라 갖춘꽃과 안갖춘꽃, 단성화와 양성화, 통꽃과 갈래꽃, 풍매화와 충매화 등으로 나눈다.

꽃과 식물이 가져다수는 마음의 풍요와 행복은 실로 크다. 바쁜 일상의 나날속에서도 꽃과 식물을 바라보면 잠시나마 마음의 안정과 여유를 찾는다. 이 세상 아무도 꽃과 식물을 싫어하는 사람은 없을 것이다.

식물과 꽃을 보며 계절을 깨닫는다. 꽃에 꿀이 없으면 벌이 찾아오지 않고 향기가 없으면 나비가 날아들지 않는 것처럼 사람들도 식물을 존중하는 따뜻한 마음과 사랑이 있어야 한다. 이와 같이 꽃은 소중하며 큰 가치를 갖는다.

고운식물원에서는 숲과 함께 만 여 종의 다양한 식물들이 살아가고 있다. 봄. 여름, 가을 내내 각기 자기를 뽐내는 꽃을 피우고 지고 그렇게 살아가며 사람들의 마음에 여유와 행복을 준다. 항상 사랑과 관심으로부터 식물에게 더 가까이 다가갔으면 좋겠다. 식물과 꽃을 볼 수 있는 곳 자연의 소중함을 일깨우고 배우며 식물원을 자주 찾아 마음의 여유와 행복을 찾았으면 하는 바람이다.

곤충(昆蟲) 이야기

곤충은 보통 머리, 가슴, 배 이 세 부분으로 되어 있고 3쌍의 다리와 2쌍의 날개를 가진 동물로 수가 많고 종류도 다양하다.

곤충이 지구에 존재한 지가 4억 년이 넘었다고 하며 기록된 종류만 100종이 넘으며 이름 모르는 곤충은 훨씬 더 많다고 한다.

식물의 80% 이상이 곤충의 수분(受粉) 활동 덕분에 열매를 맺으며 퇴비와 똥 쓰레기를 분해하여 토양을 비옥하게 만드는 것도 곤충의 역할이다.

그 중 지구 생태계의 중요한 구성원 중의 하나가 꿀벌이다. 꿀벌은 꽃가루를 수분시켜 식물의 번식을 돕는 곤충이다.

인간이 먹는 채소, 과일, 곡물 대부분은 재생산 과정에서 꿀벌은 반드시 필요로 한다. 꿀벌이 수분시키는 식물의 가치는 연간 175조 400억 원으로 추정하고 있으며 꿀벌은 토양을 건강하게 유지하는데도 필수적이다.

꿀벌이 꽃가루를 옮기면서 토양에 질소와 인산염을 공급하기 때문이다.

유엔은 2017년 12월 유엔총회에서 생태계 보호에 중요한 역할을 담당하는 꿀벌의 가치를 알리기 위해 매년 5월 20일을 세계 벌꿀의 날로 공식 지정하였다.(현대 양봉의 아버지로 불리는 18세기의 슬로베니아 양봉가인 얀사의 출생일을 따서 제정하였다고 한다)

꿀벌은 수많은 육각형 방들이 있는 벌집을 형성하여 군체를 이루어 살며 한 군체는 대다수의 불임성 암벌인 일벌과 나머지 생식 벌인 수벌 그리고 유일하게 알을 낳을 수 있는 개체인 여왕벌로 이루어져 있다.

이렇게 중요한 꿀벌이 살충제 및 화학물질과 서식지 및 꽃 자원의 손실, 기후변화, 기생충과 질병 및 꿀을 따기 위해 장거리 운송으로 벌들에게 스트레스를 주는 관행 양봉 등으로 꿀벌이 점차 사라지고 있다.

특히 식물의 개화시기에 맞춰 먹이 활동을 해야 하나 기후변화로 인해 패턴이 바뀌면서 꿀벌은 생존에 필요한 자원을 찾는데 어려움을 겪고 있다.

한국양봉협회(1975년 12월 28일 설립)에서 작년 10월부터 올 3월 2일까지 조사한 바에 의하면 사라진 꿀벌의 수는 약 83억 마리로 추정하고 있다.

사라진 꿀벌로 양봉하는 사람들은 엄청난 타격을 입었다고 하며 꿀벌이 사라지는 이유는 꿀벌이 성장하는 데 꼭 필요한 꽃꿀과 꽃가루를 제공하는 식물로 우리나라에서는 대표적으로 아카시나무가 있으며, 우리나라에서 생산되는 벌꿀의 70~80%는 아카시나무 꽃에서 난다고 한다.

그런데 작년 봄, 아카시나무 꽃이 피는 봄 연일 비가 내리고, 강풍이 부는 등 추운 날씨 탓에 아카시나무 꽃이 금방 지고 말았다. 게다가 작년 9~10월에는 이상 저온 현상이, 11~12월에는 이상 고온 현상이 발생하여 계절에 맞지 않는 급격한 기온 변화가 나타났다.

이러한 환경의 변화는 벌의 수명에 영향을 준 것으로 알려져 있다. 최근 몇 년 동안 전 세계적으로 꿀벌 개체 수가 소위 군집 붕괴 장애로 알려진 감소 현상은 많은 우려를 일으키고 있다.

꿀벌이 사라지는 것은 다각적인 원인이 복합적으로 작용하는 복잡한 문제이다.

지속 가능한 관행 농업, 항공살충제 살포 사용 줄이기, 자연서식지 보존, 꿀벌 친화적인 꽃 심기 등 중요한 수분 매개자인 꿀벌을 보호하고 지키는 일은 우리 인간들의 중요한 역할과 과제이다.

푸르름이 주는 좋은 마음

마음이란 사람이 본래부터 지닌 성격이나 품성 또는 사람이 다른 사람이나 사물에 대하여 인지, 기억, 감정, 의지, 생각 따위를 느끼거나 일으키는 작용이나 태도 그리고 사람의 생각, 감정, 기억 따위가 생기거나 자리잡는 공간, 위치라고 한다.

예전부터 녹색을 보면 눈도 편안해지고 정신적으로 여유가 생긴다고 하는데 푸르름(녹색)이 인간에게 주는 의미와 가치는 녹색은 인간의 감정을 아늑하고 평온하게 하며 안정되게 하기 때문에 감성이 풍부하고 성격이 원만해진다고 한다.

또한 녹색은 봄과 여름, 식물, 생명 등 가장 자연적인 색상으로 어린아이와 젊음, 신성함과 평화를 상징한다고 하며 싱그러운 자연을 연상시키는 녹색은 색깔 심리학 작용에서 (시신경을 통해서 대뇌에 전달) 안정감을 주고 평안함을 느끼게 하며 눈의 피로를 줄여준다. 때문에 보기만 해도 기분이 좋아진다.

녹색과의 만남에서 사람들의 마음은 자연과 함께 더없이 순수해지고 맑아진다. 녹색은 자연계의 필수요소인 식물, 나무, 풀의 색깔이다. 따라서 활력과 신선함 그리고 차분하고 편안한 마음을 갖게 한다. 때문에 스트레스를 줄이고 기분을 개선하며 만족도를 높이는 동시에 건강증진에 도움이 된다. 즉 치유의 기능을 한다.

3월부터 9월은 숲과 함께 녹색의 계절이다.

산림청에 의하면 전국에는 많은 수목원(식물원)과 정원이 있다.

국립수목원(4개소), 공립수목은(35개소), 사립수목원(28개소), 학교수목원(3개소), 정원도 국가정원, 지방정원, 민간정원등 125개소가 넘는다고 한다. 이밖에 전국에 많은 자연휴양림과 숲속이 있다.

이곳 청양에도 숲과 나무 그리고 1만 여 종의 다양한 식물을 보유한 고운식물원이 있다.

이제 일상에서 조금 벗어나 이러한 숲과 휴양림, 수목원, 정원 등을 찾아 여행을 떠나보자. 녹색이 부르는 대자연 속으로…

자연과 함께 교감하면서 자연의 소중함을 깨닫고 일상에서 지친 우리네 마음도 푸른 자연과 함께 풀어보자.

필자는 재직시절 Green-com 청양(그린-컴) 운동을 제창한 바 있다. 즉 "녹색 농촌 전원 시골로 오세요."라는 도시 사람을 부르는 뜻으로 도시와 농촌의 교류사업이며, 도시와 농촌이 상생하는 윈윈전략이다.

어쨌든 Green과의 만남은 사람들의 마음이 긍정적인 감정, 도덕적 가치 그리고 다른 사람들에 대한 배려와 존중하는 내적인 품질로서 친절함과 성실함 그리고 이해심이 많으며 겸손하고 대인 관계에서 공감하며 정직하고 용기 있는 좋은 마음이 생긴다.

좋은 마음은 자기계발을 위해 꾸준한 노력이 필요하며, 개인의 생활습관 가치관 그리고 사회적 환경이 좋은 마음의 발전에 영향을 주고 자신과 타인에게 긍정적인 영향을 미치며 사회발전에 기여할 수 있다고 한다.

나리와 백합 그리고 꽃무릇과 상사화

나리와 백합은 6월 하순부터 7월 초순 개화하며 똑같이 백합목, 백합과 백합속의 식물을 일컫는 말로 백합(百合)은 중국에서 붙여진 한자 이름이고 나리는 순수한 우리말 이름이다.

결국 같은 식물을 일컫는 이름이다.

보통 백합이라는 이름 때문에 '백합은 하얀 꽃이다'라고 생각하기 쉬운 데, 실제는 일백 백자를 써서 백합(百合)이라고 쓰인다. 그 이유는 백합의 구근(알뿌리)가 수많은 인편(비늘줄기)이 모여서(合: 모일 합) 만들어지기 때문에 붙여진 이름인 것이다.

현재 꽃 시장에서 유통되는 나리의 종류는 수백 종에 이른다. 그 대부분은 네덜란드 등의 유럽에서 만든 교배종인데, 그 원종을 조사해 보면 대부분 한국, 중국, 일본 등이 원산지라고 한다. 우리의 생물자원이 유럽으로 건너가 개량되어 다시 비싼 돈을 지불하고 역수입되는 현상인 것이다. 우리나라에 자생하는 나리는 참나리, 솔나리, 중나리, 털중나리, 하늘나리, 땅나리, 말나리, 섬말나리 등이 있다.

1998년 농촌진흥청에서 한자 이름인 백합과 순수 한글 이름인 나리를 하나로 하여 "나리"로 통일하기로 했지만 사람들은 크게 관심을 갖지 않았고 편의상 토종을 나리, 원예종을 백합이라 부르기도 한다.

또한 자생하는 식물을 나리로 육종 개량된 나리를 백합으로 부르는 경우가 있으나 이것은 어디까지나 자의적이고 편의적인 생각이라 한다.

꽃말을 보면 색깔별로 다른데 먼저 흰 백색은 순수한사랑, 순결 주황색 백합은 명랑한 사랑, 노란색 백합은 유쾌함, 핑크색 백합은 사랑의 맹세로 연애초기 선물로도 많이 이용한다 하며, 붉은색 백합은 열정적이고 깨끗함을 뜻한다고 한다.

꽃무릇과 상사화는 수선화과에 속하는 여러해살이 풀로 꽃무릇은 꽃줄기가 30~50cm정도이고(상사화 50~70cm) 산기슭이나 풀밭에서 자라고 한약재로 쓰이기도 하며 일본에서는 피안화라고 부르기도 한다.

꽃무릇은 석산(石蒜)이라고도 부르며 꽃말은 슬픈 추억이며, 상사화는 (잎과 꽃이 서로 만날 수 없어 슬픈 상사병에 걸린 것 같다 하여 상사화라 부름) 잎이나 꽃받침이 없이 땅에서 꽃대만 올라와 꽃을 피운다.

상사화(相思花)는 잎이 있을 때는 꽃이 없고 꽃이 있을 때는 잎이 없어 잎은 꽃을 생각하고 꽃은 잎을 생각한다고 하여 남녀 간의 애틋하고 간절한 사랑을 의미한다고 한다.

또한 상사화는 잎이 먼저 난 뒤 잎이 지면 꽃이 피고(8~9월) 꽃무릇은 꽃이 먼저 핀 뒤 꽃이 지면 잎이 난다(9~10월) 즉 꽃무릇과 상사화 둘 다 잎이 없을 때 꽃을 피우는 게 같은 점이지만 상사화는 봄에 잎이 돋아나고 여름에 꽃대를 올려 꽃을 피우고 꽃무릇은 가을에 꽃이 잎보다 먼저 핀다.

숲과 나무이야기

여러 나무가 군락을 이루어 자라는 곳을 숲이라 한다. 숲은 만병을 치유한다고 할 수 있다.

숲 1ha는 연 18톤의 산소를 배출하고 사람은 1일 0.75kg의 산소를 마시고 산다. 그렇다면 숲 1ha는 65명이 년간 마실 수 있는 산소 요구량을 충족시켜 준다.

국립산림과학원에 따르면 숲의 공익적 가치는 2020년 기준 259조 원(1인당 499만 원)이라 하며 미국 하버드대 윌슨교수는 인간이 녹색을 접하면 마음이 편안하고 심신이 피곤할 때 숲이 그리워지는 DNA가 존재한다고 한다. 또한 일반 공기 중에는 산소가 21%, 질소 78%, 기타 1% 등이 들어 있으며 숲속에는 산소가 1~2% 더 들어 있어(21%~23%) 최고의 쾌적함을 느낄 수 있다. 즉 공기가 좋다는 것을 느낀다.

따라서 숲은 산소를 만들고 탄소를 흡수하는 중요한 자연자산이며 기후변화 탄소중립의 대안이기도 하다.

나무(樹, 영어: tree)는 뿌리, 잎, 열매, 나무질로 된 줄기 등을 가지고 있는 여러해살이 식물로 인간이 숨 쉴 수 있는 산소를 내보내고 이산화탄소를 빨아들이며 사람에게 이로운 피톤치드 성분을 내보낸다.

(피톤치드 성분은 자신을 벌레 등으로부터 보호하려는 성분)

나무의 뿌리는 토양이 빗물과 바람에 쓸리는 것을 막고 잎은 여러 생물이 날씨의 변화로부터 피할 수 있는 곳을 제공하며 초식동물의 먹이가 되는 등 생태계에서 중요한 부분을 차지하며 지표면의 온도를 조절하는 역할도 하여 조경과 농업에 중요한 요소로서 미관으로서의 즐거움을 주기도 하고 사과와 같은 과일을 생산하기도 하며, 목재로써 건축자재로 널리 사용되기도 한다.

나무를 모양에 따라 분류하면 교목, 관목, 침엽수, 활엽수, 상록수, 낙엽수로 분류되는데 교목(키 큰나무)은 일반적으로 원줄기가 하나로 굵게 자라며 키가 4m 이상 자라는 나무로 소나무, 느티나무, 은행나무 등이 이에 속한다.

관목(작은 키나무)은 줄기가 지면에서 여러 갈래로 갈라지며 가늘고 키가 일반적으로 4m보다 작은 나무로 개나리, 진달래, 철쭉, 회양목 등이 이에 속한다.

침엽수(바늘잎나무)는 대부분 잎이 바늘모양(주로 겉씨식물)으로 소나무, 잣나무, 전나무, 낙엽송(일본잎갈나무), 은행나무 등이 있다.

활엽수(넓은잎나무)는 잎이 넓은 나무(주로 속씨식물)로 느티나무, 상수리나무, 벚나무 등이 있으며 상록수(늘 푸른 나무)는 항상 푸른 잎이 있는 소나무, 곰솔(해송), 전나무, 잣나무, 가문비나무, 동백나무 등이 있다.

또한 낙엽수(갈잎나무)는 가을과 겨울사이에 대부분이 잎이 떨어지는 낙엽송, 버드나무, 단풍나무 등이 있으며 용도와 생육조건에 따라 교목도 관목의 상태로 자라고 관목도 교목처럼 키울 수 있기 때문에 편의상 분류일 뿐 정확히 구분하기에 애매한 수종도 있다.

나무의 기본적인 부위는 뿌리, 줄기, 가지, 수피, 잎이며 종류마다 줄기와 가지가 자라는 방식 및 잎의 크기와 모양이 다르기 때문에 나무의 전체적인 외형은 다양하다.

뿌리는 지표 밑에 있는 부위로 나무를 지탱하고 물과 양분을 공급하며 줄기는 물관부 목질로 이루어져 있으며 나무의 형태를 좌우한다.

또한 가지는 줄기에서 나와 잎들을 지탱하며 잎은 나무가 광합성을 통해 양분을 얻고 호흡과 수분을 조절하며 수피는 나무의 표면으로 외부환경으로부터 나무를 보호하고 채관부를 통해 영양분을 이동한다.

숲과 나무는 말없이 인간들에게 좋은 기능을 제공한다.

우리 사람들이 숲과 나무의 중요성을 재인식하고 지키고 가꾸면서 자연과 더불어 함께 했으면 좋겠다는 생각을 해본다.

팜파스 그라스(pampas grass)

서양의 억새로 불리는 팜파스 그라스는 꽃도 무척 풍성하게 피어 이국적인 느낌을 주며 덩치도 크게 자라서 넓은 정원에 잘 어울린다. 키는 3m 정도로 자라 잎들에 둥그렇게 둘러싸인 가운데서 여러 개의 꽃대가 올라와 부드러운 깃발을 휘날리고 있는 모습이다. 아르헨티나, 뉴질랜드, 브라질 및 남미의 기타 지역이 원산지인 관상용 풀이며 전 세계적으로 재배된다. 다양한 깃털모양의 꽃 기둥에 따라 흰색, 갈색, 핑크색, 보라색 등 25가지의 다양한 품종이 있다고 한다.

9월부터 12월 혹은 그 후까지 깃털 모양의 꽃 기둥이 남아있는 팜파스 그라스는 매력적인 식물이다.

종일 햇빛이 비치는 곳이 좋으며 추위가 오기 전에 지상부를 30cm 정도 남기고 비닐을 덮어서 그 위에 톱밥이나 볏짚 또는 보온재를 덮어주고 봄이 되어 걷어주면 새싹이 나서 생장한다.

어린 모종을 심을 때에는 3m 이상의 거리를 띄어서 심는 것이 좋다고 한다.

갈대(reed)는 벼과 갈대 속의 다년생초로 하천 및 호수 습지나 갯가의 모래땅에 키가 큰 군락을 형성한다(1~3m).

세계의 온대와 한대에 걸쳐 널리 분포하는 여러해살이 풀이다.

줄기는 단단하고 속이 비어 있으며 발, 삿자리 따위의 재료로 쓴다.

억새는 벼과의 여러해살이풀로 한국, 중국, 일본 등지에서 자라며 높이는 1~2m 이다. 줄기는 원기둥 모양이고 약간 굵다. 잎은 길이 40~70cm의 줄모양으로 너비는 1~2mm이며 끝부분은 갈수록 뾰족해진다.

가운데 맥은 굵고 흰색이며 기부는 긴 잎으로 되고 긴털이 있다.

가을에 줄기 끝에서 산방꽃차례를 이루어 작은 이삭이 빽빽 달린다.

잎이 은근히 예리해서 억새를 꺾다가 베이는 경우도 있다.

갈대와 비슷하게 생겨서 은근히 구별 못하는 사람들이 많은데, 차이점이 꽤 있다.

갈대의 경우 한여름에서 가을까지 꽃을 피우지만 억새의 경우는 늦가을까지 꽃을 피운다. 그리고 갈대는 세계 온대지역에 고루 분포하지만 억새는 한국, 중국, 일본 등 동아시아 한정으로 서식 범위가 제한되어 있다. 억새와 달리 갈대는 물가에서 자라며 그 덕에 습지 하면 빠질 수 없는 요소인 반면 억새는 산 능선 등의 고지에서 자라기 때문에 둘이 같이 자라는 경우는 없다. 단, 물가에서도 자라는 물억새라는 종이 있기는 하다. 갈대는 벼처럼 이삭이 고개를 푹 숙이지만 억새는 반 정도 밖에 안 된다. 갈대가 바람에 따라 이리저리 흔들린다는 것과는 달리 오히려 억새가 바람에 이리저리 잘 흔들린다. 그리고 억새는 보통은 120cm 내외로 자라며, 일조량이 좋으면 2m까지 크기도 하나, 갈대는 기본이 성인 키만 하다.

하지만 가장 확실한 것은 꽃(이삭)이 피었을 때 드러나는 차이점으로 다음의 두 가지이다.

억새는 색이 은빛이나 흰빛을 띠지만 갈대는 고동색이나 갈색을 띠고 있다. 꽃이 피어 있는 모양새가 특히 다른데 억새가 가지런한데 비해 갈대는 좀 더 불규칙적인 모양새로 자란다. 색 차이와 함께 참조하면 거의 확실하게 구별할 수 있다.

고운식물원 팜파스 그라스

오서산 억새절경

순천만 갈대축제

약용식물(藥用植物) 이야기

약용식물이란 식물전체 또는 잎, 줄기, 뿌리 등을 이용하여 사람과 동물에 대해 약효의 효과를 주는 식물체로 지금 약제로 사용하거나 각종 질병에 이용 가능하고 과학적으로 규명된 자원식물을 말하며 이 가운데 의약용 또는 생약용으로 재배되고 있는 것을 약용식물이라 한다.

약용식물(작물)은 흔히 한의학에서 이야기하는 약초(藥草)가 대표적이다.

목본식물과 초본식물을 포함하여 매우 다양한 식물이 약용식물로 분류되고 있으며, 약용자원 식물이라 하여 함유하는 화학성분을 합성화학적으로 변화시킨 것이 약용되는 경우와 분비물 등이 약용되는 경우가 있으며, 약용식물은 세계적으로 6,000여 종이 분포하고 우리나라에는 1,000여 종이 있다. 우리나라의 한의학(동양의학)은 예로부터 중국, 일본, 한국 등 한자문화권 지역의 의학과 교류하며 연구 및 전승이 되었고, 대표적인 의학서로 「향약집성방」, 「동의보감」 등이 있다. 인체의 질병치료에 사용되는 재료를 원형 그대로 건조하거나 간단히 가공하여 치료제로 사용하는 본초(medical herbs)라 하는데, 본초의 기원, 감정, 효능, 임상 등을 연구하는 학문을 본초학이라 한다.

식물의 종류로는 크게 균조식물, 선태식물, 양치식물, 종자식물의 네 가지로 분류한다.

균조식물로는 단세포 혹은 단세포가 모여 간단한 다세포의 개체가 되고, 수중이나 습한 지역에서 많이 생기며, 해대(海帶), 다시마, 복령(茯苓) 등이 이에 속한다. 다시마는 콜레스테롤 수치와 혈압을 내리고 대장암과 직장암 예방에 좋다고 알려져 있으며, 복령은 붓기를 완화시키고 호흡기 질환 개선에 효과가 있다고 알려져 있다.

선태식물은 육상에서 생육하며 습한 땅, 바위 위, 썩은나무, 나무줄기 등에 착생하는 식물로 사용하는 경우는 매우 적다.

양치식물은 뿌리, 줄기, 잎의 구별이 있으나 꽃이 피거나 열매를 맺지 않으며, 다만 포자(包子)에 의하여 번식하고 석위(石葦), 해금사(海金砂, 실고사리포자), 관중(貫衆) 등이 이에 속한다. 석위는 방광염, 요도염 또는 결석뇨, 혈뇨 등 다섯 종류의 배뇨 장애의 치료 해금사는 이뇨작용과 결석을 배출시키며 관중은 몸속의 열을 내려주고 독소를 제거하며 해충을 제거하는 효과가 있다.

종자식물은 형태, 구조가 가장 복잡하며, 꽃이 피고, 열매를 맺으며 주로 종자로 번식하는데, 약초의 80~90%가 이 종류에 속한다.

또한 약용식물은 목본과 초본으로도 분류한다. 목본은 나무를 말하며 교목, 관목, 아관목, 덩굴식물 등으로 구분하며, 초본은 줄기에 목질이 적게 포함되며, 월동 시에 고사하거나 또는 지상 부분만 고사하는 식물을 총칭한다.

생장시기나 성질에 따라서 1년생 초본, 2년생 초본, 다년생 초본 및 만성초본(蔓性草本) 등으로 나누어진다.

먼저 목본식물이다.

교목으로 나무줄기가 곧고 굵으며 위쪽에서 가지가 펴지는 목본식물로서 은행나무, 잣나무, 측백나무, 밤나무, 물푸레나무 등이 약용으로 사용되고 있다. 관목으로 비교적 키가 작고 뚜렷한 나무줄기가 없으며, 밑 부분에서 하는 것이 많다. 구기자나무, 개나리나무, 앵두나무 등이 이에 속하는 약용식물이다.

아관목으로 관목과 초본의 중간에 해당되는 목본식물로 밑부분과 가지는 목질이고 가지 끝은 초질(草質)로서, 매년 나뭇가지의 끝이 고사하는 식물을 말하며, 모과, 마황 등이 이에 속한다. 덩굴식물로 다른 물체에 얽히거나 감으면서 뻗어 올라가는 목본식물로 오미자나무, 다래나무, 으름나무 등이 이에 속한다.

초본식물로는

1년생 초본은 한 해에 꽃이 피고 열매를 맺은 뒤 고사하는 곳으로 쇠비름, 한련, 아욱 등이 약용으로 사용된다. 2년생 초본은 첫해에 뿌리, 줄기, 잎이 생장하고, 다음 해에 꽃이 피고 열매를 맺은 뒤 고사한다. 익모초 등이 속한다. 다년생 초본은 2년 이상 생장하며 꽃이 피고 열매를 맺거나, 매년 꽃이 피고 열매를 맺는다. 민들레, 도라지, 쇠무릎, 잔대 등이 속한다. 만성초본은 덩굴식물과 같이 덩굴져 뻗어 올라가거나 땅으로 기어가며 생장하는 것으로 하수오, 은조롱, 한삼덩굴, 하눌타리 등이 여기에 속한다.

끝으로 목본류 중 현재 틈새 고소득 약용식물로 엄나무, 헛개나무, 참옻나무, 꾸지뽕나무, 오미자, 참죽나무, 마가목, 산수유, 가시오갈피, 산초나무 등이 있다. 어느 식물이든 약리성분이 다 있지만 그중에서도 약용식물에 대한 이해와 활용이 중요하다.

꽃향기가 너무 좋다!

-쥐똥나무, 꽃생강, 금목서, 은목서, 꽃댕강나무-

솔솔 불어오는 바람에 실려 오는 꽃향기가 정말 좋다.

이름이 쥐똥나무 그리 이쁘지는 않지만 꽃이 피면 벌과 나비들이 찾는다. 그만큼 향기 좋고 꽃이 좋다.

야생화이지만 공해에 강해 도시에서는 울타리로 많이 심는다.

쥐똥나무는 물푸레과의 낙엽활엽관목으로 5월 말 6월 초가 되면 식물원은 쥐똥나무 향기로 진동한다.

하얀 꽃이 피면서 향긋한 냄새가 코를 찌른다.

향기가 정말 좋아(라일락 냄새와 비슷) 지나가는 사람들을 멈추게 할 정도다.

쥐똥나무는 한그루에 암꽃과 수꽃이 각기 따로 있는 식물이다.

주로 수꽃에서 진한 향기를 만든다.

가을이면 열매가 맺는데 쥐똥나무 열매는 남자에게 좋다고 해서 남정실(男貞實)이라고 하며 만성기운을 돋우는 민간약으로 으뜸이라 한다.

가장 눈에 띄는 효능은 강장제이고 고혈압, 당뇨, 신경통, 위장, 간 등에 좋다고 한다.

열매는 가을에 채취해서 사용하고 잎과 줄기는 여름에 채취하여 건조해서 달여 마시면 유용하고, 향기 좋은 꽃은 꽃차로 이용할 수 있다.

"당신을 신뢰합니다. 향기로운 눈"이란 꽃말을 가진 꽃생강은 인도, 말레이시아, 중국 등에 분포하는 여러해살이풀로 줄기는 1~2m 정도 자라며 잎 길이는 20~60cm 정도이며 근경은 다육질이고 꽃은 8~11월까지 피는데 잎은 녹색이고 뒷면은 부드러운 털이 있다. 순백색으로 나비 모양처럼 4~6송이가 핀다.

꽃생강의 매력은 희디흰 하얀 꽃도 매력적이지만 향기가 먼 곳에서도 느낄 만큼 진하다. 꽃생강은 키우기도 쉽고 번식도 잘 된다.

은목서는 상록수로 물푸레나무과 식물이며 한국, 중국 등에 분포하며 겨울 내내 푸른 잎과 자주색 열매 섬세하고 풍성한 가지에 황홀한 향기까지 갖추어 정원수로 조경용으로 많이 심는다.

잎은 타원형이고 꽃은 흰색으로 9~10월에 잎겨드랑이에 달리며 꽃이 질 때쯤이면 초록색 콩만한 열매가 맺힌다.

잎은 차 대용으로 끓여 마실 수 있고 꽃으로 술을 담가 마신다.

잎은 기침, 가래를 삭이고 중풍 또는 버짐치료 등에 좋다.

목재는 단단하고 치밀해 조각재로 많이 쓴다.

금목서는 상록활엽관목으로 한국(경상남도, 전라북도), 중국 등지에 분포되어 있으며 겨울 내내 푸른 잎과 자주색 열매, 섬세하고 풍성한 가지에 황홀한 향기까지 갖추고 있으며 정원수로는 금목서보다 더한 식물이 없다는 것이 학계의 예기다.

잎은 마주나기 하며 긴타원형이고 꽃은 암수딴그루이며 지름 5cm 정도로서 9~10월에 우산모양 꽃차례로 잎겨드랑이에 달리며 두터운 육질화로 향기가 있다. 꽃은 등황색 노란색이며 길이 7~10cm 정도의 꽃대가 있다. 나무껍질은 연한 회갈색이며 가지에 털이 없다.

잎이 두터워 공해에도 저항력이 강하며 번식법은 일반적으로 꺾꽂이를 한다. 향기가 만리를 간다고 하여 금목서를 만리향으로 부르기도 하며, 은목서는 향기가 천리를 간다고 하여 천리향으로 부르기도 한다.

금목서의 꽃말은 "당신의 마음을 끌다"라고 하고 은목서의 꽃말은 "편애, 달콤한 사랑, 당신의 마음을 끌다"라고 한다.

나무를 꺾을 때 댕강 소리가 난다고 하여 이름 붙여진 꽃댕강나무(아벨리아)는 반상록성 관목으로 생명력이 강하고 추위에도 강하기 때문에 어디든지 잘 자란다. 6월과 11월 사이에 연분홍빛이 도는 흰꽃으로 고유의 향기를 즐길 수 있다.

"환영" "평안함"이라는 꽃말을 가진 꽃댕강나무는 성장이 빠르기 때문에 뿌리를 잡으면 금방 자란다.

식물원 화장실 옆에 심어져 있는 꽃댕강나무가 관람객들을 맞는다.

청양 고운식물원에는 다양한 식물들의 꽃향이 사람들을 유혹하지만 쥐똥나무, 꽃생강, 꽃댕강나무, 은목서, 금목서 등의 꽃향기는 정말 많은 사람을 매혹한다.

쥐똥나무

꽃생강

꽃댕강나무

은목서

금목서

식물원의 새봄 새싹 새순들

오늘은 3월 5일 24절기 중 3번째인 경칩(驚蟄)이다.

땅속에 잠들었던 벌레, 개구리 등이 꿈틀거리며 깨어난다는 즉 봄이 오고 있다는 소식이다.

춥고 긴 겨울 숨은 내면의 고난과 시련을 깨고 만물(萬物)이 소생하는 봄 식물의 꽃이 나무 전체에 달리면 풍년이 든다는 풍년화와 함께 우선 금년 한 해도 풍년을 기원한다.

식물원에는 벌써부터 풍년화를 비롯하여 복수초, 노루귀, 설강화, 납매 등이 꽃을 피워 봄을 재촉하고 있으며 움이 트고 새싹과 새순이 파릇파릇 돋아나는 식물들은 사람들의 마음에 기쁨과 사랑을 주며, 꿈과 함께 희망을 키워가는 공간이 된다.

새순이 나오는 것을 보면 참 신기하기도 하며 감사한 마음까지 든다.

또한 아기 피부처럼 보드랍고 맑은 느낌을 주기도 한다.

꽃보다 아름다운 연초록 새순(筍), 새싹 새순은 여러해살이 식물로 겨울을 보내고 봄에 나는 순이므로 한마디로 새로 돋아나는 순이라 하며 새싹은 씨앗이 자라 새로 나온 싹이므로 차이점은 새싹은 한번 나오면 그 식물에서 다시 나오지 않지만 새순은 여러 번 나온다는 것이다.

그러나 학자마다 차이는 있지만 새순과 새싹은 같은 뜻으로 사용하기도 한다.

또한 표준 국어대사전에서는 "움"과 "싹" 같은 뜻으로 풀이하고 있으나 비슷하지만 말이 다르듯이 서로 다른 뜻을 지니고 있다고 한다.

"움"이 자라서 "싹"으로 바뀌는 것이다.

움이 나오는 것을 "트다"라고 하고 싹이 나오는 것을 "나다" 또는 "돋다"라고 한다.

어쨌든 우리 사람들에게 마음의 여백을 선사하는 청양 고운식물원의 수 많은 식물들은 인간과 자연이 하나 됨을 일깨우고 마음에 치유와 영감을 주며 행복함과 희망을 준다.

식물원의 상설전시장에는 새우난초, 광릉요강꽃, 히야신스, 흰진달래 등 150여 종의 꽃을 전시하여 관람할 수 있도록 하였다.

새봄에 새싹, 새순들을 보며 많은 식물들과 함께 인간과 자연이 하나 되는 청양 고운식물원을 찾아 행복한 시간 보내시길 희망한다.

복수초 설강화

노루귀 크로커스

풍년화 납매

새순 새싹

울긋불긋 꽃 대궐

엊그제 내린 비 때문인지 식물들이 활짝 피어나며 생기를 더하고 수 많은 꽃들이 사람들의 마음을 사로잡는다.

국민의 꽃인 개나리와 진달래꽃이 지고 영산홍과 철쭉꽃이 피어오르고 있다.

진달래와 철쭉 영산홍(연산홍)과 자산홍 꽃이 비슷비슷하기 때문에 구분이 쉽지 않지만 한번 알아보는 것도 좋을 듯 싶다.

영산홍(映山紅)은 쌍떡잎식물로 진달래목 진달래과의 반상록관목이며 꽃말은 "사랑의 기쁨, 영원한 아름다움, 조심스러운 사랑"이라고도 한다.

영산홍과 자산홍은 수술 개수가 평균 6개이고 꽃잎 무늬가 없으며 겨울에 잎이 시들지 않아서 잎이 달려있는 상태로 꽃을 피운다.

또한 영산홍, 자산홍은 4월에 철쭉꽃보다 조금 작은 꽃이 잎이 안 보일 정도로 빽빽하게 피는데 영산홍은 주황색이며 자산홍은 자주색, 핑크색, 붉은색 등 다양하게 꽃이 핀다.

철쭉은 쌍떡잎식물로 국화군 진달래목 진달래과에 낙엽관목으로 연분홍색의 꽃이 피며 한국이 원산지로 품위 있는 자태를 지녀 일본에서는 진달래의 여왕으로 불리기도 한다.

철쭉은 위쪽 꽃잎이 다닥다닥 점박이 무늬가 있고 수술이 10개이며 꽃색이 분홍색이고 잎은 성잎이 되면 4개가 동그랗게 된다.

진달래는 중부지방 기준으로 3월에 잎보다 꽃이 먼저 피고 꽃 색깔은 분홍색이며 꽃말은 "사랑의 즐거움"이고 먹을 수 있어 참꽃이라고도 하며 향기는 없다.

왜철쭉이라는 이름 자체가 크기가 작은 철쭉이라는 뜻이기 때문에 일반적인 철쭉보다 꽃과 잎 크기가 작다.

철쭉은 연분홍색이지만 산철쭉은 진분홍색이며 모두 우리 고유종이다.

현재 철쭉축제를 개최하는 곳도 20여 군데가 넘지만 바래봉, 황매산, 소백산, 철쭉제를 우리나라 3대 철쭉제라 부르기도 한다.

우리나라 철쭉의 최고령 나무는 수령이 550살로 경북 봉화군 춘양면 우구치리에 있다.

철쭉의 꽃말도 "사랑의 즐거움"이며 영산홍과 같이 꽃을 피우는 경우가 많은데 철쭉은 잎과 꽃이 동시에 피고 영산홍은 잎보다 꽃이 먼저 핀다.

눈부시게 펼쳐지는 고운식물원의 아름다운 꽃들을 보며 마치 꽃대궐에 들어온 느낌이 마음을 사로잡는다.

1990년 조성 당시부터 자연 지형을 그대로 살린 친자연형 생태 고운식물원은 자연생태학습 연구 체험뿐만 아니라 기후위기시대 탄소중립을 위해 중요한 역할을 하고 있으며 2003년 4월 28일 개원한 이래 37.4ha의 부지에 만 여 종의 식물들을 보유하고 있으며, 4계절 피고 지는 꽃들과 바람소리, 물소리, 새소리 등 자연의 소리와 함께 사람들의 몸과 마음의 치유는 물론 꿈과 희망을 주는 공간이다.

또는 2010년 환경부지정 멸종위기식물 서식지외 보전기관으로 광릉요강꽃 등 멸종위기식물에 대한 증식, 보존, 관리를 하고 있으며 2016년 산림청지정 산림생명 자원관리 기관으로 지정받기도 하였다.

새봄과 함께 활짝 펼쳐지는 꽃들과 함께 자연이 우리를 부르는 계절 그곳을 찾아 떠나 보는 것도 기분 좋은 여행이 될 것 같다.

〈2024. 4. 18.〉

새우난초 이야기

난 향기에 취하다.

일명 천상화라 불리기도 하는 새우난은 특이한 모양과 색상으로 인해 많은 사람들로부터 사랑받는 난초종중의 하나이며, 여러해살이 풀로 봄과 여름에 꽃을 볼 수 있는데 각양각색의 새우난은 은은한 향과 꽃의 매력에 푹 빠진다.

새우난은 한국, 중국, 일본 등지에서 자생하는 동양란으로 뿌리줄기의 모양이 새우를 닮아 새우난이라 하며 음지에서 잘 자라고 실내에서는 햇볕이 잘 드는 곳에서 꽃이 잘 피고 다른 종류에 비해 잎이 크다.

우리나라 멸종위기 식물로 분류되며 새우난초, 금새우난초, 신안새우난초, 붉은새우난초, 한라새우난초, 다도새우난초, 섬새우난초 등이 있다.

꽃은 아카시나무 꽃과 같이 긴 꽃대에 여러 개의 꽃이 어긋나게 붙어서 밑에서부터 피기 시작하는 총상꽃차례(總狀꽃次例)를 이룬다.

새우난초는 "숲속의 요정"이라 불리는 꽃말을 가지고 있으며 혈액순환을 촉진시키고 어혈을 풀어주며 진통작용을 하는 등 다양한 효능을 가지고 있다.

특히 여성분들에게 좋은 성분이 많이 들어있어 생리불순이나 생리통 완화에 도움을 준다고 하며 해독작용이 뛰어나다고 한다.

청양 고운식물원에서는 매년 멸종위기 Ⅰ급 식물인 광릉요강꽃과 새우난 전시회를 4월 7일부터 5월 15일까지 개최하여 관광객들에게 아름다움을 제공하고 있다.

고운 광릉요강꽃·새우난초 전시회

봄날의 미소

봄이 오면 꽃과 새싹(새순)들이 피어나고
대지에는 자연이 깨어나며 새로운 생명으로 가득 찬다.

꽃들과 새싹(새순)들은 미소 지으며 우리를 반겨주고
세상은 온통 푸른빛으로 물들어간다.

자연속에 들려오는 새소리, 물소리, 바람소리는
우리들의 마음을 편안하게 달래준다.

인간과 자연이 어울진 아름다운 풍경은
우리네 봄날의 미소인가

흩날리는 봄의 향기는 설레는 마음에 곱게 담아
사랑하는 모든 이들에게 살며시 뿌려준다.

꽃을 찾아 사랑을 찾아 어디선가 날아드는 벌나비는
이곳에 새로운 꿈과 희망을 심는다.

〈2024년 4월 19일〉

황매화(黃梅花)

초록잎 사이로 아름답게 피어나는 황매화는 장미과에 속한 낙엽 활엽관목으로 봄에 가지 끝에 노란 꽃이 피고, 우리나라, 중국, 일본 등지에 분포하며 꽃말은 "숭고, 기다림"이다.

황매의 변종으로 나무 모양은 황매화와 비슷하나 꽃이 여러 겹으로 되어있는 아름다운 죽단화가 있는데 겹황매화 또는 죽도화라 부르기도 한다.

많은 사람들은 겹꽃이나 큰 꽃을 좋아하기 때문에 황매화보다는 죽단화를 심었다고 한다. 때문에 일반적으로 죽단화를 황매화라 부르는 경우가 많다고 한다.

황매화는 충남 계룡산에 큰 규모의 분포지가 유명하며 공주시 갑사에 우리나라 최대 군락지로 알려져 있으며 4월 중순부터 5월 중순까지 노란 황금물결로 너울대는 풍경을 자랑하고 있으며 계룡산과 연계해 황매화 축제를 개최하기도 한다. (2024년 축제 4월 19일부터~21일까지 개최함)

황매화는 전국의 정원수로 습기가 있는 곳에서 무성하게 자라고 그늘에는 약하다. 높이 2m 안팎이고 무더기로 자란다. 가지가 갈라지고 털이 없다. 잎은 어긋나고 긴 달걀 모양이며 가장자리에 겹톱니가 있고 길이 3~7cm이다. 꽃은 4~5월에 황색으로 잎과 같이 피고 가지 끝에 달린다. 꽃받침 조각과 꽃잎은 5개씩이고 수술은 많으며 암술은 5개이다. 열매는 견과로 9월에 맺으며 검은 갈색의 달걀 모양의 원형이다.

한방에서는 생약명을 체당화(棣棠花)라고 한다. 꽃을 포함한 잎과 가지를 약재로 쓰며 기침을 그치게 할 때와 이뇨증에 효능이 있다. 기침, 풍으로 인한 관절의 통증, 두통, 현기증, 어지러움, 온열 등을 치료하는데 사용한다. 황매화는 꽃뿐만 아니라 진달래와 같이 화전(花煎)과 황매화를 말려 꽃차를 만들어 우려 마시면 색깔은 무색이지만 단맛이 나면서 일품이라고 한다.

황매화를 비롯해서 보랏빛 라일락꽃 등은 청정지역인 청양군과 잘 어울리는 대표적인 꽃으로 확대 재배해 봄꽃 축제로 연계했으면 좋겠다는 생각이다.

〈2024. 5. 1.〉

황매화

죽단화

가정의 달과 고운식물원

새봄의 미소를 자아내던 연녹색의 새순과 새싹들이 진녹색으로 변해가며 이곳저곳에서 꽃향기가 더해가는 아름다운 계절에 어린이들과 부모님 그리고 금실 좋은 부부끼리 또 연인과 함께 찾아오는 손님들로 식물원은 북적인다.

대자연의 신비로움과 함께 펼쳐지는 수많은 꽃들의 아름다움을 제공받는 사람들 모두 즐거운 표정이다.

모두가 따뜻한 정과 사랑을 더하고 꿈과 희망 속에 몸과 마음을 치유받는 아름다운 동행 속에 느끼는 소소한 행복….

5월은 가정의 달이라고 말했던가!

1989년 UN이 제정한 "세계 가정의 날"의 영향을 받아 건강가정 기본법 제12조에 따라 제정되었다는 가정의 달은 5월이 일 년 중 가정사에 관련된 기념일이 가장 많기 때문이라고 한다.

먼저 5월 1일은 "근로자의 날"로 근로자의 노고를 위로하고 근로의욕을 높이기 위해 제정한 법적기념일로 유급휴일(有給休日)이다.

5월 5일은 어린이날이다. 어린이들은 물론 휴일을 맞는 성인들과 부모에게도 마음이 들뜨는 날이다.

어린이날은 어린이들이 올바르고 슬기로우며 씩씩하게 자라도록 하고 어린이에 대한 애호 사상을 앙양하기 위해 지정한 날이며 요즈음 더욱이 어린이들이 줄어들고 있어 더 큰 의미를 가져본다.

어린이날은 독립운동가이며 어린이 인권운동가 소파 방정환 선생에 의해 1922년 5월에 제정되었다. 어린이날을 보내자마자 바로 어버이날이다.

어버이 은혜에 감사하고 어른과 노인을 공경하는 전통적 미덕으로 1956년부터 5월 8일을 어머니날로 지정해 경로 효친행사를 해오다 아버지날이 거론되면서 1973년 "어버이날"로 변경 지정했다.

어버이날에는 가정마다 자녀들이 부모에게 카네이션을 달아 드리는 등 감사한 마음을 전하며 각종 행사를 열어 어른들께 공경을 표하기도 한다.

세계 가정의 날과 같은 날짜에 기념하는 스승의 날은 교권존중과 스승 공경의 사회적 풍토를 조성해 교원의 사회적 지위를 향상하기 위해 지정됐다. 1958년 5월 8일 청소년 적십자 단원들이 세계적십자의 날을 맞아 퇴직한 교사들을 위문한 데서 시작됐으며, 이후 1963년 5월 24일 "은사의 날"과 1964년 5월 26일 "스승의 날"을 거쳐 왔다.

5월 15일은 세종대왕의 탄신일이다. 세종대왕은 즉위 34년간 백성들을 잘 살게 하기 위해 고군분투해왔다. 특히, 한글을 창제하며 교육적으로 큰 업적을 세웠다. 이에 지난 1965년 이러한 세종대왕의 탄신일을 기억하기 위해 스승의 날을 5월 15일로 변경했다.

스승의 날은 전 국민의 가슴속에 영원한 스승으로 남은 세종대왕처럼 이 땅의 교사들이 훌륭한 스승으로서 학생들의 가슴속에 영원히 자리 잡을 수 있기를 염원하는 의미가 담겨 있다.

성년의 날은 사회인으로서의 책무를 일깨워주며 성인으로서의 자부심을 부여하기 위해 지정된 기념일로 5월 셋째 주 월요일이 성년의 날이다.

성년의 날은 4월 28일, 4월 20일이었던 기념일자를 5월 6일로 변경했다가 1984년 9월 22일에 5월 셋째 주 월요일로 지정되어 지금까지 이어오고 있다.

부부의 날은 비교적 최근에 지정된 날이다. 지난 2003년, 민간단체인 부부의 날 위원회가 제출한 "부부의 날 국가 기념일 제정을 위한 청원"이 국회 본회의에서 결의되면서 2007년에 법정기념일로 제정됐다.

부부관계의 소중함을 일깨우고, 화목한 가정을 일구기 위해 기념하는 날인 부부의 날은 핵가족시대 가정의 핵심인 "부부"가 화목해야 청소년 문제, 고령화 문제 등 각종 사회문제를 해결할 수 있다는 생각에서 출발했다.

"가정의 달인 5월에 둘(2)이 하나(1)가 된다."는 의미를 담아 매년 5월 21일을 부부의 날로 기념하고 있다.

가정의 달과 함께 펼쳐지는 푸른 오월의 이곳 고운식물원에서 자연과 함께 가정의 달 의미를 되새기며 푸른 꿈을 키워가길 소망해 본다.

세계는 지금 난리다

요즈음 뉴스를 보면 세계 곳곳에서 살인적인 폭우, 폭염 등 재난 피해가 속출하는 가운데 전문가들은 지난해 이어 올해도 최악의 기후 재난이 닥칠 수 있다는 우려가 커지고 있다.

AP 통신은 지나 7일 세계전역에서 극단적인 날씨를 나타내고 있는데 아프리카 동부 케냐에서는 지난달부터 내린 폭우로 228명이 사망하고 72명이 실종되었다 하며 남미 브라질에서도 홍수가 발생해 90명이 사망하고 120명이 실종되는가 하면 약 150만 명의 이재민이 발생했다고 한다.

건조한 사막기후인 두바이에서도 12시간 동안 1년 치 비가 한꺼번에 내려 국제공항이 폐쇄되는 등 물난리를 겪었고 인도네시아에서는 최고기온이 43도에 육박하는 폭염이 기승을 부렸다고 하며 베트남, 캄보디아, 필리핀 등 동남아 전역에서도 역대 고온 기록을 넘어서는 최악의 더위가 이어지고 있다.

또한 인도네시아 인니슬라웨이섬에는 폭우로 대규모 산사태가 발생하였고 최악의 산불 하와이가 이번엔 폭우로, 중국 관동성에서는 폭우로 1억 명의 이재민이 발생하는가 하면 엊그제 어린이날 우리나라 제주도 한라산에도 949mm가 넘은 폭우가 내렸다 하니 세계곳곳이 난리가 아닌 난리 아닌가!

전문가들은 이 같은 원인으로 지난해부터 이어진 엘니뇨 현상 등 자연적인 요인이 적용한 점도 배제할 수 없지만 인간이 초래한 기후온난화가 이상 기상현상의 주범이라고 지적한다.

이런 추세가 계속된다면 2024년도에도 기후 재난으로 인류가 고통받는 역사적인 한 해가 될 것이다라고 경고하고 있다.

이런 가운데 바다에서도 고래들의 사체가 종종 발견되고 있다.

고래는 1마리가 식물성 플랑크톤을 통해 평생 흡수하는 탄소는 약 33톤으로 높다.

큰 덩치와 긴 수명으로 몸 전체가 하나의 탄소 저장고인 고래는 국내 바다에서 지난해 415마리가 죽었다 하며 지난해 1월 백령도에서 7.4m의 핑크고래 사체가 발견되었으며 2022년 캐나다의 해변에서 발견된 길이 14m 몸무게 28톤의 향유고래의 뱃속에서 인간들이 버린 쓰레기(어로, 로프, 장갑, 비닐, 플라스틱 등) 150kg이 나왔다고 하며 2023년 미국하와이 카우아이아섬 주변에서는 길이 17m 몸무게 54톤의 수컷 향유고래가 발견되었는데 쓰레기들이 음식물 섭취를 방해해 죽었다고 한다.

유엔 환경계획(UNEP)에 따르면 매년 800만 톤 이상의 플라스틱 쓰레기가 바다로 흘러 들어간다고 한다.

플라스틱은 썩지 않기 때문에 해양생물이 먹었을 때 몸 안에 축척되어 생명에 위협을 느끼며 2025년도에는 바다의 쓰레기가 현재의 2배에 달할 것으로 전망하고 있다.

최근 연구 결과를 보면 고래는 기후변화를 막을 수 있는 살아있는 산소 싱크 역할을 한다고 한다.

미국일간 워싱턴포스트에 따르면 고래는 산업혁명 이후 화석연료로 배출된 이산화탄소를 40% 흡수했다고 한다.

나무 1그루는 1년간 22kg 정도이지만 고래는 1마리가 33톤의 이산화탄소를 흡수한다고 할 때 고래 1마리가 수천 그루의 나무역할을 할 수 있다.

또한 고래의 배설물은 지구 산소의 절반을 생산하고 해양생태계 먹이사슬의 시작이 되는 식물성 플랑크톤의 성장을 돕는다. 뿐만 아니라 포유류인 고래는 숨을 쉬기 위해 바다 위로 올라오는 수직운동을 하게 되는데 수천 미터를 잠수했다가 수면으로 올라오는 일명 '고래 펌프' 작용으로 바다의 영양분을 순환시키는 역할을 한다. 고래 펌프 작용은 해저의 미네랄을 바다 수면으로 다량 이동시키고 이 역시 식물성 플랑그톤의 성장에 영향을 미친다.

위에서 보는 바와 같이 이상기상과 기후위기시대 무엇보다도 중요한 것은 정부와 지자체의 적극적인 정책추진과 사람들의 위기의식을 갖는 것이 중요한다.

기상정보를 모니터링하여 폭우, 폭염 등에 대비하는 한편 시설물 점검 등 재난 대응체계를 구축하고 기후위기의 주범인 온실가스 배출 줄이기를 비롯하여 쓰레기 분리수거, 에너지 절약 등 재난 대응에 적극적으로 대처해야 할 중요한 시기인 것 같다.

〈2024. 5. 10.〉

건강에 좋다는 옻나무 이야기

어릴 적 할아버지께서 이따금씩 옻나무 껍질을 벗겨 마른명태에 넣어 삶아 드실 때 손자인 나에게 살코기 몇 점 주셨던 것이 저항력이 생겨나는 옻을 타지 않는지도 모른나.

그런 덕분인지 몸에 좋다고 하여 가끔 옻순을 먹고 때로는 옻닭도 먹는다.

농업기술센터에 근무할 때 1990년대 초에는 유휴지나 공터에 옻나무를 심어 지역 소득작목으로 육성코자 강원도 원주 옻나무 재배단지를 비롯하여 임업육종연구소 등을 찾아다니며 옻나무에 대한 기술을 습득하였다.

가을 늦게 군내 옻나무 자생지를 돌아다니며 열매(씨앗)를 채취하여 냉장고에 보관하였다가 이듬해 봄 일찍 황산처리로 두꺼운 껍질을 벗겨내고 파종하여 60% 정도 발아시켜 청양읍 군량리 희망 농가에 식재토록 하고 묘목을 생산 농가를 통해서 보급했던 기억이 난다.

후에 동료 직원이 전담하여 지속적으로 확대 보급하였으며 필자가 소장으로 재직시절 옻나무연구회를 결성한 바도 있다.

현재 충북 옥천군에서는 매년 옻순 축제를 개최하고 있는데 우리 군이 선점하지 못한 아쉬움도 있다.

현재 옻순 1kg이 25,000원 정도이니 꽤나 괜찮은 소득 작물인지 모른다.

옻나무는 옻나무과에 속하는 낙엽활엽 교목으로 중국으로부터 도입되어 신라 경덕왕 때부터 재배하기 시작하였다.

고려 인종 때(1145년) 조선왕조실록에 보면 세조 12년(1467년)에는 각 마을마다 나무수까지 정해주면서 대대적으로 권장했던 나무라고 한다.

옻은 알레르기를 일으키는 대표적인 약용식물로서 옻에 민감한 사람은 살짝 만지거나 소량만 먹어도 피부염이 발생할 수 있기 때문에 주의가 필요하다.

약리 효능도 있지만 사람에 따라 알레르기 반응을 일으키는 옻나무의 우루시울(urushiol) 성분 때문이다.

옻 알레르기가 발생했을 땐 가벼운 가려움증이 있을 수 있으나 심하면 전신 발진에 호흡곤란까지 일으킬 수 있어 병원에 방문하여 전문적인 치료를 받아야 한다.

전에는 옻순도 먹고, 옻닭도 먹고, 옻순장아찌도 먹고, 옻술도 마셨는데 옻 알레르기가 없었는데 알레르기 체질로 바뀌는 경우도 있다.

옻나무는 약용과 식용으로 사용하는데 약재로 쓰일 때는 수액과 나무껍질, 뿌리껍질 등을 이용하고 식용으로는 옻순을 나물로 무치거나 장아찌, 부침, 튀김 등으로 많이 먹는다.

동양에서는 예부터 식용과 약용으로 많이 이용하였고 어혈제거, 구충, 위장질환, 여성의 생리불순 등 민간요법에 이를 이용하는 처방이 전래되고 있으며 우리나라에서도 여름철 보신용으로 옻나무의 수피와 가지를 옻닭, 옻오리 등으로 식용하고 있다.

중국 명나라의 본초학자 이시진이 엮은 약학서인 본초강목(本草綱目)에는 옻이 풍을 다스리고 피를 맑게 한다고 적혀 있으며, 조선시대의서 동의보감(東醫寶鑑)에는 옻은 소장(小腸)을 잘 통하게 하고 기생충을 죽이며 체온을 올려주는 음식으로 소개하고 있다.

옻은 위장병의 주요 원인인 헬리코박터 파일로리 균을 죽이는 작용을 하여 위가 약한 사람이 옻닭을 먹으면 위가 좋아지며 면역력도 증가해 장운동이 활발하지 못한 사람들에게 좋은 약재로 알려져 있으며 따뜻한 성질을 갖고 있어 여성들의 생리통이나 불순, 무월경, 변비 등에 좋다고 한다.

옻순에는 푸스틴(fustin) 부테인(butane) 같은 플라보노이드계 화합물이 다량 들어 있는데 플라보노이드 성분은 간암의 암세포 성장을 억제하고 우루시울(urushiol)과 파세틴(pacetin) 성분도 암세포를 사멸시키는 효능이 있다고 한다.

특히 한국의 옻은 그 효과가 우수하여 미항공우주국인 NASA의 우주선에서도 일부 정밀부품의 보호를 위해 도료로 사용하고 있으며 이 효능은 인체 내에서도 마찬가지로 작용해 기생충을 죽이고 각종 세균을 막아 염증을 없애주는 효과를 나타낸다.

이외에도 대장암 예방 등 많은 효능이 있다는 것이다.

또한 옻나무는 수액을 채취하여 도료용으로 사용하는데 옻칠도료는 최고품으로 어떤 조건에서도 방부가 잘되고 변색이 되지 않아 넓게 사용하던 것이 최근에는 석유화학 도료에 밀려서 소극적으로 이루어지고 있다고 한다.

〈2024. 5. 1.〉

옻나무 옻순

옻뿌리 옻닭

찔레꽃 이야기

찔레꽃은 장미과에 속하는 낙엽활엽관목으로 동북아시아 지역이 원산지이며 한국과 중국, 일본의 야산에 광범위하게 분포되어 있다.

예리한 가시를 가지고 있으며 양지 혹은 반그늘의 어느 곳에서나 잘 자라며 봄부터 이른 여름까지 흰색의 꽃(가끔 분홍색꽃도 발견됨)을 피우고 열매는 가을에 붉게 익으며 꽃자루 맨 끝에 꽃받침, 꽃잎. 수술, 암술 등 꽃의 모든 기관이 달려있는 볼록한 부분(화탁)이 발달하여 열매같이 보이기도 한다.

꽃잎은 식용, 열매는 약용으로 쓰이며 꽃말은 "고독" 신중한 사랑 "가족에 대한 그리움" 등이다.

산에 오르다 보면 가시덤불로 갈길을 멈추게 하는 떨기나무 그중의 하나가 찔레나무다. 귀찮고 쓸모없는 나무라 생각할 수 있겠지만 소박하면서도 은은한 향기와 함께 흰색을 좋아하는 우리 민족의 정서와 잘 맞는다.

봄철 연한 찔레순은 보릿고개시절 요긴한 간식거리였으며 비타민 등 각종미량원소가 듬뿍 들어있으며 가을이 되면 영실(營實)이라 하는 빨간 열매는 생리통이나 신장염 치료에 효험이 있는 호감 가는 나무다.

찔레꽃 노래에 보면 "찔레꽃 붉게 피는 남쪽나라 내 고향"에서 찔레꽃은 흰색인데 왜 붉게 피는 … 했을까 하는 생각에 인터넷을 검색해 보니 찔레꽃이 필 때 에너지가 꽃봉오리에 최대한 집중되어서 붉은빛이 살짝 들게 되는 것을 보았던 작가의 의지를 최대한 투영해서 붉게 피는 찔레꽃을 탄생시킨 것 같다는 것이다.

시골마을 어디에서나 너무 환하게 피어서 식민지 상황의 고향이 더 애달팠던 마음을 그렇게 투사한 것이라 사랑, 그리움, 이별, 잃어버린 정체성 등을 모두 표현하기 위해서 하얀 찔레보다 붉은 찔레꽃이라고 하는 것이 훨씬 강렬한 느낌이 들었을 것이라는 예기다.

찔레꽃 노래는 김영일이 작사하고 김교성이 작곡하였으며 일제 강점기말인 1942년에 백난아(1925년생 사망)가 부른 트로트곡이며 2007년 백난아의 고향인 제주도에 찔레꽃 노래공원과 노래비가 세워졌다고 한다.

어릴 적 초등학교 시절 하굣길에 친구와 함께 물가를 따라 집에 오면서 찔레순을 꺾어서 배고픔을 달랬던 찔레나무가 지금 알고 보면 자연 웰빙식품이고 기능성 식품인 것을 새삼 알게 되며 특히 새순을 따서 나물로 무쳐 먹으면 몸에 좋고 꽃은 따서 말려서 차로 마시면 좋다고 한다.

〈2024. 5. 2.〉

아름다운 꽃 복주머니난(蘭)

복주머니난 속 난초과에 속하는 희귀식물로 전 세계 약 50여 종이 북반구의 아열대에서 온대지역까지 넓게 분포하고 한국, 일본, 중국, 몽골 등 아시아 지역에서만 38종이 서식한다고 한다.

북주머니난은 야생난 중 꽃이 가장 크고 화려한 야생화로 무분별한 채취대상이 되어 2012년 멸종위기 2급으로 지정되어 보호받고 있는 식물로 처음 꽃의 모양이 개의 불알을 닮았다고 하여 개불알꽃으로 부르다가 천박하다 하여 1996년 국가표준식물위원에서 복주머니난으로 개명되었으며, 꽃의 모양이 주머니를 연상시켜 복주머니난이라 불리며 5~6월에 줄기 끝에 한 개씩 달린 연분홍색 및 붉은 보라색 꽃이 피며 근경은 짧고 굵은 수염뿌리가 많으며 줄기는 털이 있고 곧게 선다. 길이 30~50cm이며 잎은 3~4장이 어긋나고 거친 털이 있는 넓은 달걀형이다.

꽃말은 “기쁜 소식, 희망”이다.

청양 고운식물원에 오면 귀하고 아름다운 복주머니난을 만날 수 있다.

〈2024. 5. 6.〉

도라지(길경) 이야기

오래전 중. 고등학교시절 여름방학이 되면 용돈을 벌려고 호미와 구럭을 메고 이산 저산 다니며 산도라지를 캤던 생각이 난다.

때로는 어머니따라 산을 오르락내리락하며 사방을 두리번거리며 그러다 도라지꽃을 발견하면 그렇게 기뻤었는데, 한구럭 캐가지고 집에 오면 우선 배가 고파 보리밥 한 사발을 물 말아 얼른 먹고 도라지를 물에 깨끗이 씻어 껍질을 저녁 늦게까지 까고 말려 저울로 몇 근 되나 달아보며 장날을 기다려 도라지 팔아 용돈을 썼던 추억이 떠오른다.

도라지는 동아시아에서 자생하는 초롱꽃과 여러해살이풀로 꽃이 지고 그 아래에 씨방이 생기는데 현재 재배하고 있는 품종은 모두 이것을 채취하여 기르기 시작한 것이다. 꽃말은 "소망" "영원한 사랑"이다.

뿌리는 길경이라 하며 한국, 일본, 중국 등 동북아시아 지역에서 흔히 자란다. 껍질을 벗기고 물에 불려서 쓴맛을 제거한 뒤 나물로 무치거자 삶아 먹는다.

야생도라지꽃은 보통 보라색이 많고 흰색은 드물지만 재배 도라지꽃은 흰색이 대부분이다.

2021년 국내 연구진에 의해 도라지에서 코로나 치료성분을 발견했다는 조선일보 기사도 있었다.

도라지는 폐나 기관지에 좋다고 한다.

실제로 목의 염증을 진정시키는 약인 용각산도 주성분이 도라지가루이며 생약

성분이 들어간 약품의 질경이라고 표시된 성분이 바로 도라지이다.

도라지의 사포닌 성분이 가래를 삭이는 작용을 하며 혈당강화 작용을 하며 콜레스테롤을 낮춘다.

또한 폐, 기관지 질환으로 기침이 심하거나 편도선과 목에 통증이 심할 때 좋다고 한다.

〈2024. 5. 10.〉

고운식물원 자연의 소리

청양 고운식물원이 개원하지도 벌써 21주년이 되는가 싶다.

자연 그대로의 지형을 살려 환경친화형으로 조성된 약 37.4ha의 부지에 만 여 종의 식물들이 자라고 있는 식물원의 숲과 꽃길을 걷다 보면 바람소리, 새소리, 물소리 등 자연의 소리가 들려온다.

더욱이 자연의 소리와 함께 풍겨오는 꽃향기는 우리네 기분을 더욱 상쾌하게 해준다.

캐나다 오타와의 칼튼대 연구팀은 자연에서 발생하는 소리의 건강상 이점을 조사한 결과 자연의 소리를 듣고 난 뒤 스트레스, 통증감소 등 건강개선 효과를 보았다고 하며 물소리는 긍정적인 기분전환에 가장 큰 영향을 주었고 새소리는 스트레스를 줄이는데 효과적이었다고 미국 국립과학원 4월 회보에 발표되었다고 한다.

칼튼대 생물학부 레이첼 벅스톤박사는 자연적인 소리로 가득 찬 인간의 건강과 치유에 좋다는 증거라고 말한다.

미국 뉴욕의 렌슬러폴리테크닉공대 조나스 브라치 박사는 최근 자연의 소리가 소음에 덜 민감하게 하고 집중력을 높여 생산성과 뇌기능을 활성화하는데 도움이 된다고 밝혔다. 또한 숲이 만들어내는 자연의 소리는 지친 뇌를 쉬게 해 준다.

바람소리, 물소리, 새소리를 접하면 알파 뇌파가 나와 잡념을 없애고 정신을 하나로 통일시켜 무념무상의 경지를 이끈다.

숲이 우리를 부르고 있다.

이곳 고운식물원에서 들려오는 자연의 소리는 우리의 영혼을 맑게 하고 가슴을 따뜻하게 한다.

일상에서 지인 피로를 자연의 소리인 숲소리로 날려 보내자.

야외에서 활동하기 좋은 계절이다.

수시로 청양 고운식물원을 산책하며 은은하게 울려 퍼지는 꽃향기와 함께 자연의 소리에 귀 기울이며 자연과 함께 즐기면서 건강한 하루를 보내는 것도 좋을듯하다.

〈2024. 5. 17.〉

보랏빛 유혹 금꿩의다리

늘씬하고 세련된 고급스런 금꿩의다리는 쌍떡잎식물이며 미나리아재비과의 여러해살이풀로 전체에 털이 없고 줄기가 곧게 서며 가지를 치고 잎은 어긋나고 3~5개로 갈라진 우상복엽으로 작은 잎은 달걀모양이며 7~8월에 엷은 자주색 꽃이 줄기 끝이나 잎겨드랑이에 꽃잎 없이 원추(圓錐: 원뿔모양) 화서로 피며 한국(강원, 경기, 평북) 일본 등지에 분포한다.

금꿩의다리는 우리나라 전국 각처 산지의 습기가 비교적 많은 토양의 양지 및 반음지 지역에 주로 자생하는 다년초로 키가 크고 꽃이 아름다워 관상의 가치가 큰 우리 야생화다.

우리나라에 22종이 자생하는 것으로 알려져 있으며, 그중에서 금꿩의다리는 꽃이 제일 화려하면서 1~2m에 달한다.

꽃말은 가늘고 긴 다리 때문에 "키다리 인형"이라고 하며 한국 고유의 특산식물로 제주도를 제외한 한국산지 풀밭에서 자생하고 내한성, 내습성, 내음성이 강하다.

금꿩의다리는 꽃을 오래 볼 수 있다.

피고 지기를 거듭하면서 서리 내리기 전까지 볼 수 있으니 말이다.

꽃술이 노랗게 생겨 마치 금색 꿩의 다리를 닮았다 해서 이름 붙여진 우리나라 순수 원산 토종야생화 열매는 10월경에 노란 수술 부분이 붙어있는 암술대에 타원형으로 달린다.

달갈을 거꾸로 세운 모양의 어린잎과 줄기는 식용으로 쓰여 꿩 먹고 알 먹는 꽃이라고도 한다.

금방 뚝 꺾일 것 같은 가냘픈 줄기에 탐스럽게 핀 꽃들을 달고 버티는 것을 보면 참으로 강인한 줄기를 가졌으며 스치는 바람결을 타는 자태는 그야말로 멋지다.

번식과 관리법으로는 여러해살이풀이므로 뿌리를 나눠 번식시키거나 종자를 파종하여 번식시킬 수 있으며 종자는 9~10월에 맺히는데 8~20개 정도이며 종자를 수확해서 마른 종이에 싸서 시원한 냉장고에 보관해 두었다가 이듬해 보습성이 좋고 반그늘 진 곳에 파종하면 발아가 잘된다.

토양은 너무 비옥하면 초장이 과다하게 자라는 경향이 있어 적당히 척박한 중성토양이 좋으며 대량 증식이 가능하다.

또한 뿌리가 잘 자라 지하부 뿌리가 건강한 식물이므로 절개지 사면에 식재하면 녹화용으로도 좋다.

금꿩의다리는 식용, 약용, 조경 및 분재 소재로 두루 이용한다. 연하게 올라온 새싹을 삶아 나물로 먹는다. 쓴맛이 강하고 독성분도 있으므로 삶은 다음 충분히 우려내 먹어야 한다.

열을 내리고 폐혈이나 기침, 인후염, 황달, 이질 등에 효과가 있다고 하지만 몸이 냉한 사람에게는 오히려 역효과가 나는 것으로 알려져 있기도 하다.

이 같은 식물 금꿩의다리는 식물원 곳곳에 있으며 무더위가 기승을 부리는 요즈음 시원한 식물원을 찾아 금꿩의다리를 만나 보는 것도 좋을듯하다. 〈2024. 7.〉

보고싶은 자란(紫蘭)

자란은 난초과의 여러해살이풀로 알뿌리에서 나온 5~6개의 잎이 서로 감싸면서 줄기처럼 되는데 잎은 넓고 긴 타원형이고 길이는 20~30cm 정도이며 5~6월 사이에 꽃대가 나와 자홍색꽃이 총상화서(總狀花序 : 긴 꽃대에 꽃자루가 있는 여러 개의 꽃이 어긋나게 붙어서 밑에서부터 피기 시작하여 끝까지 핌)로 피며 한국, 일본, 중국 등지에 분포한다.

풀밭 사이로 새어 들어오는 햇살을 받으며 곱게 핀 자란은 청와대 관저에서도 볼 수 있으며 전남 목포의 유달산 해안 쪽 바위틈에서 처음 발견 되었다고 하며 주로 동아시아의 따뜻한 곳에서 자생한다고 한다.

원래 야생화였지만 꽃이 양란처럼 화려하고 아름다워 관상용으로 뜰이나 화분에 심어 가꾸기도 한다.

꽃말은 "서로 잊지 말자"이며 재배 관리는 배수와 통기가 잘 되는 토양에서 잘 자라므로 화분에 심을 때는 굵은 마사토를 바닥에 깔고 그 위에 마사토와 시판 배양토 또는 마사토와 바크를 섞어 난을 심는 방법으로 심는다.

밝은 그늘에 두고 과습하지 않도록 해야 한다.

자란은 한방에서 백급이라 부르기도 하며 가을철 덩이뿌리를 채취해 수염뿌리를 제거하고 깨끗이 씻은 후 쪄서 말려 분말을 만들어 섭취하면 위와 십이지장, 위궤양 치료에 좋다고 한다.

이토록 아름다운 자란은 고운식물원 야생화원 등 곳곳에서 만날 수 있다.

〈2024. 5. 13.〉

모두가 기후 온난화 때문이다

엊그제 뉴스에서 영국 런던에서 승객 211명과 승무원 18명을 태우고 싱가포르 창이공항으로 가던 항공기가 현지시간 5월 21일 오후 3시 45분경 미얀마 상공 11,300m에서 극심한 난기류를 만나 5분 만에 1.8km를 급강하하며 태국 방콕 수완나 품 공항에 비상 착륙했는데 승객 1명이 사망하고 70여 명이 다쳤다는 안타까운 소식이다.

점점 뚜렷해지는 지구온난화가 이런 난기류의 발생 빈도와 위력을 키운다는 관측이 나온다고 CNN과 영국일간지 기디언 등이 보도했다.

영국 레딩대학교 대기학과의 폴윌리엄스 교수는 기후위기가 이런 난기류발생 빈도를 높일 수 있다고 지적하면서 특히 맑은 하늘에 갑자기 발생하는 청천 난기류의 발생에 주목해야 한다면서 청천난기류는 폭풍이나 전조 증상없이 느닷없이 발생해 피하기 어려운데 윌리엄 교수는 2050~2080년에 이런 청천난기류가 눈에 띄게 급증할 것으로 예측하고 있으며, 기후변화가 난기류에 미치는 영향이 이미 시작됐다고 보고 기후위기를 해결하기 위한 지속 가능한 연료로서 전환이 가속화 돼야 한다고 주장한다.

CNN은 난기류로 인한 부상 위험을 줄이기 위해서는 좌석에 앉아 있을 때 항상 안전벨트를 매야한다고 조언한다.

난기류(亂氣流)란 공기의 흐름에 예측할 수 없이 불규칙한 형태로 대류권의 불규칙한 대기난류 기운데 특히 부분적이고 국지적인 것을 말힌다.

다시 말해 공기의 흐름을 기류라고 하는데 크게 2가지 종류로 층류와 난기류가 있다.

난기류는 줄여서 난류라 하고 층류는 공기 분자들이 모두 같은 속도 그리고 일정한 방향으로 고르게 흐르는 규칙적인 흐름을 말하며 난류는 층류와 달리 불규칙적인 흐름을 말한다. 서로 접하고 있던 공기 분자들이 어느 근방에 속도 또는 방향 차이가 생겨 일정하던 공기 흐름에 크고 작은 소용돌이가 발생하면서 불규칙적인 흐름이 형성된다.

난기류 증가의 원인은 기후변화로 대기 상층부가 더워지기 때문이다.

급변하는 기후변화의 영향이 지구촌 곳곳에 미치는 가운데 하늘에서도 안심할 수 없는 상황이 벌어지고 있다.

이산화탄소(CO_2)의 배출 증가에 의한 지구온난화가 증가함에 따라 제트기류가 더 많은 윈드시어(바람의 방향이나 세기가 갑자기 바뀜)를 만들기 때문이라고 한다.

이와 같이 기후변화로 하늘에서, 산에서, 땅에서, 바다에서 엄청난 피해와 고통을 세계 곳곳에서 겪고 있다.

한반도에도 2024년 올해 여름철 바다 수온이 최근 30년 평년보다 더 높을 것이란 국가연구기관의 전망도 있다. 이제 우리 삶에서 기후변화 영향을 무시하고 살아갈 수 없을 것이다.

모두가 힘을 모아 서둘러서 탄소중립을 실천해야만 최악의 미래를 피할 수 있을 것이며 우리에게 닥쳐올 폭우, 태풍, 폭염 등에도 적극 대비해야 한다.

〈2024. 5. 23.〉

라일락 향기품은 댕강나무

우리 식물원에는 아름답고 진한 향기로 지나가는 사람을 유혹하는 댕강나무들이 많이 있다.

댕강나무는 인동과 댕강나무 속에 속한 낙엽 활엽관목으로 우리나라가 원산지이다.

2m 높이까지 자라며 북부지방에 주로 자생한다.

명칭의 유래는 나뭇가지를 자르면 “댕강댕강” 소리가 난다하여 이름 붙여졌고 수피에는 세로 줄기 6개가 나 있는 것이 특징이며 새 가지는 약간 붉은빛을 띠고 잎은 마주나기 하며 피침형이고 엽겨드랑이나 가지 끝에서 2cm 정도의 작고 엷은 홍색의 꽃이 핀다.

댕강나무가 자연적으로 자랄 수 있는 자생지는 영월, 단양, 제천, 북한 맹산 등 석회암지대로 극히 적은 공간에 분포하는 특성이 있다.

한국수목원 정원 관리원이 환경부에서 취약종으로 분류된 댕강나무의 보전 및 가치 확산에 적극 나서고 있는 가운데 2021년부터 국립 백두대간수목원에서 대체 서식지 조성, 자생지 훼손방지 활동 등을 실시하고 있다고 한다.

꽃댕강나무는

중국이 원산지이며 인동과 반상록성 활엽관목이며 댕강나무를 원예종으로 개발한 나무로 1930년 일본에서 들어왔다.

꽃댕강, 왜댕강이, 아벨리아라고도 한다.

잎은 마주나기 하며 달걀형이고 둔두 또는 예두이며 길이 2.5~4cm로 가장자리가 뭉툭한 톱니가 있다.

하얀 꽃과 연분홍꽃이 6월부터 10월까지 계속 피므로 은은한 향기와 아름다운 꽃의 색감에서 친근감을 느낄 수 있다.

공해에 강하기 때문에 아파트 화단 도로변이나 울타리 등지에 식재하는 것이 좋다.

작은 꽃이지만 향이 좋다.(라일락 비슷한 느낌의 달콤하고 짙은 향) 번식은 꺾꽂이에 의해서만 가능하며 봄부터 가을까지 새로 자란 가지로 증식시킬 수 있다.

줄댕강나무는

5월에 종모양의 꽃이 피고 주홍색의 꽃봉오리가 맺히며 연한 우윳빛으로 핀다.

원줄기에 뚜렷한 여섯 줄의 홈이 있으며 비스듬히 누워 자란다.

일년생 가지에 털이 있으며 우리나라 특산 수종으로 식품 분류학자 정태현 박사가 발견하여 태현(taihyoni) 이름이 붙은 나무다.

충북 단양, 음성, 제천, 강원 영월의 석회암지대 등 산기슭에 드물게 자란다.

라일락 꽃향기와 비슷한 은은하고 달콤하며 약간 톡 쏘는 듯한 느낌의 짙은 향으로 꽃이 아름답고 꽃향이 좋다.

꽃말은 "환영, 평안"으로 꽃향기가 바람에 실려 향을 맡게 되면 방문객들을 환영해 주는 느낌이 든다고 한다.

이 댕강나무는 식물원 입구 도로변에 있다.

나도댕강나무는

한국에서만 자라는 특산식물로 알려져 있으며 인동과 관상용식물이다.

줄기에 세로로 긴 줄무늬가 있으며 속은 흰색이다.

잎은 마주나고 털이나 있으며 잎 가장자리에 작은 톱니들이 있다. 꽃은 연한 붉은색과 흰색이 어우러진 5월에 잎겨드랑이나 가지 끝에서 1개의 꽃줄기마다 3~4송이 꽃이 피며 청양 고운식물원은 상설전시장 앞에 있다.

이외에 최근에 발견된 분류군으로 자생지가 경상북도 밀양인 주걱댕강나무, 울릉도 특산종으로 울릉도 남면 도동에 군락이 있어 천연기념물 51호로 지정된 섬댕강나무, 경기도 동두천시, 충청북도 단양군에 분포하는 좀댕강나무, 전라남도 부안군에 분포하는 바위댕강나무 등 다양하다.

이와 같이 댕강나무는 원예용으로 개발한 여러 종이 있으며 꽃이 아름답고 향이 좋아 사람들의 관심이 높은 식물이다.

〈2024. 5. 27.〉

댕강나무

꽃댕강나무

줄댕강나무

나도댕강나무

세종 베어트리파크 농원을 다녀와서

오늘 청양군 행정동우회(회장 정석희)에서 문화탐방 일정으로 수원 행궁(정도대왕의 유적지), 여주(신록사)를 거쳐 베어트리 농원을 다녀왔다. 베어트리 농원은 세종특별자치시에 위치하고 있으며, 2009년 5월에 개장한 수목원으로 이재연 설립자가 50여 년간 키워온 식물과 동물들이 자라 숲과 군락을 이루어 현재의 베어트리파크가 조성되었다고 한다.

약 10만 평(33만여 m²)의 규모에 1,000여 종의 40여 만점에 이르는 꽃과 나무, 비단잉어와 반달곰, 꽃사슴 등이 어우러진 농원이다.

전망대를 시작으로 사시사철 꽃을 피우는 베어트리 정원 아기반달곰과 사슴, 공작새, 원앙 등을 관찰할 수 있는 애완동물원 등이 조성되어 있다.

희귀한 소나무를 수집해 조성한 동백원

고사목과 향나무가 조화를 이룬 하계정원

수천 송이의 장미를 관찰할 수 있는 장미원

국내 야생화를 모아 만든 야생화 동산, 다양한 종류의 분재원 국내에서 보기 힘든 열대식물을 한자리에 모은 열대온실원 선인장과 과목 나무화석 등 다양한 볼거리가 가득한 만경비원 수령 100년 이상 된 향나무 사이로 산책로를 조성한 향나무 동산 800년 된 느티나무가 있는 우리나라 지도 모양으로 만든 유럽식 정원 송파원 등이 있다.

특히 11월부터 2월까지 비단잉어 실내 관람시설에서 1,000여 마리의 비단잉어가 한 곳에 모여 장관을 이룬다.

필자는 2015년도에 전동면 묘목 축제와 더불어 이곳 세종 베어트리파크농원을 다녀온 적이 있다.

언제 보아도 설립자 송파 이재연 원장의 자연을 사랑하며 한평생 꽃과 나무 짐승들을 키우며 자연과 함께 살아온 철학과 의지가 흠뻑 배어 있음을 이곳 베어트리파크 농원에서 느낄 수 있었다.

〈2024. 5. 28.〉

알록달록 참 예쁜 꽃 리빙스턴데이지

꽃들은 많은 사람들의 마음을 사로잡지만 그중에서 특히 리빙스턴데이지라는 꽃은 정말로 아름답고 예쁘기 때문에 더욱 눈길이 간다.

리빙스턴데이지는 쌍떡잎식물로 석류과의 한해살이풀이며 원줄기는 높이가 5cm 정도로 키가 작고 땅속으로 뻗으며 잎은 다육질의 주걱모양으로 연한 녹색이며 겉에 수포가 있고 남부 아프리카가 원산지이다.

꽃은 5~6월에 피고 채송화와 비슷한 꽃으로 중심부는 흰색이며 가장자리는 짙거나 연분홍색, 빨강, 흰색, 노랑, 주황, 분홍, 자주, 자홍색 등으로 다양하며 원색처럼 선명한 게 특징이다.

꽃의 지름은 4~5cm이며 꽃잎에 광택이 있고 꽃말은 "희망, 평화"로 자생종이 있는지 모르지만 국내는 원예종뿐이라고 한다.

아마 사철 채송화에서 갈라져 나온 것 같기도 하다.

송엽국, 채송화처럼 흐린 날이나 비가 오거나 햇빛이 적은 시간에는 꽃잎은 오므리고 햇빛이 좋으면 꽃이 활짝 핀다.

건조한 토양에 강한 식물로 햇빛이 풍부한 곳에서 잘 자라며 재배방식은 종자 번식으로 종자를 받아 두었다가 가을에 땅에 직파한 뒤 볏짚이나 원예용 그물 등으로 덮어주면 좋다.(3월 봄 파종은 7~8월에 개화)

리빙스턴데이지는 우리 청양 고운식물원 검표소 옆에서 만날 수 있으며 가정 화단이나 정원 등 많이 식재하며 가정에서 화분에다 키우기도 한다.

다채롭고 화려하며 알록달록 참 예쁜 꽃 리빙스턴데이지 꽃을 만나보자.

〈2024. 5. 20〉

꽃보다 아름다운 잎 삼색버들 이야기

봄에 새로 나오는 잎이 초록, 흰색, 분홍색 등 다양한 엽색을 띠어서 삼색버들이라고 하며 버드나무과 낙엽활엽관목으로 모두 일본에서 도입한 원예종이다.

삼색버드나무, 삼색캐키버들, 오색버들, 오색버드나무, 화이트핑크 셀닉스 등 같은 종이라고 한다.

요즈음 조경수로 생울타리, 정원수 등으로 많이 활용되며 잎의 아름다움과 수형으로 인기가 좋다.

기온이 낮고 햇빛이 강할수록 세 가지 잎색이 잘 발현되지만 기온이 오를수록 잎의 색은 점점 빠지면서 한여름에는 일반 버드나무와 비슷하다.

즉, 계절 따라 잎의 색이 변한다.

토양은 비옥하고 적습지에서 잘 자라며 내한성이 좋고 해변에서도 잘 자라며 공해에 대한 저항성도 좋아서 도심에서도 잘 적응한다.

맹아력이 좋아 수형을 자유롭게 연출할 수 있으며 잎들이 마치 꽃이 핀 듯한 느낌을 받게 된다.

이 식물은 20세기 중반 서양에 처음 소개되어 유럽과 북미에서 큰 인기가 있으며 영국과 프랑스에서 관상용 식물로 많은 사랑을 받고 있다고 하며, 25년 전 청양 고운식물원에서 네덜란드 여행시 책속에 넣어 들여와 삽목 증식해서 전국에 확산되었다고 한다.

필자는 2024년 5월 말 인친에 갔다가 우연히 연수구에 있는 해돋이 공원을 돌아보게 되었는데 큰 호수 주변에 수형이 좋은(원형) 삼색버들을 심었는데 굉장히 보기가 좋았다.

우리 청양에도 백세공원에 삼색버들을 식재하면 좋겠다는 생각을 하게 되었으며 그렇게 되면 더욱 아름다운 건강공원이 되지 않을까 하는 생각을 해본다.

여름의 시작을 알리는 큰금계국(金溪菊)

"상쾌한 기분"이란 꽃말을 가진 금계국은 또 다른 큰금계국과 헷갈린다. 모두가 귀화식물이지만 금계국은 한두해살이풀로 높이가 30~60cm이며 잎이 마주나고 길게 갈라진다.

6~8월에 노랑 두상화가 줄기와 가지 끝에 하나씩 피며 우리가 주변에서 흔히 볼 수 있는 꽃은 거의 큰금계국이다.

꽃 안쪽이 빨갛게 물든 것은 금계국, 무늬 없이 노랑꽃인 것은 큰금계국으로 구분되며 큰금계국은 높이가 60cm 이상이다.

한번 자리 잡으면 몇 해이고 다시 자랄 수 있는 여러해살이풀로 생명력이 강하고 번식력이 왕성하다

노랑 코스모스로도 불리는 큰금계국은 원산지가 북아메리카이며 우리나라에 1950~1963년 사이에 들어왔으며 1980년대 꽃길 조성사업으로 확산되었다.

일본에서는 2006년부터 생태교란종으로 지정되어 재배하거나 퍼트리는 행위가 금지되었다고 한다. 우리나라에서는 길가에나 길모퉁이, 천변, 고속도로변, 절개지 등에 많이 심었으며 특별히 가리는 조건이 없어 해가 잘 들고 물 빠짐이 좋은 곳이면 어디서나 잘 자란다.

아침 햇살만큼이나 밝고 아름다우며 여기저기 노랗게 물들이고 있는 큰금계국은 요즈음의 대표적인 꽃인 것 같다.

금계라는 이름이 붙은 것은 금색의 닭볏을 달고 있는 듯한 모양새를 가지고 있

어 이름 붙여졌다고 하며 노랑 코스모스와도 헷갈리기 쉬우나 노랑 코스모스는 7월 말부터 9월까지 개화하며 꽃잎이 동그랗고 길쭉한 특징이 있으나 큰금계국은 꽃잎이 뾰족뾰족하다.

노랑꽃 잎은 초여름의 푸르른 들판과 어우러져 한 폭의 그림 같은 풍경이 사람들의 마음을 설레게 하는 큰금계국, 전국각지에 온통 아름답게 피었지만 청양군 대치면 단국대학교 농장 하천 둑의 금계국도 아름다운 자태를 뽐내고 있다.

〈2024. 6. 1.〉

세계 환경의 날 의미를

6월 5일은 세계 환경의 날이다.

1972년 6월 5일 스웨덴의 수도인 스톡홀름에서 "하나뿐인 지구"를 주제로 인류 최초의 세계적인 환경회의에서 환경보전을 위해 범세계적으로 모두가 참여하는 작은 실천에서부터 환경보호가 시작됨을 알리고 국제사회가 지구환경 보전을 위해 공동의 노력을 다짐하며 "유엔 인간 환경선언"을 채택한 뒤 총회에서 6월 5일을 세계 환경의 날로 제정했다.

1968년 5월 국제연합 경제사회 이사회에서 스웨덴의 유엔대사인 아스트롭이 제안한 뒤 4년 만에 제정되었다고 한다.

2024년 세계 환경의 날 기념행사는 사우디아라비아의 수도인 리야드에서 "우리의 땅, 우리의 미래"라는 주제로 열린다고 하며, 우리나라는 환경부 주관으로 "국민과 함께 미래로, 녹색강국 대한민국"이라는 주제로 6월 5일 용인 포은아트홀에서 열린다.

지구는 인류가 살아가는데 가장 귀중한 자원으로 인간의 삶과 생존에 깊은 영향을 끼친다.

인간의 무분별한 산업발전과 대량 생산 등으로 지구의 자원은 고갈되고 환경이 파괴되고 생태계가 위협을 받고 있는 현실에서 환경보전이 매우 중요한 과제다.

이와 함께 닥쳐오는 기후변화는 실제 위기이다.

요즈음 뉴스를 보면 세계 곳곳에서 폭우, 폭염, 가뭄, 비행기 난기류 사고, 생태계 파괴 등 많은 어려움과 고통 그리고 피해의 심각함이 들려온다.

이 모두가 기후 온난화 때문이라고 학자들은 주장한다.

이와 같이 기후변화는 지구상의 모든 영역에 심각한 영향을 미친다.

온실가스 배출량을 줄이고 신재생에너지를 사용하는 등 친화적인 경제운영과 산림, 해양, 동식물 등 다양성을 보호하고 증진해야 하며 산업 및 생산 분야에서도 철저한 환경규제와 오염방지 정책 등을 추진하는 한편 자원의 지속 가능한 사용과 재활용 등 환경보전은 당연한 일이다.

모든 생명체가 공존하는 지구환경 우리가 지키고 가꾸어야 한다.

환경부는 2030년까지 탄소 배출량을 2018년 대비 40% 감축하고 국가생물 다양성 전략으로 국토의 30%를 보호지역으로 관리하는 방안을 추진하고 있다고 한다.

지구의 환경을 보전하고 지키며 가꾸는 일은 우리 모두의 책임이며 지속 가능한 미래를 위한 일임을 다시 한번 깨달아야 한다.

〈2024. 6. 1.〉

안정감을 주는 늘 푸른 낮은 식물들

바위취는 전 세계적으로 200여 종이 있다고 하며 우리나라 전역에서 볼 수 있고 일본 전 지역에 자생하는 상록다년생 초본 즉, 여러해살이풀이다.

그늘지고 촉촉한 땅에서 잘 자라고 짧은 뿌리줄기에서 잎이 뭉쳐나오며 잎 표면은 녹색바탕에 연한 색의 무늬가 있고 뒷면은 자줏빛을 띤 붉은색이다. 5월에 흰색 또는 분홍색 꽃을 피우고 잎은 초록색으로 무성해지며 6월 말경부터 열매가 열리기 시작하는데 붉은색의 열매는 삭과로 7월에 익는다. 꽃줄기는 20~40cm이며 꽃은 원추 꽃차례를 이루며 길이 10~20cm로서 홍색이 도는 자주색의 선모가 있다.

잎의 모습이 호랑이 귀를 닮았다 하여 한자로 호이초(虎耳草)라고도 부르며 겨울철 눈이 쌓여 있어도 그 밑에 초록잎을 붙이고 살아있는 생명력을 가지고 있다.

그늘지고 습한 곳, 나무그늘, 산속바위 위에서 자란다.

원예종으로 다양한 무늬가 들어간 잎의 모양이 있고 잎의 색상이 변이가 심해 다양하다.

번식력이 좋아서 꺾꽂이, 종자번식, 포기나누기 등의 방법으로 쉽게 늘릴 수 있으며 많은 사람들에게 사랑받고 있는 바위취는 "진실한 사랑, 진실한 애정, 깊은 애정, 박애" 등의 꽃말을 가지고 있으며 중국에서는 사랑의 맹세를 상징하는 꽃으로, 일본에서는 행운을 상징하는 꽃으로 알려져 있다.

"동장군"이란 꽃말을 가진 수호초(秀好草)는 쌍떡잎식물로 회양목과의 상록여러해살이풀로 일본이 원산지이며 한국, 일본, 사할린섬, 중국 등지에 분포한다.

나무 그늘에서 자라며 원줄기가 옆으로 뻗으면서 녹색이다.

처음에는 잔털이 있다가 점차 없어지며 높이는 30cm 내외로 자라고 잎은 어긋나며 윗부분에 모여 달리고 꽃은 4~5월에 흰색으로 피고 암꽃은 꽃이 삭 밑부분에 약간 달리고 수꽃은 윗부분에 많이 달린다.

노지 월동식물이라서 추운 겨울도 잘 견디어 내고 사계절 푸른식물이며 지피식물이다.

지피식물은 초록색의 잎들이 땅을 뒤덮는 정도로 자라는 낮은 식물을 말한다.

잎의 가장자리는 톱니처럼 삐죽삐죽한 특징을 가지고 있으며 물 빠짐이 좋고 거름이 풍부한 땅에 심은 것이 좋다.

번식은 포기나누기를 하거나 삽목을 해도 생명력이 강해 잘 자라며 8월쯤에 순따기(새순을 잘라주는 작업)를 해주면 좋다.

이 식물은 하얀 열매가 보석 같다고 하여 일본에서는 부귀초라 부른다고 한다.

애란(愛蘭)은 우리나라 전국 어디에서나 잘 자라는 4계절 푸른 노지월동식물로 번식력과 생명력이 강해 잔디 대용으로 많이 심는다.

일명 소엽맥문동이라 불리기도 하며 겨울 삭막한 정원에 화려하지도 크지도 않으면서 늘 푸르러 볼수록 편안함을 준다.

특히 애란은 틈새없어 보일 정도로 밀집하여 자라며 잎이 뭉쳐서 빽빽하게 빨리 번식하기 때문에 풀이 자랄 공간을 주지 않는다.

작고 여리워 보이지만 어느 식물보다 추위에 강하다.

큰나무 아래 조경석이나, 정원석 돌틈 사이나 바위 주변에 흔히 심으며 분재나 화분에 소품으로 심기도 한다.

애란의 특징으로 자라는 키 높이는 보통 5~10cm 정도로 자라며 영양분이 충분할 때 더 잘 자라고 음지나 반음지, 양지에서도 잘 자라며 강한 햇빛이 들어오는 곳이면 식물의 색채가 더 좋다고 하며 토양은 물이 잘 빠지고 밭에 심어 놓으면 포기를 나누어 번식하기 좋다.

개화시기는 5~6월경에 피우며 아주 연한 보랏빛 꽃봉오리이며 꽃이 활짝 피면 흰색에 더 가깝게 보인다. 꽃이 지고 난 후에는 파란 구슬모양의 열매도 열린다.

애란의 꽃말은 "기쁨의 연속"이라고 하며 작고 소박한 사계절 내내 싱싱하고 초록함을 안겨주는 식물이다.

위에서 얘기한 바위취, 수호초, 애란 등의 사계절 푸른 식물은 사람들에게 편안함과 안정감을 주는 아름다운 식물로 청양 고운식물원의 또 하나의 자랑이다.

바위취

수호초

애란

몸과 마음이 치유(治癒) 되는 곳

우리나라는 동북아의 중심지라고 한다.

한국의 중심지는 충남이며 충남의 중심지는 바로 청양이다. 그렇다면 청양은 동북아의 중심지가 되는 셈일까?

칠갑산과 지천구곡을 중심으로 산자수려한 자연경관을 자랑하는 청양은 충남의 알프스라 부르는 천혜의 고장이며 한국 제일의 청정지역이다.

영산 칠갑산(해발 561m) 아흔아홉 골에서 발원하여 흐르는 실개천이 많고 67%가 임야로 산이 많아 건강에 좋은 음이온 발생이 많고 공기가 좋다.

필자는 2014년도에 세계에서 가장 공기가 좋다는 요세미티공원과 나이가라 폭포지역 그리고 가장 살기 좋다는 캐나다의 벤쿠버(2010년 동계올림픽 유치) 다녀온 적이 있다.

정말 좋은 곳이지만 우리 청양도 동쪽으로는 계룡산, 서쪽으로는 오서산, 남쪽으로는 지리산 등 큰 산이 있어 유해가스 성분과 미세먼지를 걸러주기 때문에 세균이 없는 신선한 공기가 유입된다.

또한 외부(타 시, 군)에서 물 한 방울도 유입되지 않는 곳이다.

칠갑산의 정기와 천혜의 기를 받아 재상(지금의 국무총리)이 4분이 나온 인물의 고장이기도 하며 극치 온도가 인근 군보다 1~2℃ 낮아 일교차가 커 고품질 과채류 생산에 유리한 고장이기도 하다.

이곳 청양은 앞에서 주장한 데로 공기가 좋다.

이미 중국에서 시작되었지만 앞으로 공기를 사 먹는 시대가 올는지도 모른다는 것이 필자의 생각이다.

우리가 물을 사 먹는 시대가 올 것이라 많은 사람들이 생각 못했지만 현재 휘발유 값보다 물 값이 비싸다.

대기 중에는 질소가 78%, 산소가 21%, 기타가 1% 정도인데 숲에 오면 산소가 22~23%로 쾌적함을 느끼며 가장 좋다고 한다.

(산소 7% 미만 시 인간사망, 식물도 2% 미만 시 고사)

숲은 인간의 몸과 마음을 건강하게 해 준다.

햇빛, 경관, 온도, 습도, 피톤치드, 먹거리, 소리, 음이온 같은 요소들이 뇌파를 활성화시켜주며 우울증 경감, 인지기능 향상, 치매예방 등 건강을 증진시켜 주고 쾌적함과 면역력 향상 같은 인체의 반응을 일으키는데 이를 우리는 치유활동이라 말하며 호흡만 깊게 해도 온몸의 세포가 살아나고 마음이 편안해지며 찌든 심신의 때를 씻어주곤 한다.

산림문화 휴양에 관한 법률 제2조(2005. 8. 4. 제정)에 보면 산림치유란 향기, 경관 등 자연의 다양한 요소를 활용하여 인체의 면역을 높이고 건강을 증진시키는 활동으로 정의하고도 있다.

스트레스 해소와 복잡한 생활을 탈출하여 몸과 마음을 치유할 수 있는 곳, 우리 청양의 고운 식물원을 찾는 사람들이 많아지고 있다.

식물원에 오면 숲이 주는 좋은 공기에다 자연의 소리(바람소리, 새소리, 물소리 등)와 함께 4계절 풍겨오는 꽃향기 등 자연 속에서 함께 하노라면 어느덧 머리가 맑아지며 마음이 편안해지고 면역력이 강화되는 등 건강에 많은 도움을 준다.

만병의 원인이 스트레스라고 하는데 우리 식물원에 와서 한 바퀴 돌아보면서 그래도 스트레스가 안 풀리면 전망대에서 식물원 전경을 마음껏 즐기고 우리나라에서 유일한 무동력 롤러슬라이드를 타고 고함을 지르며 230m(중국 장가계 150m)를 타고 내려오면 한방에 스트레스를 날려 보낼 수 있으며 동시에 면역세포도 더욱 활성화된다.

37.4ha의 부지에 자연지형 그대로 살려 조성한 환경친화형 식물원이고 1만여 종의 다양한 식물들이 자라는 자연생태 식물원이다.

기후변화로 멸종위기를 맞는 식물들을 증식, 보전, 관리하고 있으며 또한 기후위기 대응 탄소중립 실천에 앞장서고 있는 고운식물원에서 자연과 함께 몸과 마음을 치유하는 시간을 가져보자.

롤러슬라이드 타며 스트레스를 날린다

우리 인간은 누구나 스트레스를 안 받고 살 수는 없지만 나쁜 스트레스는 바로바로 날려버려야 한다.

좋은 스트레스는 일의 능률이나 면역력에도 긍정적 영향을 주지만 반대로 나쁜 스트레스는 건강과 일의 능률에도 나쁜 영향을 미친다. 때문에 스트레스는 만병의 근원이라 말한다.

스트레스는 적응하기 어려운 환경에 놓일 때 심리적, 신체적 긴장상태가 장기적으로 계속되면 심장병, 위궤양, 고혈압 등의 질병을 일으킨다. 여기에 불면증, 신경증, 우울증 등 심리적 부작용이 나타나기도 한다.

전문가들은 스트레스를 어떻게 관리하느냐에 따라 몸과 마음에 미치는 영향이 달라지기 때문에 잘 대처해야 된다고 말한다.

노래방에 가서 노래를 실컷 부르고 나면 “아! 스트레스 풀린다”라는 말을 해 보거나 들어본 적이 있을 것이다.

소리를 지르면 스트레스가 몸 밖으로 나간다고 하며 이 작용은 뇌와 마음이 사이가 좋지 않고 서로 거리감이 있을 때 마음속에 있는 응어리가 입 밖으로 표출되면서 뇌가 마음을 이해하여 사이가 좋아지고 그러면서 스트레스도 풀리는 것이다.

우리의 뇌는 소리를 지르면 스트레스를 몸 밖으로 내보내는 작용을 한다고 하며 전문가들은 소리를 지를 수 없는 상황이면 이어폰을 끼고 음악을 큰소리로 들어도 좋다고 한다.

우리 군의 보배이며 자랑이고 대표적인 명소 고운식물원에는 소리를 지르며 탈 수 있는 롤러슬라이드가 있어 일상의 삶에서 쌓인 스트레스를 한 방에 날려주고 있다.

지난 2003년 4월 28일 개원한 식물원은 37.4ha의 넓은 부지에 자연 그대로의 지형을 살려 조성한 국내 최초 자연친화적 식물원이며 우리 자생식물을 비롯하여 1만여 종의 다양한 식물들이 자라고 있는 전국 최고의 자연생태 식물원이다.

35개의 소정원으로 가꾸어진 식물원의 이곳저곳을 돌아 해발 265m의 지점에 설치된 전망대에 오르면 마음이 탁 트이면서 식물원의 전경과 정취를 한눈에 볼 수 있으며 이곳에서부터 식물원의 중턱까지 230m의 긴 국내 최초로 설치한 무동력 시스템의 롤러슬라이드를 타고 고함(소리)을 지르며 내려오면 그동안 쌓였던 스트레스가 한 방에 날아간다.

또한 무더운 여름철에는 무더위도 함께 날아간다.

식물원의 숲은 사람들의 몸과 마음을 건강하게 해 준다.

햇빛, 경관, 온습도, 피톤치드, 음이온 등 이러한 요소들이 뇌파를 활성화시켜주며 우울증 경감, 인지기능 향상, 치매 예방, 스트레스 해소 등 면역력 향상과 건강을 증진시켜주고 식물원을 한 바퀴 돌다 보면 많은 땀을 흘린다.

이 땀은 몸속의 나쁜 노폐물이 빠져나오는데 이 속에 스트레스 호르몬도 함께 빠져나온다.

숲의 좋은 공기와 함께 깊고 길게 천천히 호흡하며 걷다 보면 체내 세포들이 쓰고 남은 독소 노폐물인 이산화탄소를 공기 중의 산소와 교환하게 되며 역시 스트레스가 풀린다.

숲이 주는 자연의 소리(바람소리, 새소리, 물소리 등)와 함께 1만여 종의 꽃들이 4계절 피고 지는 꽃향기와 더불어 인간과 자연이 하나 되어 몸과 마음이 치유되는 곳, 이곳 고운식물원에서 그동안 쌓였던 스트레스도 날려 보내고 건강증진과 함께 새로운 꿈과 희망을 찾아보자.

향기에 취하는 좀목형 나무이야기

좀목형 나무는 희귀식물로 꿀풀목 마편초과의 낙엽활엽관목으로 인도가 원산지이고 중국, 한국 등지에 분포한다.

다른 이름으로 모형, 복형, 바이텍스, 솜순비기나무, 풀목향이라 불리며 나무 전체가 향기가 나고 해충퇴치 기능이 있다.

향기로운 꽃은 7~9월에 가지 끝에 원뿔 모양의 꽃차례로 보라색꽃이 여름 내내(100일 이상) 피고 꽃잎은 깔때기 모양이며 끝은 입술모양으로 아랫입술이 길게 나와 있다.

연보라색빛 자잘한 꽃이 뭉쳐서 피며 꽃이 피면 독특한 한약향이 나는데 모기는 싫어하지만 벌, 나비는 참 좋아하는 꽃이다.

정원수나 녹화용 소재로 이용하며 꽃에는 꿀이 많아 최고의 밀원수로 약용수나 관상수로 심고 줄기와 잎에서도 방향유가 있어 나무 전체에 향이 나는 좋은 식물이다.

열매는 모형자, 줄기는 모형경, 잎은 모형엽, 줄기의 즙을 모형력이라 하여 약용하며 좀목형 잎은 가장자리에 큰 결각이 있고 작은잎 5장으로 구성되어 있다.

열매는 핵과로 둥글며 지름 2mm 정도로 9월 중순~10월 초에 성숙한다.

거담, 진해, 진통작용이 있어서 해소와 천식, 복통에 약으로 이용되며 섭취방법은 가루를 내어 먹거나 담금주, 차로 끓여 마신다.

좀목형은 순비기나무와 같은 속으로 옛날 사람들이 불로초로 알고 새순을 먹었다는 기록이 있다.

조선시대 문인 임제(林悌)가 쓴 남명소승(南溟小乘)에 제주도를 돌다가 김녕에서 백세쯤 되는 노인 10여 명이 모여 노는 걸 보고 장수의 비결을 물었더니 노인들이 대답한 불로초가 순비기나무였다고 한다.

좀목형나무는 우리 식물원에 식재되어 있고 화분으로 많이 가지고 있으며 밀원수로, 향기식물로 건강에 좋은 기능성 식물로 확대 심으면 좋겠다는 생각이다.

깨끗한 사랑 누리장나무

"친애, 깨끗한 사랑"이란 꽃말을 가진 누리장나무는 대만과 중국, 한국 등이 원산지이며 꿀풀목 꿀풀과에 속하는 낙엽활엽관목을 국내는 중부이남 산지나 계곡 능지에 분포한다.

누리장나무의 이름은 잎에서 누릿한 장냄새가 나기 때문에 이름 붙여졌으며(강하게 나진 않고 잎을 비비거나 코에 갔다 대면 냄새 맡을 수 있다) 타버린 고무냄새 또는 땅콩버터 냄새가 난다.

낙엽수로 키는 8m를 넘지 않고 잎은 마주나는데 삼각난형 모양이다.

잎의 끚은 뾰족하고 밑부분은 평평하다. 잎에는 털이 나 있으며 뒷면에는 선점이 있는 것이 특징이며 황산화성분이 있기 때문에 한약재로 많이 쓰인다.

꽃은 7월 중순~8월 중순에 잎겨드랑이에서 흰색의 꽃이 핀다.

꽃말은 "친애, 깨끗한 사랑"이며 열매는 동그란 모양으로 푸른색으로 익는데 붉은색의 꽃받침이 싸여 있는 것이 마치 꽃처럼 보인다.

잎이 갓 피었을 때 따서 삶아 먹거나 소금을 간하여 튀겨 먹으며 한방에서는 가지와 뿌리를 기침, 감창(疳瘡)에 이용한다고 한다.

해충의 접근을 막기 위해 누린내를 풍기는 전략을 쓰며 암술과 수술이 꽃피는 시기를 달리하고 자가수분을 하지 않기 위해 수술이 먼저 피고 후에 암술꽃이 핀다.

까만 열매를 종족번식을 위한 전략으로 동물들의 눈에 잘 띄도록 빨간색으로 동물들의 먹잇감이 되어 번식하는 전략을 쓰고 있다.

화려한 단풍 붉나무 이야기

어릴 적 할머님과 함께 산에 올라 오배자를 따서 약으로 쓴다고 말린 기억이 조금 나는데 지금 와서 생각해보니 그것이 붉나무였던 것이다.

붉나무는 옻나무과 붉나무속의 모식종(여러종 중에서 대표가 되는 종)으로 가을에 염분을 축적하기 때문에 열매에서 짠맛이 나 과거 소금이 귀한 시절에 소금 대용으로 쓰기도 했다고 하며 옻나무과 나무라서 알레르기 반응이 있으므로 주의해야 한다.

전국의 산야에서 잘 자라며 오배자나무, 굴나무, 뿔나무, 불나무, 천금목 등으로 불린다.

꽃은 원추꽃차례로 털이 있고 암수딴그루이며 꽃받침 조각과 꽃잎은 각각 5개이고 암꽃에는 퇴화한 5개의 수술과 3개의 암술대가 딸린 1개의 씨방이 있다. 꽃말은 "신앙"이며 열매는 둥글납작한 황적색의 핵과가 익는데 황갈색의 털로 덮어 있으며, 시고 짠맛이 나는 껍질로 되어 있고 겉에는 흰색의 물질이 소금처럼 생긴다. 그래서 붉나무를 염부목이라 했다.

또한 천금목(千金木)이라고 불리는 이유 중 붉나무에서 소금이 나오고 여러 병을 고치는 오배자 열매가 나온다는 점에서 천금처럼 귀한 나무라 하여 천금목이라 한다.

『동의보감』(東醫寶鑑)에는 "오배자 속의 벌레는 긁어 버리고 끓는 물에 씻어서 사용하는데 피부가 헐거나 버짐이 생겨 가렵고 고름 또는 진물이 흐르는 것을 낫게 하며, 어린이의 얼굴에 생긴 종기, 어른의 입안이 헌 것 등을 치료한다"라고 기록되어 있다. 현재 붉나무 추출물을 포함하는 당뇨병 치료 또는 예방용 조성물 등에 관한 특허가 있다.

붉나무

오배자

비슷비슷한 섬바디, 당귀, 삼립국화

섬바디는 울릉도 특산종으로 다년생의 여러해살이풀이며 높이 2m 정도이며 잎은 어긋나고 3개씩 2번 갈라진다.

7월에 흰꽃이 복산형화서로 줄기 끝에서 핀다.

울릉도에서는 돼지 사료로 쓰며 "돼지풀"이라고도 하고 어린순은 데쳐서 나물로 먹으며 꽃말은 "추억"이다.

당귀(當歸)는 한약 냄새라고 불리는 향의 정체이며 마땅히 돌아온다는

뜻으로 옛날 어부를 남편으로 둔 아내들이 뱃길을 떠나는 남편들의 무사귀환을 기원하는 의미 또는 전쟁터에 나가는 남편을 위해 당귀를 품에 챙겨준다는 뜻에서 유래되었다고 한다.

쌈과 같이 싸서 먹으면 쌉쌀하고 향긋하며 고기 맛을 깔끔하게 하고 소화도 촉진시키며 꽃말은 "모정, 다시 만남, 굳은 의지"이다.

삼립국화는 한번 심으면 다년간 수확할 수 있으며 비타민과 무기질이 풍부해 면역력 향상에 도움을 주며 철분과 칼슘을 다량 함유하고 있어 어린이 발육에도 좋고 피를 맑게 해주며 독성을 제거해 주고 노폐물을 배출하는 작용이 있다.

키다리 꽃이라고도 부르며 6월~9월까지 꽃이 피고 2m 정도까지 자라며 이른 봄부터 늦가을까지 나물로 이용할 수도 있다.

상추대신 삼겹살을 싸서 먹거나 말린 잎 또는 생잎을 진하게 달여 차로도 이용하며 주로 뿌리나 씨로 번식하며 꽃말은 "밝다, 고상하다"이다.

섬바디 당귀

삼립국화

비슷한 식물 옥잠화, 비비추, 산마늘

옥잠화와 비비추 그리고 산마늘(명이나물)은 서로 비슷하여 선뜻 구별하기가 쉽지 않다.

옥잠화는 흰색 꽃을, 비비추는 보라색 꽃을, 산마늘은 흰색 또는 연한 자주색 꽃이 산형화서(繖形花序)로 핀다.

꽃에서 구분이 확연하지만 옥잠화 특징은 심은 곳에서 덩치가 커지고 잎이 반들거리며 윤기가 나고 동글동글하다. 꽃말은 "기다림, 원망, 아쉬움" 등이다.

비비추는 1포기만 심어 놓아도 주변으로 번식이 잘되며 부드럽고 향긋하며 감칠맛 나는 산나물이며 나무 밑에 지피식물로도 또한 밀원식물로도 좋고 척박한 곳에도 잘 자란다. 꽃말은 "좋은 소식, 하늘이 내린 인연, 신비로운 사랑"이다.

산마늘(옛날 울릉도에서 춘궁기에 이 식물을 먹고 목숨을 이었다는 유래에서 명이나물)은 수선화과의 여러해살이풀로 높이는 30~60cm이며 잎은 2~3개 나오는데 타원형이다.

한국, 중국 동부에 분포하며 필자는 2015년 몽골 방문 시 산에서 본 적이 있다. 잎에서 유일하게 마늘 향이 나며 섬유질이 많아 육류와 궁합이 잘 맞는다.

1994년 울릉도에서 반출돼 강원도 일부 지역에서 재배되고 있었는데 최근 전 지역에서 재배되고 주로 장아찌로 많이 이용하며 쌈, 튀김, 초무침, 샐러드 등 다양한 요리로 이용되며 자양강장제, 동맥경화, 혈당강화, 당뇨, 건위, 소화 등에 약효가 있다고 한다.

산마늘의 꽃말은 "마음을 편안하게 가지세요, 신선"이다.

옥잠화

비비추

산마늘

멸종위기종 식물을 지키자

국제자연보전연맹(IUCN)에 따르면 전 세계 멸종위기종이 지난해(2023)보다 1,000여종 증가하여 4만 5천 종을 넘어섰다고 한다.

이대로라면 수십 년 내 수많은 동식물과 곤충이 멸종위기에 내몰릴 수 있다는 경고도 덧붙였다.

20세기 이후 급속한 온난화 영향으로 기후변화 및 생태계가 훼손되어 식물들의 서식환경이 점차 열악해짐에 따라 우리가(사람이) 보호 관리 하지 않으면 지구상에서 영원히 살아질지도 모르는 일이다.

멸종위기 식물이란 자연적 또는 인위적 위협요인으로 인하여 개체수가 현격히 감소하거나 소수만 남아있어 가까운 장래에 절멸될 위기에 처해 있는 식물로 법으로 지정하여 보호 관리하는 식물들이다.

대표적인 멸종위기 야생식물 광릉요강꽃은 1931년 경기도 광릉의 소리봉에서 처음 발견된 환경부지정 멸종위기 1급으로 특별히 보호하고 있는 소중한 야생화이다. 꽃은 4~5월 녹색이 감도는 붉은색의 꽃을 피우며 마치 요강을 닮아서 광릉요강꽃으로 이름 붙였다고 한다.

우리나라 야생동·식물보호법은 멸종위기종 1급은 "자연적으로 또는 인위적 위협요인으로 개체수가 현저하게 감소되어 멸종위기에 처한 야생동·식물로서 관계 행정기관의 장과 협의하여 환경부령이 정하는 종"이며, 야생동·식물 2급은 "자연적 또는 인위적 위협요인으로 개체수가 현저하게 감소되고 있어 현재의 위협요인이 제거되거나 완화되지 않을 경우 가까운 미래에 멸종위기에 처할 우려가 있는 야생동·식물로서 관계 중앙행정기관의 장과 협의하여 환경부령이 정하는 종"이라고 정의하고 있다.

현재 환경부지정 멸종위기 1급 식물은 광릉요강꽃, 금자란, 나도풍란, 만년콩, 털복주머니란, 풍란, 제주고사리삼 등 13종이 있으며, 2급식물은 신안새우난초, 가시오갈피나무, 나도승마, 노랑만병초, 노랑붓꽃, 독미나리, 대청부채, 단양쑥부쟁이 등 79종이 지정되어 보호 관리하고 있다.

청양 고운식물원은(2010년 환경부로부터 멸종위기식물 서식지외보전기관으로 지정) 멸종위기에 처해있는 식물들의 서식지 보전과 증식을 위해 국가, 지자체, 민간기업, 서식지외보전기관, 관계기관이 참여하는 MOU를 체결하고 협력체계를 구축하여 식물다양성 증진을 위한 사업을 전개하고 있으며 2018년에 이어 2023년에도 멸종위기 2급인 가시오가피나무, 날개하늘나리, 제비동자꽃, 제비붓꽃, 대청부채, 섬시호, 연잎꿩의다리 등 7종의 식물을 대체서식지 식재 행사를 가진 바 있다.

또한 매년 식물원내 증식과 더불어 전시회 등을 개최하여 멸종위기종을 알리고 보호 증식 확산하고 있다.

오랜 세월 우리나라 영토에 뿌리를 내리며 살아가고 있는 다양한 식물들, 우리가 좀 더 관심을 가지고 식물보호 정신을 실천한다면 멸종위기 식물일지라도 번성하게 만들 수 있지 않을까 하는 생각을 해 본다.

•광릉요강꽃

(멸종위기종–환경부지정)

•1급 : 광릉요강꽃 등 13종

•2급 : 새우난초 등 79종

아름다운 자태를 뽐내는 달맞이꽃

아름다운 달맞이꽃은 아메리카 대륙 칠레가 원산지로 한국, 일본, 중국에 귀화하고 있는 식물이다.

누가 심지 않아도 하천 및 길가, 숲 등지에서 어디서나 볼 수 있으며 잎은 어긋나고 끝이 뾰족하며 50~90cm까지 자라고 줄기에는 짧은 털이나 있다.

왜 밤에 꽃을 피우는가 하면 나방이나 박각시 등 밤에 활동하는 곤충을 수분의 매개체로 쓰며 고온의 햇빛이 내려쬐는 환경에서는 꽃이 필 수 없는 유전적 특징을 지녔기 때문이며 흐린 날은 낮에도 꽃을 피운다.

포도주 향기가 나고 야생동물들이 좋아한다고 하며 꽃이 밤에 달을 맞이하며 피는 습성에서 달맞이꽃이라 이름 붙여졌다고 한다.

꽃은 7월부터 가을 늦게까지 지름이 3cm 정도의 노란색으로 피고 다른 이름으로 서양달맞이꽃 일본에서는 월견초(月見草) 중국에서는 아래향이라 하며 꽃말은 "무언의 사랑, 기다림, 말없는 사랑"이다.

또한 달맞이꽃은 큰달맞이, 애기달맞이, 겹달맞이와 원예종으로 낮에 꽃을 피우는 향달맞이꽃이라 하는 황금낮달맞이꽃, 분홍낮달맞이꽃 등이 있다.

황금낮달맞이꽃과 은은한 향기가 있어 향달맞이꽃이라 불리기도 하는 분홍색 낮달맞이꽃은 해가 떠 있는 시간만 피고 노지 월동이 가능하며 다년생 숙근초로 한번 심어 놓으면 매년 꽃이 피고 꿀벌들이 많이 날아들고 많은 곳에서 볼 수 있으며 꽃잎은 4장이고 잎은 마주나기하며 약간 타원형으로 길고 잎의 가장자리는 매끄럽지 않으며 불규칙하다.

높이 50cm 정도 자라고 줄기는 곧게 서며 가지는 약간 갈라지고 강한 생명력과 긴 개화가 장점인 식물이며 삽목도 잘된다.

달맞이꽃의 약효를 발견한 것은 북아메리카 원주민인 인디언들로서 달맞이꽃 차, 달맞이꽃 효소로 먹을 수 있고 달맞이꽃의 씨앗(월견자 月見子)에서 감마리놀레산이 풍부하게 들어있어 기름을 짜서 약용으로 복용하는데 혈액순환개선, 비만증, 항염증 효과(아토피성 피부염, 관절염) 당뇨병, 심장병, 피부질환(여드름, 무좀, 습진) 항암효과 면역력 향상 등 효과가 있다. 그러나 혈관이 터지면 지혈이 잘 안돼 심혈관계 질환을 앓는 사람은 먹지 않는 게 좋다고 한다.

우리나라 기후와 풍토에 잘 맞아 전국 어디서나 잘 자라는 달맞이꽃, 귀화식물이지만 우리나라 꽃이 되어버린 야생화 달맞이꽃에 더 많은 사랑과 관심을 가져보자.

•달맞이꽃

•꽃말

기다림, 무언의 사랑, 보이지 않는 사랑

•생육환경

일조량이 좋은 곳이면 아무데서나 잘 자라며 노지 월동이 가능하다.

황금 물결 넘실대는 모감주나무

우리 식물원에는 높이 15m 정도의 40여 년 된 모감주나무 50여 그루가 군락을 이루고 있다.

6~7월에 초록색 잎에 노란꽃 황금물결이 숲 전체를 뒤덮은 것처럼 풍성하고 환하게 피어 멀리서 보아도 나무들 사이에 금방 표가 나는 등 아름다운 장관을 이루며 관람객들을 유혹하고 많은 사진작가들의 발걸음을 멈추게 한다.

쌍떡잎식물로 무환자과에 속하는 모감주나무는 한국, 중국, 일본, 대만 등 동북아시아에 자생하는 세계적인 희귀식물이다.

중국에서 모감주나무 열매가 해류를 타고 우리나라에 들어왔다는 주장도 있으나 포항, 태안, 백령도 등 해안가 외에 안동, 대구 등 내륙지방에서도 자생지가 발견됨에 따라 우리나라 자생종이라는 주장이 설득력을 얻고 있다.

필자가 2023년 현장에 다녀온 천연기념물 제138호인 모감주나무 군락지는 충남 태안군 안면읍 승언리 방포해수욕장 해변에서 높이 10m쯤 되는 모감주나무 500여 그루가 자라고 있었고 바닷바람을 막아주는 방풍림 역할도 하고 있었으며 포항 발산리 군락지, 완도 대문리 군락지 등 3군데가 현재 천연기념물로 지정되어 있다.

꽃잎은 4개인데 처음에는 모아져 있다가 나중에 뒤로 젖혀지고, 안쪽 부속체 부분은 차츰 붉은색으로 변한다. 수꽃과 양성화 한 그루로 꽃의 대부분은 수꽃이고 양성화가 일부 섞여 있다. 자가수분을 피하기 위해서 양성화는 수꽃보다 늦게 피고 수꽃이 떨어진 다음 뒤늦게 떨어진다. 꽃이 지고 난 뒤 나뭇가지 끝에 꽈리모양의 열매가 달린다. 연두색 세모꼴 열매는 가을에 잎과 함께 황갈색으로 단풍이 든다.

내한성이 강하고 우리나라 모든 지역에 심을 수 있으며 바닷바람에 잘 견디어 해안가 녹지나 방풍림으로도 많이 식재하고 염분뿐만이 아니라 가뭄, 대기오염에 강하며 거름기 없는 척박한 토양에서도 잘 산다.

도시의 열악한 환경에서도 잘 자라고, 난지도 경사면과 같은 오염 토양에서도 적응을 잘한다. 햇볕을 좋아하지만 그늘에서도 적응을 잘하며 뿌리가 깊이 뻗어 강풍에도 넘어지지 않는 편이다.

무환자나무와 모감주나무 씨는 서로 비슷하고 다같이 염주를 만드는 귀한 것인데 무환자의 옛말인 모관쥬에서 유래되었다고 하며 모감주에서 모감은 불교에서 가장 높은 "깨달음"을 일컫는 묘각(妙覺)에서 유래되었고 구슬을 뜻하는 주(珠) 붙여 모감주나무로 되었다고 한다.

국내 최고령 나무는 안동시 송천동 산 30-2번지에 약 360년 된 경상북도 기념물 제50호로 조선중기 학자 정영방이 죽자 그 아들들이 1651년 영양군 자양산에 있던 것을 옮겨 심은 것이라고 전해지며 2018년 당시 문재인 대통령이 평양을 방문한 기념으로 숙소인 백화원 영빈관 뜰에 10년생 모감주나무를 기념 식수했다고도 한다.

모감주나무의 꽃말은 "자유로운 마음, 기다림"이며 정원수, 밀원용으로 많이 심으며 잎과 꽃은 약용하고 종자는 염주를 만드는데 쓴다.

번식은 종자번식(실생법)과 삽목(꺾꽂이) 등이 있는데 삽목은 발근력이 좋지 않아 흔히 종자로 번식한다.

아름다운 노란 황금색 꽃을 피우는 모감주나무는 원추리꽃차례로 마치 황금 왕관처럼 생겼으며 모감주나무 밑에 들어가 하늘을 쳐다보며 사진을 찍으면 마치 황금 왕관을 쓴 장면이다.

자유로운 마음, 기다림이란 꽃말을 가진 **모감주나무**

마음을 안정시키는 초록빛 비비추

비비추는 백합목 백합과의 외떡잎식물인 여러해살이풀로 한국(남부, 중부산지) 일본에 주로 분포하며 재배 채소처럼 연하고 매끄러우면서도 감칠맛이 나는 산나물 같지 않은 산나물이다.

산나물의 쓴맛이나 떫은 맛 억센 섬유질 등의 특성이 없다.

잎이 모두 뿌리에서 돋아 비스듬히 퍼지며 난상 심장형 또는 타원형 달걀 모양이고 진녹색이며 꽃은 7~8월에 피고 꽃대는 30~40cm로서 길이 4cm의 연한 자주색 꽃이 한쪽으로 치우쳐 총상으로 달린다.

화관은 끝이 6개로 갈라져서 갈래 조각이 약간 뒤로 젖혀지고 6개의 수술과 1개의 암술이 길게 꽃 밖으로 나온다.

열매는 삭과로 긴 타원형이며 종자는 검은색으로서 가장자리에 날개가 있다. 연한 순을 식용으로 하며 관상용으로 심는다.

비비추는 원예종으로 다양한 품종이 개발되어 정원 식물로도 많이 심는다.

비벼 먹어야 제맛이 난다고 하여 비비추라 한다고 하며 비비면 거품이 나면서 독성이 빠지고 부드러워지며 잎을 데쳐서 쌈 싸 먹기도 하고 국을 끓이거나 장아찌를 담그고 나물로 먹기도 한다.

약간 습한 그늘에서 기르는 것이 좋으며 강한 광선은 잎끝이 탄다.

봄, 가을에 포기나누기로 번식시키거나 가을에 씨를 받아 바로 뿌리거나 이듬해 봄에 뿌린다.

비비추의 꽃말은 “신비한 사랑, 좋은 소식. 하늘이 내린 인연”이다.

비비추와 옥잠화는 혼돈하는 경우가 많은데 옥잠화도 백합과의 다년생 초본으로 중국에서 들어온 귀화식물로 8~9월경에 꽃을 피우며 꽃봉오리가 옥비녀 모양처럼 생겼다해서 옥잠화라 부르며 옥비녀꽃, 비녀비비추, 주걱비비추, 백학석이라고 불리기도 한다.

비비추에 비해 잎이 넓고 둥근모양이며 하얀색의 꽃을 피우는 게 특징이다.

꽃대도 비비추에 비해 굵고 곧게 자라며 꽃의 크기도 비비추보다 약간 큰 편이다.

또한 요즘 호스타(Hosta) 무늬비비추를 볼 수 있는데 잎은 전면에 줄무늬가 있거나 가장자리에 색상이 다른 컬러비비추, 무늬비비추 등이 있고 재배 환경이나 번식하는 방식은 거의 비슷하다.

우리 식물원에는 관람로 주변이 온통 비비추로 둘러 쌓여 있으며 초록빛 물결을 이루고 있어 관람객들의 마음을 사로잡고 있는가 하면 관람객들을 위해 식물원 상설전시장에 8월 10일까지 250여 점의 비비추를 전시하고 있다.

신비한 사랑, 좋은 소식, 하늘이 내린 인연 꽃말을 가진 **비비추**

한여름 아름다운 꽃 진노랑상사화

꽃과 잎이 서로 만나지 못해 그리워한다 하여 이름 붙여졌다고 하는 “내리사랑” 이란 꽃말을 가진 진노랑상사화(相思花) 우리 청양 고운식물원의 이곳저곳에서 많이 만날 수 있는 자랑스러운 식물이며 전라남북도 10곳의 지역에 자생 분포되어 있다.

백합목 수선화과의 여러해살이풀이며 외떡잎식물로 우리나라 고유종이며 희귀식물로 환경부의 멸종위기 2급 식물로 지정되어 있다.

식물체는 잎이 2~3월에 4~8장 나오며 잎이진 후 7월 말에서 8월 초에 길이 40~70cm의 꽃줄기가 나오고 줄기는 녹색으로 곧게 자란다

꽃은 진노랑색으로 4~7송이가 피며 6장의 화피(花被 : 암술과 수술을 둘러싸서 보호하고 있는 부분)조각이 있다.

이 화피조각은 뒤쪽으로 반 정도 젖혀지고 화피 가장자리는 깊은 파도처럼 굴곡이 심하게 생겨 쭈글쭈글하며 수술대와 암술대는 모두 노란색이고 씨는 검은색이다.

물기가 많고 자갈이 많은 수풀이나 계곡 주변의 바위지대에서 무리 지어 자라며 잎이 지고 꽃대가 올라와 꽃이 피기 때문에 꽃과 잎이 서로 볼 수 없어 상사병에 걸릴 것 같다 하여 “상사화”라고 한다.

진노랑상사화는 알뿌리 식물로 여름 하늘을 향해 곧게 올라오는 꽃대에 진노랑의 꽃들이 모여 피는 점이 크게 매력적이며 양지바른 곳이나 다소 그늘진 지역에

서도 잘 자란다.

잎이 없어지고 통통한 줄기인 꽃대만 올라와 피기 때문에 다양한 야생화와 혼식해도 이질감 없이 잘 배치되어 시너지 효과를 낼 수 있으며 진녹색 식물원의 숲속에 황금빛 진노랑의 꽃들이 환하게 웃는듯한 모습이고 끝부분에서 꽃이 피어 더욱 돋보인다.

특히 꽃이 많지 않은 여름에 피니 더욱 귀하고 매력적이며 아름다운 꽃이기도 하다. 관상의 가치가 높은 식물이며 체내에 수분을 다스리고 종기를 가라앉히며 물집 등을 없애주는 등 약재로서 사용되며 방부성이 있어 뱀과 벌레등이 달려들지 않는다.

진노랑상사화는 종자번식은 어렵고 알뿌리(구근)를 통해 자구를 떼어 6월경에 정식하여 3~4년간 계속 키웠다가 다시 지구를 떼어 불려 나간다. 숲 정원에 대군락으로 심으면 좋으며 심을 때 구근의 표면이 흙 위로 노출되는 것을 피해 식재해야 하며 구근 크기의 배 깊이로 땅을 파고 심는다.

식재 후에는 관수를 잘하여 토양과 구근사이에 공간이 생기지 않도록 해야 한다.

진노랑상사화는 우리 고운식물원 또 하나의 자랑이다.

멸종위기 식물인 진노랑상사화를 많이 증식시켜 이곳을 찾는 사람들에게 아름다움을 선사하고 식물의 중요성을 재인식시켜주고 있기 때문이다.

•고운식물원의 진노랑상사화

•진노랑상사화의 꽃말

내리사랑

•생육환경

양지바른 곳이나 다소 그늘진 곳에서 잘 자란다.

아름다운 빛 맥문동(麥門冬)

맥문동은 백합과에 속한 여러해살이풀로 원산지는 한국, 중국, 일본 등 동아시아 지역이며 산과 들에 사는 겨우살이 풀이다.

뿌리는 보리와 비슷하고 잎이 겨울에도 시들지 않아 맥문동이라 부른다고 하며 여름철에 연한 자주색 꽃이 피고 10월이면 검푸른 빛이 도는 까만 열매를 맺는다.

뿌리줄기는 굵고 딱딱하며 수염뿌리의 끝이 땅콩처럼 굵어진다.

흔히 우리가 알고 있는 맥문동이라는 부위가 굵어진 수염뿌리다.

"불사초"라는 이름과 "겨우살이풀"이라는 이름도 겨울에도 죽지 않고 살아있기 때문에 붙은 이름으로 모두 강인한 생명력을 뜻한다.

맥문동의 꽃말은 "겸손, 인내, 번영, 기쁨의 연속"으로 뿌리의 강인한 특성을 나타내고 있다.

맥문동은 식용 약재로 우리 군이 최대 생산지이며 1993년 9월 6일 청양, 부여, 밀양이 주산지로 지정 고시된 바 있으며 우리 군 주 재배지는 남양면 일원이며 우리 지역 효자 소득 작목으로 남들이 알까 봐 조바심하며 재배했던 작목이다.

우리 군은 일교차가 큰 기후조건과 높은 재배 기술로 고품질 맥문동 생산이 가능한 지역이며 필자가 농업기술센터 기술보급 과장으로 재직 시에는 맥문동 연구회를 결성(초대회장 남양면 한충희씨)하여 각종 기술교육과 정보교환 및 가공품 개발 유통 등을 전개토록 하는 등 상품화로 소득화에 주력했던 작목이다. 특히 코로나 19 예방에는 "맥문동이 최고다"라고 역설한 기억도 난다.

그 시절 남양면에서만도 100여 농가가 넘게 맥문동을 재배하였으나 고령화로 점차 줄어 현재는 50여 농가만이 재배한다고 한다.

맥문동은 어느새 서천지역이 많이 재배하게 되었고 서천군 장항읍 송림산림욕장 일원에서는 맥문동 축제를 개최하고 있다.

맥문동은 사시사철 푸르름을 자랑하며 그늘진 곳에서도 잘 자라기 때문에 조경용으로도 많이 쓰이며 요즈음은 가을에 씨앗을 채취해 포트에 육묘해 조경으로 판매하는 경우도 많다.

맥문동 시세는 현재 600g당 25,000원 정도인데 고소득 작목이다.

맥문동은 예로부터 "신선의 약재", "신선의 음식"이라 불렀다. 마른기침, 각혈, 가래 해소에 좋으며 항산화 작용, 진정, 면역증강, 항균작용 등의 효과가 뛰어나다. 맥문동의 효능은 고대 문헌에도 기록되어 있다. ≪신농본초경≫에는 "맥문동을 오래 복용하면 몸이 가벼워지고 장수할 수 있으며 양식이 떨어지더라도 굶주림을 느끼지 않는다"라고 기록돼 있다.

청양 고운식물원에서도 우리 군의 특산물인 맥문동을 홍보 보존하고자 품종을 수집(현재 7개 품종)전시 홍보 관리하고 있으며 매년 청양고추 구기자 축제 시에도 전시하고 있다.

겸손, 인내, 번영이라는 꽃말을 가진 **맥문동**

생물시계 대청부채

대청부채는 희귀식물로 백합목 붓꽃과의 여러해살이풀이며 부채붓꽃, 얼이범부채라고도 하며 북한에서는 참부채붓꽃이라 부른다.

범부채 봄에 붓꽃이 핀 모양으로 연보라색 꽃이 여름에 핀다.

중국이 원산지이며 한국, 중국, 만주 등지에서 분포한다.

식물분류학자 이창복 박사에 의해 1983년 대청도에서 처음 발견되었다 하며 대청도, 백령도 등 서해 5도 일부 바닷가에서만 서식하며 꽃이 아름다워 원예 가치가 높으며 환경부지정 멸종위기 2급 식물로 보호받고 있다. 대청부채라는 이름도 대청도에서 처음 발견되었고 일부 부챗살처럼 넓게 퍼진다 해서 유래되었다고 한다.

여름에 연한 보라색 꽃이 3~5송이씩 달리며 하루 중 오후 3시를 전후해서 꽃을 피우고 오후 4시경에 만개하며 점차 지기 시작해 22시경 꽃을 완전히 말아버린다.

대청부채는 오후 3시 전후로 꽃이 피는 일명 생물시계라고 알려져 있는데 이는 꿀벌이 꿀을 나를 때 교잡종이 발생하는 걸 막기 위해 개화시간을 조절한다는 연구 결과가 있다고 한다.

즉 꿀벌이 범부채의 꽃가루를 묻히고 대청부채에 방문하면 교잡이 불가피한 상황이 되어 버리기 때문에 유전적으로 가까운 사촌 같은 범부채와 교잡종이 발생하는 것을 막아 순수 종 보존을 위해 대청부채의 생체시계로 교묘하게 회피하는 지혜가 작동하면서 범부채가 오전에 꽃이 핀다면 대청부채는 오후에 꽃이 핀다는 것이다.

따라서 꿀벌들의 범부채 방문은 오전 7시부터 11시 사이에 집중되고 교잡 가능성이 있는 오후에는 꽃가루가 고갈된다는 사실을 알고 찾지 않는다는 것이다.

생존을 둘러싼 생물들의 지혜, 종을 보존하고 종의 고유함을 지켜내려는 대청부채의 특징이다.

대청부채의 꽃말은 "좋은 소식"이며 비옥하며 햇빛이 잘 들고 통풍이 잘되며 물빠짐이 좋은 사질토양이 좋다.

가을에 종자를 채취하여 바로 파종하거나 겨울 동안 저온으로 보관 후 봄에 물에 불린 후 파종하며 종자 파종 시 통기성이 좋은 질석을 사용하는 것이 좋고 질석 대신 냇가의 굵은 모래를 사용하면 좋으며 가을에 포기나누기 방식도 가능하다.

청양 고운식물원은 멸종위기에 처해 있는 많은 식물들을 증식 보존 관리하고 있다.

태양의 꽃 산파첸스

산파첸스는 임파첸스 우리말로 서양봉선화라고 하는 꽃의 품종 가운데 원산지가 뉴기니아지역이라고 해서 뉴기니아 임파첸스라고 불리는 꽃이었다. 그걸 일본에서 개량시킨 품종으로 임파첸스 보다 잎이 좀 더 작고 꽃은 조금 더 크고 햇볕에 강한 여러해살이풀이다.

잎은 타원형이고 꽃은 초여름부터 늦가을까지 오랫동안 피우며 빨강, 분홍, 오렌지색 등 다양하다.

햇볕에 강하나 물을 많이 주어야 하고 추위에 약하기 때문에 겨울에는 실내나 온실에서 키워야 하는 공기정화 식물이다.

산파첸스는 5월부터 11월까지 꽃이 핀다.

가로 폭 60cm 세로는 1m까지 크는 대형종으로 관상용 식물에 적합하다.

다시 말해 산파첸스는 봉선화과의 식물로 영명이(Sunpatiens)이다.

뉴기니아봉선화, 임파첸스, 물봉선화, 이태리봉선화, 아프리카봉선화랑 비슷하지만 꽃이 더 크고 식물의 크기도 크다.

산파첸스는 양지와 음지, 반음지, 화분, 노지 등 모든 장소에서 잘 자라며 물을 매우 좋아하기 때문에 물가에 심으면 좋으며, 꽃말은 "나의 사랑은 당신보다 깊다"이다.

일명 태양의 꽃이라 불리는 산파첸스는 한여름 더위나 강한 햇빛에도 잘 견디며 장기간에 걸쳐 화려하면서도 아름다운 꽃을 연속적으로 피우고 대기오염물질경감 효과도 있어 친환경 식물로서도 인기가 높다.

또한 공기 중에 있는 포름알데히드, 이산화탄소, 이산화질소 등 새집증후군을 유발하는 물질을 제거해 주기 때문에 실내에서 키우는 반려식물로도 인기를 받고 있다.

전국의 가로화단이나 가정화단, 정원, 관공서 주변이나 행사장 주변에 많이 심으며 제주도 등 여러 곳에서 산파첸스 축제도 개최한다.

산파첸스의 번식은 종자번식과 삽목의 방법이 있는데 주로 삽목을 많이 한다. 삽목은 삽수를 그냥 물에 꽂아두고 열흘정도 되면 발근이 잘 돼 흰 뿌리가 나오는데 이때 흙이나 화분에 심어주면 잘 자란다.

여름에는 삽수가 여리다 보니 무를 수 있어 한여름은 피하는 것이 좋다.

(유튜브에 산파첸스 번식방법 참고)

종자번식은 9월 말 경 꽃이 지면 꼬투리에서 씨앗을 얻어 이듬해 봄에 씨앗을 뿌리고(싹트기에 좋은 온도 20℃) 흙을 얇게 덮어준다. 산파첸스의 성장에 좋은 온도는 20~25℃이며 (10℃이하이면 성장이 좋지 않고 꽃이 피지 않음) 물 주기는 겉흙이 말랐을 때 충분히 주어 건조하지 않도록 해야 한다.

참고로 임파첸스보다 산파첸스는 잎이 더 뾰족하니 더 길고 더 강하며 화려하다.

풀꽃들의 여왕 팜파스그라스

우리나라에 억새가 있다면 팜파스그라스는 서양의 억새다.

팜파스그라스는 뉴질랜드, 뉴기니, 남미 등 넓은 초원지대에서 자라는 다년초 식물로 팜파스(pampas)란 뜻은 남미의 비옥한 초원지대를 뜻하고 풀이란 뜻의 그라스(grass)가 만나 붙여져 팜파스그라스라 부른다.

팜파스는 벼과의 여러해살이풀로 남미, 아르헨티나, 브라질 등이 원산지이며 원산지에서는 3m까지 큰다.

잎은 청록색으로 길며 잎의 길이만 해도 2m 정도에 이르며 좁고 길게 자란다. 아름답고 화려해 풀꽃들의 여왕이라 불리는 팜파스그라스는 늘씬한 몸매로 눈길을 사로잡는 풀이며 하늘거리며 너울거리며 꼿꼿한 자태를 뽐내고 연갈색으로 하늘을 향해 곧게 자라는 꼬리 모양의 커다란 이삭이 매력적인 식물로 비슷한 실물보다 단정하게 자라며 해충 및 질병에 강하다. 뉴질랜드, 유기니, 남아프리카 등지에 23종이 분포하며 늘 푸르거나 반상록성 풀로 가늘고 거친 잎은 군집을 이루며 촘촘하게 모여 자란다.

우리 식물원에도 많은 대형화분의 팜파스그라스가 이곳저곳에서 반갑게 관람객을 맞는다.

온화한 기후를 좋아하기 때문에 개화시기가 지역에 따라 다르나 이곳은 8월부터 11월까지 아름다운 꽃을 피우며 긴 줄기 끝에 부드러운 꽃이삭이 풍성하게 피어나며 그 모습이 인상적이다.

팜파스그라스의 꽃말은 "자랑스럽다", "당신의 사랑을 기다립니다", "나의 사랑을 받아주세요" 등 많으며 모두가 우아하고 아름다운 모습에서 비롯된 것이 아닐까 생각해 본다.

팜파스그라스는 개화기간이 길기 때문에 꽃대를 잘라 말려서 꽃꽂이로도 활용한다.

번식방법으로는 씨앗을 이용한 번식으로 가을에 꽃이 진 후 이삭에서 씨앗을 조심스럽게 분리해 봄에 물에 불려 씨앗을 흙 위에 뿌리고 가볍게 덮은 후 적당한 습도를 유지해 주며 주로 이용하는 분주번식은 성장이 활발하지 않은 봄과 가을에 뿌리를 뽑아내어 충분한 뿌리가 확보되게 한 후 여러 부분으로 나눠 다른 위치에 심는다.

바람이 많이 부는 곳을 피하여 햇빛이 잘 들어 직사광선을 받을 수 있는 곳에 심어주는데 물이 고이지 않도록 물 빠짐이 좋은 비옥한 토양이 좋다,

봄철에는 식물이 새로 성장하기 전에 마른 잎과 줄기를 정리해 주는 것이 좋으며 추운 지역에서는 겨울철 식물의 뿌리가 얼지 않도록 멀칭해 주는 것이 좋다.

삐비를 아시나요

어릴 적 먹을 것이 없어 산이나 들에 나가서 채취해 간식으로 먹었던 구황식물(救荒植物) 즉 흉년으로 먹을 양식이 모자라 먹었던 초근목피(草根木皮)의 그 시절을 생각해 본다.

지장풀, 삐비(띠풀), 딱뿌리, 찔레, 칡뿌리, 독사풀, 피, 아카시아꽃, 쑥, 셩, 올방개, 무릇, 둥글레, 기린초, 강아지풀 등 많이 있는데 지금 생각해 보면 모두 우리 몸에 좋은 기능성 식품들이다.

아마도 지금 60대 이상 사람들이면 이런 식물에 대한 추억이 많을 것이다. 이중 삐비는 벼과에 속하는 여러해살이식물로 우리나라 전역에 잘 자란다.

삐비의 표준말은 "삘기"이며 띠(띠풀) 또는 백모향(白茅香), 모초(茅草)라 한다.

삐비는 봄에 꽃대가 올라와 꽃이 피어나기 전에 이파리 속에 둘러 쌓여있는 어린 이삭을 말하는데 은백색 빛깔이 나고 부드럽고 연해 입에 넣고 씹으면 사르르 녹는 느낌이다.

껌이 귀해 문지방에 붙여놓고 며칠씩 깨물던 그 시절 역시 삐비는 사람들의 간식 중 하나였다. 필자도 삐비를 논두렁 등지에서 통통하게 배가 불룩할 때 한주먹 뽑아 가지고 다니며 먹던 일, 또한 논두렁에서 삐비 뿌리(띠풀)를 캐다가 논두렁 다 망가트린다고 혼났던 일들이 생각나며 잘근잘근 씹으면 달짝지근한 맛에 혼나는 줄 모르고 몰래 캐고 또 캐 먹었다.

삐비는 뽑는 시기가 하루라도 늦으면 꽃이 하얗게 피어 먹을 수 없게 되니 생명력이 강해서 어디에서나 잘 자란다. 논이나 밭의 두렁인 밭둑, 논둑은 물론이고 벌판, 묘지, 야산 기슭 등 가리지 않는다.

뿌리가 깊이 박혀 뽑아내기도 어렵고 베어도 베어도 금방 자라며 잔디로 곱게 다듬어 놓은 묘지도 얼마 안 가 잔디를 밀어내고 삐비가 차지해 버린다.

삐비의 뿌리는 서로 엉켜있어 잘 뽑히지 않으며 한방에서는 귀한 약초로 쓰인다.

최근 연구에서는 알레르기성 천식, 비만 및 고혈압 치료에 효과가 있으며 백모근 추출물 또는 분리된 생리활성물질이 신경보호, 간 보호에 효과가 있는 것으로 알려져 있다.

한때 배고프고 먹을 것이 없어 산이나 들에서 채취해 간식으로 먹었던 식물들을 더 많이 발굴하여 보존하고 전시회를 개최하여 어른들에게는 추억을 아이들한테는 먹거리와 식물의 소중한 가치를 인식하는 교육장으로 활용하면서 더욱 가꾸어 나갔으면 한다.

이런 식물들이야말로 기능성 식품으로 현대를 살아가는 사람들한테 하늘과 신이 내린 보약 중의 보약이 아닌가 생각해 본다.

삐비

삐비 뿌리

물과 사람을 정화시키는 고마니풀

어렸을 때 농촌에서 자란 사람들은 고마니풀을 베다가 돼지에게 먹이던 추억이 있을 것이다.

당시에는(6~70년대) 집집마다 거의 농우소와 돼지 한두 마리씩은 길렀는데 돼지에게는 주로 구정물과 고마니풀을 먹였다.

필자도 학교에 갔다 오면 지게나 망태를 메고 똘강 주변에서 고마니풀을 베다가 사료 대신 돼지에게 주던 기억이 생생하다.

돼지가 잘 먹고 좋아하던 고마니라는 식물이 지금 생각해 보면 고마운 풀이다.

고마니는 한국 토종식물로 습지식물이며 마디풀과에 속하고 덩굴성 한해살이풀이며 독이 없어 사람이 먹어도 해가 없고 잎자루 뒤에는 거꾸로 난 짧은 가시가 있다.

물을 정화시키는 고마운 풀이라서 "고마운"이라고 부르다가 고마니, 고마리, 꼬마리라는 이름도 있었으며 돼지가 잘 먹는 풀이라서 돼지풀이라고 부르며 한방에서는 고교맥(생약명: 苦喬麥)이라 한다.

꽃은 8~9월에 피는데 작지만 앙증맞고 예쁜 꽃이 흰색 또는 연분홍색으로 가지 끝에 둥글게 뭉쳐 달려서 피며 꽃말은 "꿀의 원천"이라고 하는데 꽃에 벌들이 날아와 윙윙 날아다니며 꿀을 모으는 모습을 볼 수 있다.

고마니풀은 생명력이 강해 어디든 잘 자라며 더러운 하수구에서도 꽃을 피우며 어떤 더러운 물도 정화시키며 심지어 사람들이 만들어 놓은 화학적 폐수까지 청소하는 자연 청소부라는 별명이 있는 식물이다.

따라서 수질 정화의 일등공신으로 자연을 정화하는 힘이 강한데 도랑이나 냇가의 물웅덩이에 자라면서 자연의 수질을 깨끗하게 정화시키듯이 우리 몸속의 독소도 깨끗이 해독해 준다고 한다.

고마니의 뿌리를 보면 수백가닥의 하얀 뿌리가 파뿌리와 비슷하게 생겼으며 뿌리가 물을 흡수하여 정화능력이 뛰어나다고 하는데 고마니도 너무 지나치게 오염된 곳에서는 살지 못한다고 한다.

중국에서 펴낸 『본초도감』에는 고마니에 대해 기운을 다스리며 통증을 그치게 하고 얼굴색이 누렇게 뜨고 힘이 없고 식욕이 없으며 헛배가 부른 비장이 허약한 증상을 치료한다고 하며, 또한 소변이 잘 나오게 하고 소화불량, 허리 아픈데, 타박상에 좋다고 한다.

고마니 꽃에는 퀘르세틴 성분이 들어 있고 플라보노이드, 페르시카린 등의 성분이 들어 있으며 활성화성분이 풍부하게 함유되어 있어 여름과 가을에 전초를 뿌리 채 채취하여 햇빛에 말려 약으로 사용한다고 한다.

우리 주변에 널려있는 하찮은 풀이라고 천하게 여기지 말고 소중함을 생각해 보자.

물고기 잡던 때죽나무

겸손이라는 꽃말을 가진 때죽나무는 때죽나무과 쌍떡잎식물의 낙엽소관목으로 높이 10m까지 자란다.

잎은 달걀모양 또는 긴 타원형으로 길이는 2~8cm이며 너비 2~4cm로 잎밑은 날카롭거나 둥글며 끝은 뾰족하고 톱니는 있거나 간혹 없는 경우도 있다. 때죽나무 꽃은 2~5개씩 뭉쳐서 줄줄이 아래로 매달려 있는 모습이 마치 서양의 종(鍾)모양으로 생겼다

핵과의 때죽나무 열매는 크기가 손가락 첫마디만한 달걀모양으로 처음 달릴 때는 초록색인데 9월이 되면 갈색으로 익는다.

이 시기에 열매를 찧어 물에 풀면 물고기들이 하얗게 뜬다. 때죽나무 열매나 잎 속에는 에고사포닌이란 독성물질이 들어있는데 이 성분은 혈액속의 적혈구를 파괴하여 산소와 영양분의 공급을 차단시키며 마취시키는 성분이 들어있어 물고기를 비롯한 동물에게 치명적인 위험을 줄 수 있다는 것이다.

필자가 국민학교(초등학교)시절 이 때죽나무 열매로 물고기를 잡던 추억이 떠오른다.

친구들과 같이 도랑가 때죽나무 열매를 따 돌에 찧어 도랑에 뿌리면 물고기가 떠오르는데 때죽나무의 유래도 물고기가 떼로 죽어 떠오른다 하여 때죽나무라고 했다는 설도 있다.

이러한 때죽나무의 악성을 이용한 자연농법에 희망을 거는 사람들도 있다. 즉

살충제, 기피제 또는 억제제로 활용하는 방안이다. 살충효과는 위의 글에 설명되어 있고, 기피제, 억제제란, 때죽나무가 이러한 약성을 가지고 있기 때문에 진딧물 등의 벌레들이 이 나무를 기피한다는 사실이다.

때죽나무는 또, 울안의 정원수나 가로수로도 손색이 없을 듯하다. 진딧물 들끓고, 꽃가루 내풍기는 프라타나스 등의 외래종 나무 심기에 열을 올릴 게 아니라, 공해에 강하고, 예쁜 꽃을 피울 뿐 아니라 벌레들이 기피하는 우리 토종 때죽나무를 정원수나 가로수로 활용할 경우 일석삼조의 효용가치를 기대할 수 있지 않을까 하는 생각이다.

우리 식물원에도 때죽나무가 여기저기 많이 자라고 있으며 식물원내에 파리, 모기 등 해충이 없는 것도 파리풀과 무문초를 비롯하여 때죽나무 등 자연산 기피제가 많이 있어 그런 것이 아닌가 생각해 보며 식물들이 자연친화적으로 서로 보호하면서 관람객들의 몸과 마음의 건강에 도움을 주고 있으니 식물들의 천국이 바로 사람들의 천국이며 생명들과 교감을 이루는 사색의 휴식공간이 아닌가!

때죽나무

진한 향기의 매력 꽃생강

생강과의 여러해살이풀로 8월부터 11월 사이에 순백색의 꽃이 녹색의 잎과 절묘하게 조화를 이룬다.

꽃잎은 나비모양을 띠고 있고 향기가 진하다.

관상용 식물로 중국의 서남부와 같은 아열대지방에서 잘 자라며 줄기는 1~2m 정도 자라고 직립한다. 잎 길이는 20~60cm이고 폭은 5~12cm로 줄기에 호생하며 근경은 다육질이고 잎의 앞뒷면은 녹색이며 뒷면은 부드러운 털이 있다.

꽃은 수상화서로서 순백색의 나비모양처럼 4~6송이가 피고 향기가 짙다. 원산지는 동남아시아와 뉴기니아, 마다가스카로이며 약 50여 종이 자라며 우리나라 남부지방에서 재배한다.

순백색으로 향기가 있는 꽃과 요염하고 두터움이 있는 진녹색의 잎이 아름답다. 절화로서는 꽃주위의 잎만 남기고 또 잎 주위를 잘라 작은 송이로 해서 꽃을 꽂을 때에는 잎을 적당히 정리해서 순백의 아름다움을 살린다. 줄기의 깊이도 짧게 이용하고 꽃에 포인트를 둔다.

향기가 먼데까지 느껴질 만큼 진하고 꽃도 한 달간 볼 수 있으며 꽃말은 "당신을 신뢰합니다." "향기의 눈"이며 또한 "헛수고"라는 뜻도 있어 사람들이 모순적인 것이 재미있다는 반응도 있다.

꽃양하에 비해 잎면에 털이 없고 입술꽃잎이 반달모양이며 붉은 줄무늬 가 없다.

꽃생강은 내한성이 상하므로 겨울철 특별한 서리방지 조치기 필요하지 않으나

-15℃ 이하로 떨어질 것으로 예상되는 경우에는 흙이나 짚과 같은 재료로 덮어주고 가을에 동결 상태가 되기 전 물을 충분히 주어 촉촉한 토양이 유지되도록 하는 것이 좋으며 온도가 -15℃ 이하로 떨어지면 봄철에 새싹이 감소하거나 나오지 않을 수도 있다.

여름철에는 38℃ 이하로 유지해야 하며 온도가 43℃를 초과하면 식물의 잎색이 연해지고 말리기 쉬우며 햇볕에 타기 쉽고 심한 경우 식물 전체가 시들고 건조해질 수 있다.

햇볕에 타거나 말라버린 부분은 잘라내야 하며 한낮과 오후의 햇볕을 피할 수 있는 그늘이 있는 곳으로 식물을 옮기거나 그늘 천을 사용하여 그늘을 만들어 주고 아침과 저녁에 물을 주어 흙이 촉촉하게 유지되도록 한다.

고운식물원에 들어서면 아름답고 고운 진한 꽃생강 향기가 관람객들을 맞이하고 있다.

꽃 향기가 진한 **꽃생강**

세계 4대 가로수 마로니에

마로니에는 발칸반도가 원산지이며 무환자나무과에 속하는 낙엽교목으로 가로수나 조경수 등으로 광범위하게 쓰인다.

마로니에(marronnier)는 어원적으로 "밤"을 뜻하는 프랑스어 마론과 관련되어 있으며 프랑스에서는 이 나무를 인도밤나무라 부른다.

잎은 마주나며 5~7개의 잎들이 잔가지 끝에 모여 손바닥 모양을 이룬다.

꽃은 봄에 하얀색 원추꽃차례로 피고 1~5개의 열매가 맺히는데 열매는 녹색의 뾰족한 가시가 있는 껍질로 덮여 있으며 껍질을 벗기면 마치 밤과 같은 고동색의 열매가 나오는데 열매는 약간의 독성이 있어 주워 먹으면 안 된다.

마로니에는 같은 칠엽수 속에 속하는 칠엽수를 혼돈한 경우가 있는데 열매에 가시가 있으면 마로니에(가시칠엽수) 가시가 없으면 일본 특산종인 칠엽수이다.

마로니에를 나도밤나무 혹은 너도밤나무라고 하기도 하는데 이 나무들은 마로니에 나무와 전혀 다르다는 것이다.

겨울철에 잎이 떨어지는 넓은잎 큰 키나무로 손바닥을 펼쳐 놓은 것처럼 일곱 개의 잎이 달리므로 칠엽수(七葉樹)란 이름이 생겼으며, 파리 북부의 몽마르트르 언덕과 센강의 북쪽 강가를 따라 북서쪽으로 뻗어있는 "낙원의 들판"이라는 뜻의 샹젤리제 거리의 마로니에 가로수는 파리의 명물이다.

우리나라에 마로니에가 들어온 것은 20세기 초 네덜란드 공사가 1931년 고종에게 선물한 것을 덕수궁 뒤편에 심은 것이 처음이며 지금은 100년이 넘어 아름드리

거목으로 자랐다. 이것이 한국 1호 마로니에 나무이며 1975년 서울대가 관악구로 옮기면서 동숭동 옛 서울대 문리대 캠퍼스에 마로니에 공원이 만들어졌고 동숭동의 일대는 문화예술의 거리가 되었다고 한다.

우리 고운식물원에도 주차장에서 왼쪽으로 조금 올라오다 보면 35년이 된 일본 칠엽수 나무가 있으며 미국 동남부지역이 원산지인 붉은 칠엽수 등이 식물원 곳곳에 많이 심어져 있다.

마로니에는 가로수, 정원수 또는 관상수로 주로 심으며 밤과 비슷한 열매는 타닌성분이 많아 함부로 먹으면 심한 복통을 일으키기도 한다.

최근 한방에서는 혈기를 왕성하게 하는 강장(強壯), 염증을 없애주는 소염작용, 열증을 없애주는 청열(淸熱), 동맥경화증 등의 치료와 예방약으로 쓰이기도 하며 유럽에서는 예로부터 치질, 자궁출혈 등의 치료약으로 사용해 왔다고 하며, 또한 도토리묵과 비슷하게 열매를 갈아 물에 타닌독성을 우려서 없앤 뒤 식재료로 사용한다고 한다.

마로니에는 플라타너스, 은행나무, 튤립나무와 함께 세계 4대 가로수로 알려져 있으며 꽃말은 천분(天分, 타고난 직분) 또는 천재(天才, 타고난 재능)이다.

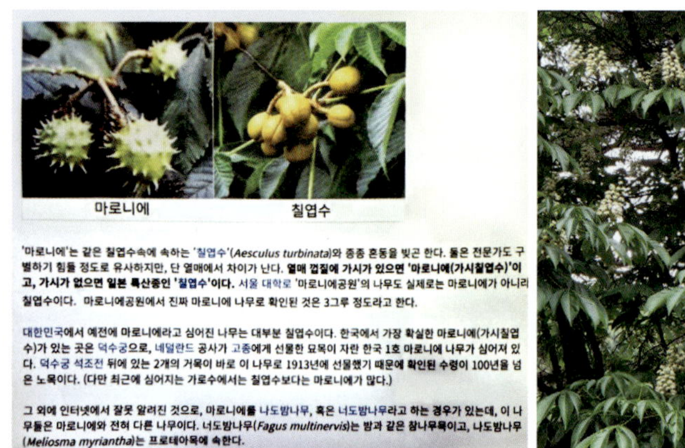

'마로니에'는 같은 칠엽수속에 속하는 '칠엽수'(*Aesculus turbinata*)와 종종 혼동을 빚곤 한다. 둘은 전문가도 구별하기 힘들 정도로 유사하지만, 단 열매에서 차이가 난다. **열매 껍질에 가시가 있으면 '마로니에(가시칠엽수)'이고, 가시가 없으면 일본 특산종인 '칠엽수'이다.** 서울 대학로 '마로니에공원'의 나무도 실제로는 마로니에가 아니라 칠엽수이다. 마로니에공원에서 진짜 마로니에 나무로 확인된 것은 3그루 정도라고 한다.

대한민국에서 예전에 마로니에라고 심어진 나무는 대부분 칠엽수이다. 한국에서 가장 확실한 마로니에(가시칠엽수)가 있는 곳은 덕수궁으로, 네덜란드 공사가 고종에게 선물한 묘목이 자란 한국 1호 마로니에 나무가 심어져 있다. 덕수궁 석조전 뒤에 있는 2개의 거목이 바로 이 나무로 1913년에 선물했기 때문에 확인된 수령이 100년을 넘은 노목이다. (다만 최근에 심어지는 가로수에서는 칠엽수보다는 마로니에가 많다.)

그 외에 인터넷에서 잘못 알려진 것으로, 마로니에를 나도밤나무, 혹은 너도밤나무라고 하는 경우가 있는데, 이 나무들은 마로니에와 전혀 다른 나무이다. 너도밤나무(*Fagus multinervis*)는 밤과 같은 참나무목이고, 나도밤나무(*Meliosma myriantha*)는 프로테아목에 속한다.

백일홍과 배롱나무꽃

백일홍은 국화과의 한해살이풀로 멕시코가 원산지이며 높이는 60~90cm이고 잎은 마주나며 털이 있고 7~9월에 여러 가지 빛깔의 꽃이 피며 오래간다.

배롱나무는 부처과의 낙엽소교목으로 중국이 원산지이며 잎은 마주나고 긴 타원형으로 윤이 난다. 이 역시 7~9월에 붉은색 또는 흰색 따위의 꽃이 가지 끝에 핀다.

역사문화적으로 한국을 포함한 동아시아 삼국에서도 이 꽃이 100일을 간다고 하여 백일홍이라 불렀으나 현재는 배롱나무라 부른다.

필자도 어릴 적 배롱나무를 백일홍이라 들은 바 있어 조금 헷갈렸던 바도 있다.

중국에서는 자미(紫微)라 부르며 일본에서는 줄기가 매끄러워 원숭이도 미끄러진다 하여 사루스베리라고 부른다고 한다.

배롱나무는 상록활엽수로 높이 5m까지 크며 나무껍질은 옅은 갈색이나 껍질이 얇게 벗겨져서 얼룩이 생기고 매끄럽게 느껴진다.

백일홍과 배롱나무꽃은 모양도 다르고 일 년생 초와 다년생 나무라는 근본적인 차이가 있다.

백일홍은 한번 피운 꽃을 오랫동안 유지하지만 배롱나무 꽃은 가지에서 새로운 꽃을 반복해서 피워내며 줄기가 꾸불꾸불 자란다.

공통점이 있다면 100일 동안 꽃을 피워 이름이 붙여진 것이다.

배롱나무 줄기를 만지면 나무가 간지럼을 타는 듯 흔들린다고 해서 간지럼나무 혹은 긴질 밥 나무라는 별칭이 있고 수피가 상처 딱지 떨이지듯 하는데 그 속의 새

수피가 부드러워 자꾸 만져보고 싶을 정도라 해서 "희롱나무"라는 별칭도 있다.

무궁화, 자귀나무와 함께 우리나라 여름을 대표하는 3대 꽃나무라 하며 백일홍 꽃은 원래 잡초였으나 개량하여 현재의 모습이 되었으며, 꽃말은 빨강꽃은 "인연" 주황색은 "헌신" 흰색은 "순결" 노랑은 "사랑하는 사람을 잊지 않겠다는 마음"이며, 배롱나무의 꽃말은 "부귀, 떠나간 벗을 그리워함" 흰배롱나무의 꽃말은 "수다스러움, 꿈, 행복"이며 과거에는 선비들이나 유학자 그리고 스님들이 서원이나 향교, 고택, 절 주변에 많이 심었으며 최근에는 정원, 아파트 단지 내에 관상용으로 많이 심는다.

국내에서 가장 오래된 배롱나무는 부산 양정 정문도의 묘소 앞에 있는 나무로 천연기념물 제168호로 지정되어 있다.

최근 기후 온난화로 인해 서울, 중부지방 등 많은 곳에서 가로수로 심지만 영하 15℃ 이하 내려가면 고사하기 때문에 월동대책을 챙겨야 한다.

위에서 이야기 한 바와 같이 백일홍과 배롱나무꽃은 구분되며 많은 사람들이 헷갈리지 않기를 바라면서 올바른 이해를 바란다.

백일홍

배롱나무

종 모양의 아름다운 초롱꽃

우리나라에만 자생하며 쌍떡잎식물로 초롱꽃과의 여러해살이풀로 한국이 원산지이며 일본과 동부 시베리아에도 분포한다.

꽃이 종 모양으로 아름다우며 햇빛이 잘 드는 들이나 낮은 산에서 자라고 키는 30~100cm 정도이며 줄기는 곧게 서고 전체에 거친 털이 있다.

뿌리에서 나는 잎은 잎자루가 길며 심장꼴 달걀모양이고 줄기에서 나는 잎은 잎자루가 아주 짧거나 없으며 잎은 어긋나고 가장자리에 불규칙하고 둔한 톱니가 있다. 6~8월에 꽃이 피며 꽃이 종 모양으로 고개를 숙이고 있어 이름이 초롱꽃이다.

흰색, 연한 자주색 꽃이 피는데 꽃의 길이는 4~8cm이고 꽃받침은 5개이며 사이에 뒤로 젖혀지는 부속체가 있으며 꽃말은 "감사, 성실, 은혜"이다. 열매는 삭과(익으면 과피가 말라 쪼개지면서 씨를 퍼트리는 여러 개의 씨방으로 된 열매)로 9월에 익는다.

초롱꽃과 비슷한 풀로 금강초롱꽃, 섬초롱꽃이 있는데 섬초롱꽃은 울릉도 해변의 바위틈에서 자생하는 여러해살이풀로 흰색 바탕에 짙은 반점이 있으면 흰섬초롱꽃, 꽃이 짙은 자주색이면 자주섬초롱꽃이라 한다.

꽃은 8월에 초롱모양의 꽃이 피며 꽃말은 "충실, 정의, 자태"이다.

한반도 식물을 연구하던 일본의 식물학자 나카이 다케노신이 지은 것인데 일제강점기 조선 총독부의 조선 공사를 지낸 하나부사 요시모토를 기리기 위해 그의 이름을 따서 학명을 붙였기 때문에 학명의 선취권(先取權)으로 바꿀 수가 없어 일본의 존재가 남아 있다는 뜻에서 슬픈 사연을 가진 꽃이라고 한다.

북한에서는 금강산 묘길상 부근의 군락을 천연기념물로 지정해 보호 관리하고 있다고 한다.

8~9월에 연한 자주색 또는 흰꽃으로 피며 꽃말은 "감사, 성실, 은혜"이다.

초롱꽃은 양지식물로 빛을 많이 필요로 하며 배수가 잘되는 사질토나 점질 토양에서 자라며 더위, 건조, 추위에 강하고 척박한 땅에서도 잘 자란다. 이른 봄에 여린 순을 나물로 이용하기도 하고 관상용으로 정원에 또는 화분에 많이 심으며 뿌리, 잎, 줄기, 꽃을 약용 또는 식용으로 이용하는데 뿌리는 마치 더덕이나 도라지처럼 생겼으며 쓴맛이 전혀 없고 식감도 좋다.

우리 청양 고운식물원에 초롱꽃, 섬초롱꽃, 금강초롱꽃 등이 많이 있어 전기가 안 들어오던 시절 초롱불이 밤을 밝혀주던 추억이 있듯이 초롱꽃의 아름답고 정겨움이 우리 식물원을 밝혀주고 있다.

맥문동 꽃 축제를 다녀와서

2024년 맥문동 보랏빛 멜로디라는 주제로 충남 서천군 장항읍 송림산림욕장 일원에서 오늘부터(8월 23일) 5일간 개최되는 제2회 장항 맥문동 축제에 고운식물원 이주호 회장님과 함께 다녀왔다.

08:40분에 식물원을 출발하여 이 회장께서 서천군청에 들려 김기웅 군수를 만나 뵙고 서천군청에서 20여 분 소요되는 곳에 축제장을 둘러보았다.

먼저 무더운 날씨 속에서도 축제를 준비한 추진위원 여러분과 서천군청 및 농업기술센터 관계자 그리고 참여하는 서천군 각급기관과 단체, 생산자단체 등 군민들께 수고 많으셨다는 인사를 드린다.

"겸손, 인내, 번영, 기쁨의 연속"이라는 꽃말을 가진 맥문동은 사실 1993년 9월 6일 청양, 부여, 밀양이 주산지로 지정되었듯이 우리 군 특산물이며 효자작목으로 좋은 축제 소재인데도 서천군이 선점했다는 느낌이 들었다.

그동안 많은 주장을 해왔던 필자로서는 좀 아쉬운 생각도 들었다.

송림산림욕장내 약 3.3ha에 심어진 맥문동은 현재 꽃대가 올라와 시원한 소나무 그늘 아래 보랏빛 물결이 넘실거리는 자태로 아름다움을 자아내며 관람객을 유혹하고 있다.

맥문동을 대형화분에 심어 이동경로 길 따라 중간중간 포토존을 해 놓으면 좋겠다는 생각도 들었다.

더욱이 바닷가에서 불어오는 시원한 바람과 함께 소나무의 그늘 아래 펼치지는 보랏빛 아름다움은 몸과 마음의 치유 현장이었고 약 20ha쯤 되어 보이는 넓은 축제장은 주 무대를 비롯하여 농특산물 판매부스, 농촌체험부스, 홍보부스, 먹거리부스 등 잘 배치되어 있었으며 중간중간 컨테이너로 설치된 맥문동 쉼터는 이색적이었다.

축제장 곳곳을 돌아보고 서천군 생활개선회에서 운영하는 식당에서 점심을 먹었는데 갈비탕과 덤으로 준 돼지수육이 일품이었다.

행사장 곳곳에 맥문동 화분을 놓고 맥문동 품종과 가공품 그리고 약효 등 다양한 스토리를 전시해 놓은 대형 메인부스가 있었으면 좋겠구나 하는 생각도 해 보았다.

이제 우리 청양군에도 곧 고추 구기자 문화축제가 지천 백세공원에 열릴 예정이다.

축제장을 용배에서 넉배까지 넓혀 좀 더 다양한 프로그램을 운영하고 냇가 지천변 전체를 조금 높게 성토하든가 아니면 둑 주변을 조금 높게 성토하고 냇가 둑 주변에 캐키버들, 무궁화나무, 배롱나무 등 여름에 꽃 피우는 나무를 심어 아름다운 경관 조성과 함께 비가 와도 백세건강공원이 범람하지 않도록 하면서 보랏빛 꽃을 볼 수 있는 맥문동을 주변에 많이 심는가 하면 분화재배로 축제장 주변에 전시하면 좋겠다는 생각을 해 보았다.

필자가 재직시절 제안하여 2000년도 제1회로 출발한 청양 고추축제는 고정관념의 탓인지 그냥 동네잔치 형태를 면하지 못하는 것 같아 아쉬운 생각이 들기도 하지만 축제추진위의 더 큰 생각과 뜻을 모으면 세계적인 축제로 발전할 수 있다는 생각도 해 본다.

일예로 청양고추 구기자 축제시 꽃피는 시가가 같은 맥문동과 연계시키고 청양의 자랑인 고운식물원과 연계해 발전방안을 연구한다면 좀 더 발전할 수 있을지도 모른다.

얼음이 녹으면 물이 된다고 하지만 봄이 온다는 사실도 생각해 보면 어떨까!

제2회 장항
맥문동 꽃 축제
맥문동 쉼터
기록관
맥문동
쉼터

추억이 서려 있는 미루나무

미루나무는 북아메리카가 원산지이며 버드나무과에 속하는 낙엽활엽 교목으로 높이 30m 지름 1m까지 자라며 미국에서 들어온 나무로 미국 버드나무라는 뜻의 미류(美柳) 나무라 부르기도 했지만 현재는 미루나무라 하는데 국립국어원에서 1988년 미루나무는 이중모음 "ㅠ"의 발음이 어려워 상대적으로 발음하기 편한 단모음 "ㅜ"로 바꾸어 부르게 된 것이다.

초봄에 녹색을 띠는 작은 꽃들이 모여 긴 꼬리 모양으로 무리 지어 핀다.

꽃은 암수가 각각 딴 그루에 달리는데 우리나라에는 수나무뿐이다. 수꽃은 길이 7~10cm 되는 꼬리화서에 달리며, 40~60개의 수술이 컵 같은 화피 안에 달린다. 암꽃화수는 길이 15~20cm이고 열매는 삭과이며 서너 개로 갈라져서 많은 종자가 나온다. 꽃은 3월말부터 4월에 걸쳐 피고 열매는 5월에 성숙하며, 흐린 회갈색을 띠는 두꺼운 나무껍질에는 긴 능선이 파여 있다.

미루나무의 목재는 흰색이나 옅은 갈색을 띠며 부드럽고 약하다.

젓가락, 성냥개비, 도시락곽, 상자, 가구, 펄프재, 포장용 톱밥 따위를 만드는데 이용하기도 했다

꽃말은 "용기, 희망, 높은 목표. 성장, 극복"이며 1976년 8월 18일 판문점에서 미루나무 가지치기를 하던 미군장교 2명을 북한군이 살해하여 세계 이목이 집중되었던 판문점 도끼 만행사건에 등장한 나무가 미루나무이며, "미루나무 꼭대기에 조각구름이 걸려 있네." 하는 박목월 선생의 동요에 등장하는 나무도 미루나무다.

필자가 어릴 적 신작로변에 심었던 가로수길, 논두렁에 많이 심었으며 여름철에는 그늘이 되어주고 매미가 붙어 울어 대던 나무, 식목일날이면 논두렁에 심었던 나무, 어른들이 논두렁에 크게 자란 미루나무를 베어 목상에게 팔아먹던 일, 친구들과 돌팔매질해서 미루나무 키를 넘기던 일 또한 미루나무 벤 곳에서 나오는 버섯(느타리버섯)을 따다 먹던 일 등 많은 추억이 있는 나무다

이렇게 추억이 서려있고 흔하게 볼 수 있었던 미루나무가 어느덧 사라져 보기 드문 이유를 생각해 보면 젓가락, 성냥개비, 나무상자, 가구 등으로 많이 쓰이던 목재수요가 플라스틱 제품에 밀려 경제성이 떨어지고 새마을사업 당시 지붕개량 목재로 미루나무를 많이 사용하였으며 시야를 방해한다는 이유로 가로수를 다른 나무로 대체하였고 목질이 약하고 뿌리가 얕아서 태풍이나 강풍에 쉽게 쓰러지고 하천과 호수의 수질악화로 미루나무가 자랄 수 있는 환경이 줄어들었으며, 논경지 정리 및 시멘트 포장 등으로 사라지는 등 많은 이유로 요즈음 주변에서 보기 드물다.

우리 식물원에서는 미루나무가 높게 자라 바람에 자태를 뽐내고 있으며 또 포플러나무와 미루나무를 교잡해 육종한 이태리포플러도 여러 곳에 있다. 이태리포플러는 한때 우리나라에서 식목을 장려했던 수종이기도 하다.

나무는 정말 소중하여 우리 인간과 생사고락을 같이 하는 식물이다.

인간에게 산소가 부족하면 혈액순환에 장애가 일어나게 된다.

나무와는 반대로 인간은 폐의 활동으로 나무가 만들어준 산소를 흡수하고 탄산가스를 배출하여 생명을 유지해 가고 있다.

만약에 5분간만 산소 공급이 중단되면 인간은 죽음에 이른다.

따라서 산소를 필요로 한 지구의 생명체에 나무의 중요성은 두말할 필요가 없다.

아마도 인류는 나무라는 존재에 감사하지 않으면 안 될 것이다.

왜냐하면 나무는 이산화탄소를 흡수하여 이를 산소로 바꾸어 배출해 주는 기능을 끊임없이 반복해 주기 때문이다.

우리나라에서 가장 오래되고 큰 미루나무는 구 서울대학교 농과대학 구내에 자라고 있다고 하며 역사 속의 미루나무는 1923년 서대문형무소 건립당시 사형장으로 가는 길에 심어져 사형장으로 가는 독립지사들이 독립을 보시 못하고 생을 마

감함을 미루나무 앞에서 애통함을 토해냈다고 하며, 미국 유타주의 피쉬레이크 국립공원의 거대한 미루나무는 8만년~1백만 년으로 가장 오래된 연령을 자랑하고 있다고 한다.

필자가 청양군 농업기술센터 소장으로 재직시절 당시 이석화 군수는 미루나무에 대한 추억과 동경을 되살려 관광상품으로 지천변 하천 둑방에 미루나무를 심었는데(2016년) 현재 보면 아주 멋진 가로수 길이 되었으며 청양의 자랑거리가 되고 있다.

식물들의 꽃 이야기

전국적으로 많은 곳에서 지역 특성에 따라 다양한 꽃 축제를 개최하는데 개화 시기를 맞추기가 쉽지 않다.

더욱이 최근 한반도의 기후변동 폭이 커짐에 따라 불규칙한 꽃 개화 시기는 축제에 많은 어려움을 겪는다.

국립산림과학원에 따르면 1999년 이후 봄꽃 개화 시기가 빨라졌다고 하는데 모두 기후변화(온난화) 영향이 큰 것 같다.

꽃은 어떻게 계절이 바뀌었음을 알고 기온의 상승과 개화 시기는 어떤 관계가 있을까?

식물이 계절을 알아내는 방법은 1920년 미국 농무소 연구원들에 의해 밝혀졌다고 하는데 연구원들은 단일식물, 장일식물, 중성식물로 나누어 실험을 통해 식물의 꽃 피는 시기는 낮의 길이뿐만 아니라 온도에 영향을 받는데 일반적으로 기온이 높으면 일찍 꽃이 피지만 국화의 경우는 온도가 높을 때 꽃을 더 늦게 피운다.

식물은 주기적 리듬을 담당하는 생체시계와 빛을 감지하는 단백질로 낮의 길이를 알 수 있으며 생체시계와 빛의 정보가 잎세포에 있는 유전자에 전해지면 개화 호르몬인 플리로겐이 만들어지는데 이 플리로겐은 세포 사이를 연결하는 구멍을 지나 잎맥으로 들어가 체관을 지나 줄기 끝으로 운반되며 줄기 끝 세포에 도달한 플리로겐은 세포핵 안으로 운반되고 핵산에서 꽃의 싹을 만드는 유전자를 작동시켜 단백질과 결합해 꽃을 만들기 위한 유선사에 신호가 전달되어 꽃의 싹을 생기게 한다.

기상청이 발표한 자료에 따르면 최근 30년간 한국의 평균기온은 12.8℃로 과거 평년값(12.5℃)과 비교하면 0.3℃ 상승했다고 한다.(기후 평년값 1991년~2020)

기온상승과 함께 계절의 길이도 달라졌는데 봄과 여름의 시작 시기는 각각 6일과 3일 빨라지고 겨울의 시작은 하루 늦어지고 7일 줄었다고 한다. 따라서 기온상승과 함께 빨라진 봄의 시작으로 식물의 플리로겐이 예년보다 빠른 시기에 생성되며 식물의 잎에서 만들어진 플리로겐으로 인해 꽃이 피는데 봄의 대명사인 벚꽃은 이미 지난여름에 꽃의 싹을 만들어 꽃눈에 저장시켜 두었기 때문에 봄에 온도만 맞으면 잎이 하나도 나지 않은 상태에서도 꽃을 피운다고 한다.

또한 식물이 꽃을 안 피는 이유는 꽃을 피우기 위해서는 아직 충분히 성숙하지 않은 경우인데 어린 다년생식물은 2~3년이 지나야 하고 손수건나무는 10살이 되어야 꽃을 피운다고 하며, 해를 좋아하는 식물이 그늘에 있기 때문인데 이럴 경우 꽃이 피더라도 양이 줄어들며 원추리 같이 반그늘이나 그늘에서는 꽃이 피지 않는다.

생식과처럼 심은 첫해에 영양생장만 하는 식물이 있는데 이런 식물들은 겨울철을 보내면서 일정기간 얼기도 해 봐야만 비로소 꽃을 피운다.

유럽이 원산지이며 "붙임성, 화려"라는 꽃말을 가진 디기탈리스라는 꽃은 혹독하게 춘화현상(저온을 거쳐야만 꽃을 피우는 것)을 겪은 다음에야 멋진 꽃을 피우는데 겨울 날씨가 온화하면 꽃이 피지 않을 수도 있다고 하며 작약류와 같이 새로운 곳으로 옮겨 심으면 꽃이 피지 않을 수 있는데 새로운 환경에 적응하는 시간이 필요한 것 같다.

이밖에 질병감염이나 해충으로 인해 꽃이 안 피는 경우도 있고 온도, 조도, 습도가 맞지 않은 경우와 물이 부족하거나 영양분이 부족할 때, 통기가 부족할 때 꽃을 피우지 않는 경우 등이 있다.

기후 온난화 등 기상 여건에 따른 꽃의 개화 시기 식물이 꽃을 안 피는 이유 등 종합적인 고려와 판단이 꽃의 개화 시기를 따라갈 수 있을 것이다.

"불성실, 화려"라는 꽃말을 가진 **디기탈리스**

파리풀과 구문초이야기

우리 식물원에 가끔 오시는 분인데 식물원에 파리 모기가 없는 것은 아마도 파리풀이라는 식물과 구문초라는 식물이 있기 때문 아닌가 생각한다며 고운식물원을 자랑하였다.

파리풀은 파리풀과에 속하는 여러해살이풀로 유독식물이며 산이나 들의 나무그늘 아래에서 자라며 한국, 일본, 중국, 히말리아, 동시베리아에 분포하며 우리나라 전역에서 자란다.

뿌리를 찧어 종이나 밥에 발라놓으면 이를 빤 파리가 죽는다 하여 파리풀이라고 부른다.

높이는 70cm 정도이고 7월~9월에 걸쳐 가지 끝에 5mm 정도의 엷은 홍색인 작은 꽃이 이삭모양으로 달린다.

꽃은 처음에는 위로 향하여 있으나 차츰 아래로 처져 열매가 되면 완전히 아래로 향하는데 꽃받침 끝은 까락처럼 갈고리 모양을 하고 있기 때문에 스치는 동물들이나 사람들에게 붙어 멀리까지 이동하며 번식을 한다.

“친절”이라는 꽃말을 가진 파리풀은 뿌리에 염증을 줄여주고 살충과 해독작용이 있어 피부의 종기나 옴, 벌레 물린데 뿌리를 찧어 바르거나 붙이면 좋다고 한다.

구문초(로즈제라늄)는 쥐손이풀과의 여러해살이풀로 이집트가 원산지이며 전세계적으로 많이 재배한다.

키 높이는 60~90cm이고 잎은 부드럽고 짧은 털이 촘촘하게 나 있으며 줄기가 곧게 뻗으며 가지를 치지 않는다. 잎은 손바닥 모양으로 5~7개로 깊게 갈라지고 조각은 다시 갈라지며 가장자리에는 톱니가 있고 잎자루 길이가 4~6cm이다. 봄에서 여름에 걸쳐 꽃이 피고 열매는 새부리처럼 생긴 꼬투리 모양이다.

구문초, 아래향, 벤쿠버 제라늄 등 대체적으로 향기가 강한 식물들이다.

구문초는 제라늄과의 한 종류로 특유의 향을 가지고 있는데 잎의 향을 맡아보면 향기가 굉장히 강하며 게라니올, 시트로넬롤이란 오일성분이 들어있어 모기퇴치에 효과 있다는 것이다.

즉 모기가 싫어하는 향을 가지고 있어 기피하게 하며 꽃은 대체적으로 붉은색 또는 분홍색을 띠기도 한다.

꽃말은 "그대로인 행복"이며 허브식물로 꽃향도 좋고 예쁘다.

파리풀은 화장실 근처에 심고 구문초는 공기정화 식물이면서 잎과 줄기에서 진한 향(장미향과 비슷)이 좋아 아파트 베란다나 현관 등에 놓아두면 문 열 때 기분도 좋아진다.

번식은 삽목으로 줄기를 잘라 물속에 넣어두면 뿌리가 내리며 이때 화분에 심어 번식한다.

파리풀

구문소

내 마음을 흔들고 내 눈을 적시는 꽃 하늘바라기

꽃이 하늘을 향해 핀다 하여 하늘바라기로 이름 붙여진 이 식물은 일명 애기해바라기라 부르기도 한다.

국화과에 속하며 북아메리카가 원산지이고 건조한 초원지대에서 잘 자란다. 우리 식물원 전역에서 볼 수 있는 하늘바라기는 6월~8월에 노란 황색의 꽃을 피우며 삼립국화와 돼지감자꽃과 비슷하고 개화기간이 길다.

잎은 보통 마주나기하고 난상피침형 또는 긴타원형 달걀모양이며, 뒷면은 잎맥을 따라 털이 드문드문 있으며 가장자리에는 끝이 뾰족한 치아모양의 톱니처럼 되어 있다.

꽃잎은 7~15개로 다양하게 피우며 꽃이 시들지 않고 오래가는 장점이 있어 절화용(자른 꽃)으로 많이 사용하기도 하며 꽃꽂이를 해도 오래간다. 뿌리로 월동이 가능해서 마당에 심어두면 번식이 잘 되고 여름이 되면 풍성한 꽃을 볼 수 있으며 꽃말은 "평화"이다.

꽃중의 황후 월계화(月季花)이야기

귀화식물인 월계화는 2천 년의 역사를 가지고 있는 중국이 원산지로 우리나라도 중남부에 많이 분포하고 있다.

중국 베이징시는 시화(市花)로 월계화가 선정되었으며 매년 5월에 세계 월계화대회를 개최한다고도 한다.

꽃은 5월부터 가을까지 계속 피고 산방상으로 달리며 홍색, 백색, 담홍색이고 겹꽃도 있으며 열매는 둥글고 붉게 익는다.

장미과의 상록관목으로 높이는 1~2m이고 가시가 드문드문 있으며 가지는 녹색이고 곧게 선다.

현재 장미품종에 결정적인 역할을 한 품종으로 대부분 겹꽃 월계화의 후손이다.

특히 월계화는 이전의 유럽품종과 달리 서리가 내릴 때까지 새로운 가지가 날 때마다 새로운 가지에서 꽃을 피워대는 특성이 있다.

월계화는 한 그루의 나무에서 달마다 꽃이 피고 계절마다 꽃이 피기에 사계화(四季花)라 불리기도 하며 중국에서는 달마다 꽃이 핀다하여 월월홍(月月紅)이라고도 불린다.

중국 문헌에 월계화는 물이 흐르는 곳이면 곳곳에서 자라며 푸른 줄기와 긴 넝쿨이 붙어 있고 잎은 장미와 비슷하며 줄기에 가시가 나 있다.

18세기 중국의 월계화가 인도를 통해 유럽에 전파되었으며 유럽의 많은 나라에서 월계화를 현지 품종과 교잡시켜 그 종류가 1만 여종에 달한다고 하며 중국의 월계화가 세계 월계화의 원조로 불린다.

중국 라이저우시에서는 5월 월계화 개화기를 맞아 매일 3천 명이 넘는 관광객이 몰리고 있으며 650년의 월계화 재배역사와 함께 350여 개의 대규모 생산단지에서 약 2,000만 그루를 생산 유럽, 미국, 일본 한국 등 여러 국가에 수출하는 등 산업화에 박차를 가하고 있다고 한다.

"꽃의 황후"라 불리며 꽃말은 붉은색은 "사랑" 분홍색은 "첫사랑" 흰색은 "순수, 충성"이라고 하며 화려하고 아름다움을 가지고 있으면서 향기롭고 사랑과 관련된 예쁜 꽃말을 담고 있는 월계화는 우리 식물원에서도 많이 볼 수 있다.

생명력이 강한 질경이

어릴 적 이른 봄 할머님께서 질경이의 여린 순을 따서 나물로 해주실 때 맛있게 먹었던 생각이 난다.

도로 포장하기 전 길가나 들 둑 등에 많이 자라며 사람들이 밟거나 우마차의 바퀴에 짓밟혀도 끈질기게 살아남는 생명력이 강한 식물로 기억되는 질경이가 요즈음 도로포장과 제초제사용 때문인지 어릴 적과 같이 흔치 않은 것 같다.

길이나 길가 또는 빈터, 밭두렁, 천변 마을의 큰 나무 밑에 잘 자라는 질경이는 밟거나 깔려도 잘 자란다는 뜻에서 질경이라 이름 붙여졌다고 하며, 전 세계적으로 분포된 질경이는 약 200여 종이라 하고 우리나라에 분포된 질경이는 참질경이, 창질경이, 왕질경이, 털질경이, 개질경이 등 10종에 이른다고 한다.

필자는 지난 7월 질경이의 종을 수집하기 위해 군내를 비롯하여 도내 여러 곳을 다닌 바 있다.

특히 창질경이는 군내에서 보기 힘들어 서산지역을 돌아다니던 중 해미읍성 주변에서 2주를 발견하였으며 지난 7월 15일 이주호 회장님과 태안군 고남면에 갔다 오다 서부 궁리해안가 노변에서 창질경이의 대단위 군락지를 발견하게 되었다.

창질경이는 유럽이 원산지이며 우리나라에 귀화한 여러해살이풀로 줄기의 높이는 30~60cm이고 잎은 뿌리에서 뭉쳐나며 피침모양 또는 긴 타원형이다.

7~8월에 흰 꽃이 수상화서로 피고 열매는 긴 타원형의 삭과로 검게 익으며 우리 질경이보다 좀 날씬하다. "발자취"라는 꽃말을 가진 창질경이는 좁고 긴 모양의

잎과 긴 꽃대에 뾰족한 꽃 모양이 창 모양을 닮았다 하여 창질경이라 하며 길가나 천변에서 흔히 볼 수 있으며 갯가나 염분이 많은 곳에서 잘 자라 염색식물이라고도 한다.

질경이들은 굳은 땅에도 뿌리를 내리는 성질이 있으며 씨앗은 물기가 묻어 있는 신발이나 자동차 바퀴 등에 달라붙어 옮겨 다니며 퍼진다고 한다.

또한 중세기에 쓰인 약초집에는 창질경이의 생잎을 찧어서 상처에 이용한 기록이 있으며 최근 연구에서 규산과 항균작용을 하는 물질이 들어

있음이 확인되어 그 타당성이 입증되었고 지금도 야외에서 상처를 입거나 벌레에 물렸을 때 질경이를 찧어서 상처나 벌레 물린 곳에 바르면 효과가 있다고 한다.

질경이의 효능은 놀라운 피부치유부터 호흡기, 소화기 면역력 강화 효능에 이르기까지 만병통치 약용식물로 알려져 있기도 하다.

옛날 흉년이 들어 먹을 게 없던 시절에 구황식물로 활용되어 서민들에게 영양을 공급해 주었던 질경이(효능이 다양해 약재로도 쓰임)에 대한 관심과 사랑을 가져보자.

질경이 왕질경이 개질경이

털질경이 창질경이 물질경이

공기와 숲 이야기

불과 100여 년 전 조선시대 희대의 사기꾼의 대명사로 봉이 김선달(鳳伊金先達)이 대동강물을 팔아먹었단 말은 실제 말도 안 되는 교훈적 이야기지만 어떻게 물을 팔 수가 있어? 그랬던 것이 현재 물을 팔고 있다는 사실이다.

필자는 2008년 기술보급 과장으로 재직시절 칠갑산 공기를 상품화하자고 제안하면서 칠갑산의 냉천골을 비롯한 99골을 좋은 공기 생산공장으로 명소화하고 맑은 공기 마시기 축제를 개최하자고 제안한 바 있다.

좋은 공기란 병원성 세균이 없고 유해가스 성분이 없으며 미세먼지가 없는 깨끗한 공기로 55% 전후의 적당한 습도와 산림과 실개천에서 공급되는 물 공기의 비타민인 헬스이온(산소음이온)이 풍부한 공기로 좋은 공기는 모든 암세포의 발생을 억제한다고 한다.

청양의 공기는 칠갑산 아흔아홉 골의 깊은 숲과 전체 면적의 67%가 산림이며 칠갑산에서 발원하여 흐르는 크고 작은 하천은 적당한 습도유지와 음이온 발생이 풍부하고 굴뚝산업이 없어 유해가스 발생이 없다.

또한 동쪽으로는 계룡산, 서쪽으로는 오서산, 남쪽으로는 지리산 등 큰 산이 있어 미세먼지 등을 걸러주기 때문이 아닌가 하는 생각도 해본다.

공기를 팔고 사는 일은 어떻게 생각해야 할까?

예전에 물이 흔했듯이 지금 공기도 흔하다. 물은 가둘 수 있고 손에 잡히는 물질형태를 가지고 있지만 공기는 만질 수도 보이지도 않는다.

간접적인 방식이긴 하지만 공기 좋은 곳에 집을 지어 파는 행위도 결국 공기를 팔고 사는 행위 아닌가! 몇 년 전 중국에서 공기 캔, 산소 캔 이런 것들이 처음 나올 때 그때는 미친 사람들이라는 이야기를 많이 했지만 요즈음 없어서 못 판다고 하니 웃을 일 아닌가.

중국발 미세먼지로 국민감정이 악화일로에 있지만 중국의 공기청정기가 한국에서 인기가 많다고 하니 병 주고 약주 는 셈 아닌가.

우리의 자연환경은 자연상태의 공기 구성요소보다 인간이 만들고 자연이 일시적으로 만드는 이산화탄소(CO_2), 먼지, 황사 등과 같은 것들이 더 큰 영향을 미치며 자연상태의 공기 중에서 우리에게 절대적 영향을 미치는 산소이다.

인간과 자연은 더불어 산다.

인간이 산소를 흡수하여 배출하는 이산화탄소를 받아서 식물이 흡수하고 다시 인간이 필요로 하는 산소로 환원시켜주는 상호작용이 잘 이루어져 왔다.

그러나 인구의 폭증과 물질문명의 발달로 인간이 과다하게 사용하는 에너지의 부산물인 이산화탄소가 식물이 감당하여 다시 산소로 변환시킬 양을 초과하였을 뿐만 아니라 이산화탄소를 분해하는 숲은 개발이라는 논리로 없애버리거나 황폐화시켜 이산화탄소를 산소로 만드는 자연공장의 면적이 절대적으로 부족하게 만들었다.

숲의 식물들은 나름대로 해충이나 불필요한 박테리아 세균 등의 접근을 방지하기 위하여 피톤치드와 같은 특수한 화학성분을 만들어 공기 중으로 품어내는데 이 성분들은 인체에도 이로운 것들이 많다.

이러한 점에서 숲 속의 공기는 대부분의 경우 더 많은 산소와 인체에 이로운 효과를 줄 수 있는 좋은 공기를 제공하고 있다는 것이다. 따라서 우리의 숲을 더욱 지키고 가꾸는 일은 무엇보다도 중요하다.

사군자(四君子) 이야기

사군자는 옛 선비들이 좋아하던 식물로 매화, 난초, 국화, 대나무 등 4가지 식물을 일컫는 말로 고결함을 상징하며 매화는 이른 봄에 추위를 무릅쓰고 제일 먼저 꽃을 피우고, 난초는 깊은 산중에서 향기를 멀리까지 퍼트리며, 국화는 추위를 이겨내며 꽃을 피우고, 대나무는 겨울에도 푸른 잎을 유지한다는 특징이 있어 군자(君子) 즉 덕(德)과 학식(學識)을 갖춘 사람의 인품에 비유하여 사군자라 한다.

사군자라 부른 이유는 이 식물들의 아름다움도 있지만 높은 기상과 품격을 지녔기 때문이며 자신의 뜻을 굽히지 않고 지조와 절개를 가장 큰 덕목으로 여기였던 유교사회에서 고난과 역경 속에서도 꿋꿋한 꽃을 피우는 사군자가 선비들의 많은 사랑을 받아왔으며 사군자를 통해 변함없는 신념과 굽히지 않는 마음을 나타내고자 하고 탈속한 경지를 추구했기에 시조와 그림에서 자주 등장하였으며, 대만 지폐 100위안 지폐에는 매화, 200위안에는 난초, 500위안에는 대나무, 1,000위안에는 국화가 들어있다는 것이다.

매화의 운치, 난초의 향기, 국화의 윤택한 기운, 대나무의 청아함이 많은 선비들에게 영향을 미쳐 더욱 사군자를 아끼고 사랑하였다고 한다.

매화는 언 땅 위에 고운 꽃을 피워 맑은 향기를 뿜어내는 꽃으로 고고한 자태는 선비의 곧은 지조와 절개를 비유하기도 하며 대만의 국화이다.

동양란은 상당히 은은한 향기가 나며 옛날 공자는 난의 향기를 왕자의 향이라 하였다고 하며 깊은 산중에서 홀로 피어 고아한 자태로 은은한 향기를 내뿜고 있어 지조 있고 절개 있는 선비에 비유하기도 한다.

국화는 다섯 가지 미(美)가 있으니 동그란 꽃송이가 높다랗게 달려 있음은 천국의 모양 한 것이요 순수한 황색은 땅의 빛깔이며 일찍 심어 늦게 핌은 군자의 덕이요 서리를 이겨 뚫고 꽃을 피움은 경직한 기상이며 술잔에 동동 떠 있음은 신선의 음식이라 하여 은둔하는 선비의 이미지에 가장 잘 부합하는 것으로 이해되었다고 한다.

대나무는 사시사철 푸르고 곧게 자라는 성질로 인하여 지조와 절개의 상징으로 인식되었다고 한다.

이와 같이 약한 식물이지만 만물의 영장이라는 사람에게도 많은 가르침을 준다.

매화 난초

국화 대나무

구황식물이었던 피

어릴 적 논에서 피이삭이 달린 줄기를 뽑아서 이삭 끝 부분만 조금 남기고 모두 제거한 후 개구리 앞에 흔들면 개구리가 벌레로 착각하고 날름 삼키는데 이때 그대로 낚아 올려 개구리를 잡던 생각이 난다.

지금 생각해 보면 개구리 낚싯대이다.

아시아가 원산지이며 곡류의 일종이었던 피 일명 피쌀은 조선시대를 지나 먹을 것이 다양하고 풍부해진 지금은 잡초가 되어버렸다.

일제강점기는 물론 광복 이후 60년대까지만 해도 널리 재배했지만 정부의 벼 재배 권장과 함께 식량 작물에서 사라졌으며 오곡에 기장, 쌀, 보리, 콩, 피가 들어가 있었는데 피가 빠지고 조가 들어갔다. 옛날 먹을 것이 없었던 시절 흉년이 들면 강아지풀과 함께 구황작물 역할을 한 역사가 있다.

피는 어디서나 잘 자라지만 주로 사는 곳을 보면 논에 주로 사는 물피, 강피와 밭에 주로 사는 돌피, 습지에 잘 자라는 쇠돌피, 바닷가 습지의 양지에 자라는 갯쇠돌피가 있다고 알려져 있다.

벼와 피는 모두 화본과라 생리적으로 유사하며 벼 논에는 피를 그냥 놔두면 벼가 먹어야 할 영양분을 광합성작용과 효율성이 더 뛰어난 피가 다 빨아먹는다.

또한 벼가 다 자라기도 전에 논에 온통 씨앗을 뿌리고 죽어버리기 때문에 그냥 놔두면 그해 농사를 망친다는 것이고 피가 너무 많으면 벼 벨 때 콤바인을 못 쓰기도 하기 때문에 그래서 미리 피를 뽑아낸다.(피살이)

옛말에 비실비실 힘이 없는 사람을 보고 피죽도 못 먹은 사람 같다고 한 말이 있듯이 피도 없어서 못 먹을 정도였다.

피에는 비타민 B_1, 단백질, 지방질이 많이 함유되어 있으며 죽, 떡과 엿, 술 등으로 만들어 먹었으며 장기간 저장하여도 변하지 않는다.

피로 밥을 지어먹으면 강피밥(보리로만 밥을 지어먹으면 깡보리밥)이라 했으며 조와 비슷하다.

한편 농촌진흥청에서는 경북대학교와 공동으로 식용 피를 개발했는데(2014년 소담직, 2016년 보라직) 당뇨 억제와 염증 완화 등 기능성 잡곡으로 알려져 있으며 잡초 피와 비슷하면서도 낟알이 크면서 쉽게 떨어지지 않는다.

고려사병지(고려시대 군사제도에 관한 책)에는 말들의 사료로 기록되어 있는 피, 빈민들의 식품 재료 이외에도 사료로 이용되어 왔음을 알 수 있다.

지금은 하찮은 잡초가 되어버린 피가 한때는 배고픔을 달래주었던 구황식물이었다는 것을 알았으면 좋겠다는 생각을 해본다.

피

기후 재난(재앙)을 대비하자

지난 8월 30일부터 9월 1일까지 지천 백세건강공원에서 개최된 2024 청양 고추·구기사 문화축제 시 "기후위기 대응 식물과 환경사랑"이란 주제로 전시장을 운영하면서 식물과 환경에 대한 중요성을 역설한 바 있다.

미국 국립기상청에 따르면 지난 8월에 캘리포니아주 래슨 화산 국립공원을 지나는 89번 고속도로에 약 7.6cm의 눈이 내려 폐쇄했다고 하며 호주의 기상청에 따르면 6월부터 8월까지 겨울이지만 올해 8월이 가장 따뜻한 평균기온이 평년대비 3.03도 높았다고 전해오며 이웃 일본은 지난 8월 10호 태풍"산산"이 상륙해 6명이 사망하고 127명이 부상을 당했다는 일본기상청의 발표다.

베트남에서는 태풍 "야기"로 인해 4명이 사망하고 78명이 부상을 입는가 하면 수도 하노이에서는 나무 1,000여 그루가 뽑히고 전봇대가 쓰러져 대중교통 운행이 중단되었고 꽝닌성과 타이빈성 등에서는 대규모 정전이 발생했다는 소식이다.

우리나라에는 폭염이 8월 내내 지속되는가 하면 어제저녁(9월 13일) 밤에도 에어컨을 틀지 않으면 잠자기가 어려울 정도로 폭염이 이어지고 있다.

요즈음 뜨는 관광지 몽골은 실제로 기후위기 최전방이라고 하며 지난 80년간 세계 평균보다 기온이 2배 오르고 77%의 사막화로 땅이 말라붙어 갈수록 잦아지는 모래폭풍은 한국의 황사 미세먼지로 이어지고 있다는 등 세계 곳곳에서 기후재난(재앙)의 소리가 계속 들려온다.

온실가스 배출로 인한 기온상승은 이제 기후가 변화하는 수준을 넘어 위기상항에 놓이게 되었고 안토니우 구테흐스 유엔사무총장은 "끓는 지구의 시대가 시작되었다"라고 말하기도 했다. 기후위기는 홍수, 폭염, 태풍 등과 같은 재난형태로 나타나 많은 지역에 큰 피해를 끼치고 있는데 이처럼 자연재난이 기후위기로 인해 통제와 예측이 불가능할 정도로 아주 강하게 나타나 우리의 삶을 위협하는 상황을 기후 재난(재앙)이라 부른다.

태국, 필리핀은 최고기온이 40℃가 넘는 것이 일상이 되어버렸고, 인도는 50℃가 넘는 폭염으로, 스리랑카에서는 홍수로, 호주, 미국, 캐나다에서는 대규모 산불로 많은 피해를 받고 있다는 것이고 세계 기상기구(WMO)는 전 세계적으로 적극적인 온실가스 감축 노력을 강화해야 한다고 경고하고 있다.

따라서 신속한 에너지 전환을 통한 온실가스 감축이 절대적 필요하다.

기후 재난(재앙) 시대는 이미 우리 앞에 다가와 지구라는 공간에 더 이상 피할 수 없는 상황이다.

대응을 위한 전 세계적인 더 큰 노력과 관심 그리고 실천만이 최악의 상황에 대처하고 인류의 안전을 지킬 수 있을 것이다.

〈2024. 9. 14.〉

자연과 식물의 좋은 글, 좋은 말

○ 식물들은 기억, 저장, 상황판단을 하는데 뇌가 없는 대신에 세포 하 나 하나가 뇌 기능을 하고 있다.(식물생태학의 제임스 케어힐 박사)

○ 4계절 향기로운 꽃의 미소가 머금고

○ 숲속 자연의 품에서 몸과 마음을 재충전

○ 숲은 반듯한 인품을 길러준다.

○ 꽃이 웃으니 나도 웃는다. 예쁜 꽃을 보니 내 마음도 예뻐지며 예쁜 마음으로 세상을 바라보니 세상이 마냥 아름답고 예쁘게 보인다.

○ 사람은 자연에서 살다 자연으로 돌아간다.

○ 천혜의 자연과 다양한 즐거움이 가득한 곳

○ 산림 르네상스 시대(숲으로 잘 사는 시대)

-르네상스: 이탈리아에서 유래된 말로 다시 태어나는 부활을 의미함.

○ 푸르고 건강한 지구환경 보전

○ 숲은 생명이 숨 쉬는 삶의 터전

○ 맑은 공기와 깨끗한 물과 기름진 흙은 숲에서 얻어진다.

○ 온 생명의 활력도 건강하고 다양한 아름다운 숲에서 비롯된다.

○ 꽃향기와 함께 숲이 주는 자연의 소리(새소리, 물소리, 바람소리)

○ 몸과 마음이 치유되는 곳, 인간과 자연이 함께 하는 곳

○ 해발 265m의 전망대에서 230m를 타고 내려오는 롤러슬라이드 (스트레스를

날린다)

○ 숲속에서 풍성한 피톤치드와 햇빛, 바람, 아름다운 경치를 즐길 수 있는 여행

○ 산속의 생명과 교감을 이루는 힐링과 사색의 휴식 공간

○ 숲속의 냄새 : 흙냄새, 나무냄새, 낙엽냄새, 꽃냄새
뭔가 가득 채워주는 그 냄새 등 향수보다 좋다.

○ 지구는 천체 중에서 인간이 생존할 수 있는 유일한 곳이다.

○ 자연이 만들어 낸 천상의 화원(天上의 花園)

○ 자연이 꽃으로 수놓은 경관을 눈과 마음에 담아보길 바란다.

○ 새싹, 잎과 줄기, 꽃망울, 형형색색의 열매를 보면 활기를 얻는다.

○ 인간이 건강하지 못한 근본 이유는 자연 결핍에 있다.

식물과 자연 그리고 꽃의 명언

○ 식물은 재배함으로써 자라고 인간은 교육함으로써 사람이 된다.

○ 식물은 옆집 아기처럼 키워야 한다.

○ 내일 지구의 종말이 올지라도 나는 오늘 한그루의 사과나무를 심겠다.

○ 우리가 먹는 것이 곧 우리 자신이 된다.

○ 자연의 소리에 귀 기울이고 자신을 자연과 어울리게 하자

○ 자연은 착한 안내자다. 현명하고 공정하고 선량하다.

○ 자연과 가까울수록 병은 없어지고, 자연과 멀수록 병은 가까워진다.

○ 우리 속의 자연치유력이 질병의 전정한 치유다.

○ 기분이 우울하면 걸어라.

○ 진정으로 자연을 사랑한다면 어디에서나 아름다움을 찾을 수 있을 것이다.

○ 자연의 소리(새소리, 바람소리, 물소리)는 사람의 마음을 치유해 준다.

○ 꽃은 평범한 인류의 위안을 위한 것 같다.

○ 모든 꽃은 자연에서 피어나는 영혼이다.

○ 나에게 꽃은 행복이다.

○ 꽃은 옆에 있는 꽃과 경쟁할 생각을 하지 않고 그냥 피어난다.

○ 꽃이 피는 곳에는 희망도 피어난다.

○ 대지는 꽃을 보며 웃는다.

○ 기쁠 때나 슬플 때나 꽃은 우리의 변함없는 친구이다.

○ 행복은 꽃향기처럼 모든 것을 당신에게 끌어당긴다.

○ 역경 속에서 피는 꽃은 가장 희귀하고 아름다운 꽃이다.

○ 자연의 섬세한 경이로움인 꽃은 매혹적인 향기로 우리의 감각을 사로 잡는다.

○ 꽃은 사람들의 마음을 사로잡는 힘이 강하다.

○ 꽃은 예술의 극치이다.

○ 좋은 의도가 포함된 긍정적인 말이 아무런 의도 없이 전달한 긍정의 말보다 식물의 성장을 촉진시킨다.

"식물에 좋은 말을 해주면 쑥쑥 크죠."

–부산대의학전문대학원 김성수 교수연구팀

환경이 살아야 지구가 살고 인류가 산다

환경 관련 기념일을 보면 세계습지의 날(2월 2일), 세계 물의 날(3월 22일), 종이 안 쓰는 날(4월 4일), 식목일(4월 5일), 지구의 날(4월 22일), 골프 없는 날(4월 29일), 세계 바다의 날(5월 31일), 세계 환경의 날(6월 5일), 사막화 방지의 날(6월 17일), 세계 푸른 하늘의 날(9월 7일), 세계 오존층 보호의 날(9월 16일), 화학조미료 먹지 않는 날(10월 16일), 아무것도 사지 않는 날(11월 26일), 생물 종 다양성 보호의 날(12월 29일) 등 기념일이 많다.

그만큼 환경의 중요성과 가치는 무한하다는 이야기이며 그 뜻을 이해하고 의미를 생각하며 실천하는 것이 무엇보다도 중요하다 할 것이다.

지난 9월은 세계 푸른 하늘의 날과 세계 오존층 보호의 날이 있기에 오늘은 그 중요성에 대해 논해 보고자 한다.

세계 푸른 하늘의 날은 황사와 미세먼지 등 대기오염의 심각성을 깨닫고 푸른 하늘을 위해 실천하는 환경 기념일로 2019년 12월 26일 뉴욕에서 개최된 제74회 UN 총회에서 우리나라가 주도해 채택한 최초의 기념일이다.

대한민국 정부는 2020년 8월 11일 제41차 국무회의에서 법정 기념일로 지정하였으며 대기질 개선에 대한 국민의 이해와 관심을 제고하고 대기오염 저감 활동에 범국가적인 참여를 촉진하며 온 세계가 맑은 공기 즉 푸른 하늘을 위해 노력하고 실천하자는 것이다.

또한 지구를 둘러싸고 있는 각종 기체들이 차지하고 있는 공간을 대기권이라고 하는데 기온의 분포에 따라 대류권, 성층권, 중간권, 열권으로 구분하며 지상에서 10~50km를 성층권이라 부르고 이 가운데 25~30km 상공에는 오존이 많이 분포하고 있어 오존층이라 한다. 대류권(지상 0~10km)의 오존은 인체나 식물에 피해를 주는 오염물질이지만 성층권의 오존은 태양으로부터 오는 자외선을 막아주어 지구상의 생물들을 자외선으로부터 보호해 준다.

즉 산소원자 3개로 이루어진 오존(Ozone, O_3)은 지표면에서는 해로운 물질이지만 성층권에서는 지구를 자외선으로부터 보호하는 역할을 하는 매우 중요한 물질인데 문제는 이로운 역할을 하는 성층권의 오존층에 구멍이 나면서 심각한 문제가 생기기 시작했는데 이렇게 오존층의 오존이 파괴되어 그 밀도가 낮아지는 현상을 "오존층 파괴"라고 한다.

이와 같이 오존층 파괴의 심각성을 느낀 국제사회는 1987년 9월 16일 캐나다 몬트리올에서 제49차 UN 총회 시 9월 16일을 "오존층 보호의 날"로 지정하였으며, 오존층은 1985년 남극에서 오존층을 정기적으로 관측해 온 영국의 조사팀에 의하여 오존층 파괴 현상이 최초로 보고되었다.

마치 뜨거운 햇빛을 가려주던 커튼이 점점 약해지는 것 같이 태양의 자외선을 바로 쬐게 되며, 이 자외선을 많이 쬐면 사람과 동물은 피부암과 백내장이 생기고 해양 플랑크톤에 피해를 주어 해양생태계에 악영향을 주며 식물에도 피해를 준다.

오존층이 파괴되는 이유는 염화불화탄소(CFC)라는 물질 때문인 것으로 밝혀졌는데 무독성, 난연성(불에 잘 타지 않는 물질), 안전성을 가져 다른 물질과 화학반응을 일으키기 어렵다는 장점을 가지고 있기 때문에 냉장고와 에어컨의 냉매, 발포제, 스프레이의 분사제, 전자제품의 세정제 등으로 쓰여 왔다.

그러나 이 물질은 안정성이 크기 때문에 대류권에서 분해되지 않고 성층권까지 올라가서 강한 햇빛에 의하여 염소원자로 분해되어 이 염소원자에 의하여 오존 파괴 반응이 시작된다.

오존층을 보호하기 위하여 1987년 오존층 파괴 물질에 대한 몬트리올 의정서가 채택되어 1989년부터 발효됨으로써 세계적인 규제가 시작되었고 1992년에 우리나라도 가입하였다.

이러한 노력으로 다행히 오존층이 회복되고 있다는 반가운 연구결과도 있다고 하지만 완전히 안심할 수 없다고 한다.

몬트리올 의정서에 의거 오존층 파괴의 주범으로 흔히 프레스 가스라 불리는 염화물화탄소(CFC)의 신규 생산이 금지됐지만 대체 물질로 개발된 수소불화탄소(HFC) 역시 지구온난화에 나쁜 영향을 미치는 것으로 알려지면서 학자들의 경고가 계속되고 우리가 실천할 수 있는 오존층의 보호 방법은 헤어스프레이는 가급적 사용하지 말고 에어컨 사용 시간과 냉장고 문을 여닫는 횟수와 시간도 줄여야 하며 이외에도 이동수단에서 나오는 이산화질소 역시 오존층을 파괴할 수 있으므로 대중교통을 이용하거나 걸어서 이동하는 것이 좋다.

또한 일회용품 사용을 최대한 자제하고 분리배출도 잘해줘야 한다.

오랜 시간 동안 지구에 사는 인간 등 다양한 생명체를 보호해 주고 있었던 오존층, 그런 오존층이 아파하고 있다니 이젠 우리 인간이 지켜줘야 할 때이다.

이처럼 지구의 환경 문제는 심각한 수준이며 오로지 인간이 지켜주고 또 지켜가야 할 시급한 과제가 아닌가 생각해 보며, 환경 관련 기념일을 돌아보며 환경이 살아야 지구가 살고 인류가 살 수 있다는 환경의 가치를 되새겨 본다.

〈2024. 10. 10.〉

춘추(春秋) 벚꽃과 핑크뮬리

봄에도 피고 가을에도 피는 신기한 꽃 희귀종인 가을 벚나무는 우리나라 토종을 개량한 것으로 춘추벚꽃, 가을벚꽃 또는 춘추화라 부르며 꽃말은 "아가씨의 수줍음"이다.

개화기간이 약 10여 일에 불과한 일반벚꽃과 달리 9월부터 11월까지 약 2개월 정도 꽃을 볼 수 있으며 꽃잎도 10~20장으로 장미처럼 겹꽃이다.

봄, 가을 2회에 걸쳐 피는데 봄에는 70%, 가을에는 30% 정도 피며 가을에 피는 꽃은 열매를 맺지 못한다.

이곳 고운식물원 주변에 약 300그루 정도의 춘추벚꽃이 피는데 투명한 가을햇살아래 피어나는 꽃은 더욱 화사하고 매혹적이다.

춘추벚나무는 낙엽활엽관목(소교목)으로 키가 4m 정도 자라고 가을꽃은 봄꽃에 비해 작으며 앙증맞지만 사랑스럽고 예쁘다.

가지마다 첫눈처럼 피어난 벚꽃이 단아한 자태를 뽐내며 붉게 물든 단풍을 배경으로 핀 꽃은 신비롭기까지 하다.

핑크뮬리는 털쥐꼬리새라 부르기도 하며 쥐꼬리새 속에 속하는 여러해살이풀로 미국 중서부가 원산지이며 벼과의 다년생 식물이다.

9~11월에 피는 핑크색꽃이 인상적이며 열매는 갈색이다.

핑크뮬리는 습한 기후와 더위 가뭄을 잘 견디며 여름까지 녹색을 띠다가 가을에 개화하면 분홍색으로 물든다.

"고백"이라는 꽃말을 가진 핑크뮬리는 모래와 자갈이 많아 배수가 잘되고 적당히 습하며 햇빛이 잘 드는 곳에서 잘 자라며 한국에서는 2014년 제주도 휴애리 자연생태공원에 처음 식재를 시작했다고 한다.

핑크뮬리는 모여나기 즉 한곳에 뭉쳐서 자라며 줄기가 곧고 마디에 털이 있으며 초록색잎은 길게 자라며 가을이 되면 꽃이 피는데 꽃의 모양은 납작하고 한 꽃에 암술과 수술이 모두 들어있다.

환경부에서 2급 유해종으로 지정하기도 하였으나 통제 불가능할 정도로 퍼질 가능성은 적다고 봐서 2021년 기준 아직까지는 관상용으로 전국 각지에 심고 있다. 마치 분홍 물결을 연상시키기 때문에 결혼식이나 각종 이벤트 행사 시 핑크뮬리 방에서 진행하기도 한다.

전국 핑크뮬리 명소를 보면 영주군 나리공원, 고창군 부안면에서 핑크뮬리 만개시기에 맞춰 꽃축제를 개최하며 안동 낙동강변, 달성군, 합천군, 서울 올림픽공원, 하남시, 제주도 등 많은 곳에서 관광객들을 유혹하는 축제 행사 등을 개최하고 있다.

그러나 생태계 교란종으로 식물 특성상 생명력이 강해 자칫 생태계를 뒤흔들 수 있다는 전문가들의 주장도 있으며, 현재 고운식물원에는 춘추벚꽃과 핑크뮬리를 비롯해 많은 꽃들이 만개해 천고마비의 계절 가을에 사람들의 마음을 사로잡고 있다.

춘추벚꽃

핑크뮬리

향기에 반한다는 은목서, 금목서

햇살 좋은 가을날 식물원에 들어서면 꽃향기가 솔솔 풍기며 출근길 기분을 좋게 한다.

향기따라 다가가 보면 은백색 은목서와 등황색꽃의 금목서에서 자아내는 진한 꽃 향기다. 은목서는 상록수로 물푸레나무과 식물이며 한국, 중국 등에 분포하고 사시사철 푸른 잎과 섬세하고 풍성한 가지에 황홀한 향기까지 갖추어 정원수로 조경용으로 많이 심는다.

키는 3m 정도까지 자라며 밑에서 여러 줄기가 올라와 우산모양을 이루고 있으며 잎은 타원형이고 꽃은 은백색으로 10월에 잎겨드랑이에 달리며 꽃이 질 때쯤이면 초록색 콩만 한 열매가 맺힌다. 이 나무의 특징은 잎사귀 가장자리가 뾰족뾰족하여 액운을 막아준다는 속설도 있지만 잘못 만지면 가시에 찔릴 수도 있다.

잎은 차 대용으로 끓여 마실 수 있고 꽃으로 술을 담가 마시기도 한다.

또한 잎은 기침, 가래를 삭이고 중풍 또는 버짐치료에 좋다고 하며 목재는 단단하고 치밀해 조각재로 많이 쓴다.

금목서는 상록활엽관목으로 한국(경상남도, 전라북도), 중국 등지에 분포되어 있으며 겨울 내내 푸른 잎과 자주색 열매, 섬세하고 풍성한 가지에 황홀한 향기까지 갖추고 있으며 정원수로는 금목서보다 더한 식물이 없다는 것이 학계의 예기다.

잎은 마주나기 하며 긴타원형이고 꽃은 암수딴그루이며 지름 5cm 정도로서 10월에 우산모양 꽃차례로 잎겨드랑이에 달리며 두터운 육질화로 향기가 있다. 꽃은 등황색 노란색이며 길이 7~10cm 정도의 꽃대가 있다. 나무껍질은 연한 회갈색이며 가지에 털이 없다.

잎이 두터워 공해에도 저항력이 강하며 번식법은 일반적으로 꺾꽂이를 한다.

은목서는 화이트컬러인데 반해 금목서는 주황컬러를 띠고 있으며 은목서의 향기는 새콤하면서도 달콤한 살구향이 나고, 금목서의 향기는 은은한 복숭아 향이 나며, 사람들의 마음을 편안하게 해 준다.

향기가 좋은 나무를 중국에서는 계수나무라 부른다고 하며 그래서 달에 토끼와 함께 있다고 생각하는 나무가 바로 목서라고 한다고 한다.

이 나무들은 호랑가시나무랑 잎 모양이 비슷해 많은 사람들이 호랑가시나무로 착각하기도 하며 세계적인 향수 샤넬 NO.5에서도 일랑일랑이란 꽃과 함께 향수 재료로도 쓰인다고 한다.

향기가 만리를 간다고 하여 금목서를 만리향으로 부르기도 하며, 은목서는 향기가 천리를 간다고 히여 천리향으로 부르기도 한다.

금목서의 꽃말은 "당신의 마음을 끌다"라고 하고 은목서의 꽃말은 "달콤한 사랑, 유혹"이다.

금목서

은목서

울긋불긋 단풍이야기

단풍(丹楓)은 기후변화로 식물의 녹색잎이 붉은색이나 노란색, 갈색 등으로 물드는 현상으로 통상 하루 최저기온이 5℃ 이하로 떨어지면 물들기 시작하며 나뭇잎이 더 이상 활동하지 않게 되어 나타나는 현상으로 잎이 활동을 멈추면 엽록소가 파괴되고 자가분해를 시작하는데 자가분해 과정에서 안토시안(식물의 꽃, 잎, 열매 따위의 세포액에 들어있는 색소)이 생성되는 종은 붉은색 또는 갈색 안토시안이 생성되지 않는 종은 엽록소의 녹색에 가려 보이지 않던 잎 자체에 들어있는 노란색 색소들이 나타나게 되어 노란 단풍이 된다.

우리나라에서 가을에 나뭇잎이 붉게 물드는 나무는 단풍나무 외에도 당단풍, 복자기, 옻나무과의 붉나무, 장미과의 마가목, 벚나무, 팥배나무 등이다. 노랗게 물드는 나무는 상수리나무와 굴참나무 그리고 은행나무이며 콩과나무, 뽕나무과나무, 목련과 나무들도 노란색으로 물든다.

국립수목원에 따르면 올해 여름 평균기온이 지속 상승했고 기록적인 더위가 기승을 부리면서 늦더위가 길어져 단풍시기가 전체적으로 늦어진다고 볼 수 있는데 가을철 기온이 최근 10년 사이 1℃ 가량 상승되는 등 기후변화 영향으로 오색 단풍이 가장 먼저 시작되는 설악산의 단풍 절정시기는 10월 하순경으로 전망하고 있다.

단풍의 절정시기는 우리나라 숲과 산이 절반이상 단풍으로 물든 시기이다.

산림청은 2020년부터 단풍예측 지도를 발표하는데 올해 단풍절정은 10월 말에서 11월 초로 예상하고 있으며, 이곳 칠갑산을 비롯하여 고운식물원도 11월 초 단풍이 절정에 이를 것으로 예상하고 있다.

한편 전문가들은 지금처럼 기후변화가 생기면 여름이 더 늘어나면서 10월에도 단풍을 볼 수 없을 것이라 전망하기도 한다.

가을 단풍의 아름다움을 결정하는 요인은 온도, 햇빛 그리고 수분공급이다.

우선 낮과 밤의 온도차가 커야 하지만 영하로 내려가지 않아야 하고 일사량이 많아야 한다.

특히 붉은색을 나타내는 안토시안은 기온이 서서히 내려가면서 햇빛이 좋을 때 가장 색깔이 좋다.

올해는 단풍이 다소 예쁘지 않을 수 있으며 볼 수 있는 시간도 짧아질 수 있다는 전문가들의 얘기도 있다.

단풍과 낙엽은 약간 다르다.

가을에 단풍이 드는 이유는 나무의 생존전략으로 봄, 여름에는 광합성을 하는 초록색을 띠는 엽록소가 기온이 낮아지고 일조량이 줄어들면 나무는 잎으로 가는 물과 영양분을 차단하고 엽록소 때문에 보이지 않던 나무마다 다른 색이 나타나기 때문이다. (붉은색, 노란색, 갈색 등)

반면 낙엽은 고등식물에서 잎이 떨어지는 현상 또는 그 나뭇잎을 의미하며 낙엽은 단풍이 들지 않는 상록수에서도 발생하는 현상이다.

울긋불긋 단풍으로 물들어가는 자연의 아름다움 속에 작은 기적을 선사하는 단풍은 행복을 느끼게도 한다.

일상의 스트레스에서 벗어나 휴식을 취하며 삶을 재충전할 수 있는 유명산이나 식물원으로 단풍여행을 떠나보자.

전망대에서 바라본 가을풍경

한국 특산식물 미선나무와 구상나무

국가 표준식물목록에 의하면 우리나라 특산식물은 65과 182속 385분류군이 있다고 한다.

미선나무는 물푸레나무과에 속하는 식물로 유일한 우리나라 고유종이며 3~4월에 잎보다 먼저 흰색이나 분홍색 또는 상아색의 꽃을 피우고 9월쯤 열매를 맺는데 열매 모양이 예쁜 부채모양을 닮아 꼬리미(尾), 부채선(扇) 자를 써서 이름이 지어졌다.

우리나라에만 있는 매우 귀한 식물로 그 희귀성과 식물분류 및 분포학적 가치가 높이 평가되어 전국 5곳의 자생지가 천연기념물로 지정 보호되고 있다.(충북 괴산군 송덕리 천연기념물-제147호, 추점리-제220호, 율지리-제221호, 충북 영동군 매천리-제364호, 전북 부안군-제370호)

1917년 최초 발견된 충북 진천군 조평면 용정리 군락지는 천연기념물 제14호로 지정되었지만 불법 채취로 훼손되면서 지금은 해제되었다고 한다.

한반도 자연환경에서 적응, 진화해 온 독특한 식물이자 우리나라만이 가지고 있는 귀한 생물자원으로 생태학적 가치가 높다.

미선나무는 척박한 환경 속에서도 강인한 생명력으로 아름다운 꽃을 피우고 예쁜 모양의 열매를 맺고 있으며 충북 괴산군 칠성면 미선나무 마을에서는 축제를 통해 미선나무를 알리고 있다.(2024년 제17회 축제: 3월 23~24일)

흔히 미선나무를 흰색 개나리 정도로 인식하는 편이나 자세히 살펴보면 개나리

꽃에 비해 꽃이 작고 화관이 깊게 갈라지는 점이 다르고 더 큰 차이점은 미선나무의 꽃에서 매우 달콤한 향기가 난다.

또 둥근 부채모양의 열매가 관상적인 가치가 충분하므로 관상수로써의 개발도 무한하다.

구상나무는 소나무과에 속하는 상록침엽 교목으로 한국 특산종이며, 해발 500~2,000m인 한라산, 지리산, 무등산, 덕유산 등지에 자생한다.

나무의 높이는 10~18m 정도까지 자라며 회갈색의 수피는 거칠고 잎은 선형이며 5~6월에 잎끝에 솔방울 같은 꽃이 피는데 색은 노란색, 분홍색, 자주색, 검은색 등 갖가지 색을 나타내며 가을에 익는 열매도 여러 색이다. 암수 한 그루이며 꽃의 색이 자줏빛인 것은 구상나무, 검은빛이 강한 것은 검구상, 붉은빛이 도는 것은 붉은구상, 녹색인 것은 푸른구상이라 부르고 열매는 원통형의 구과(球果: 공 모양의 과실)이고 9~10월에 성숙한다.

구상나무는 연중 강수량이 일정해야 잘 자라는데 최근 기후 온난화로 겨울철 강수량이 급감하여 고사하는 등 멸종위기에 처해가고 있으며 2021년부터 자생지 복원에 힘쓰고 있다.

미선나무

구상나무

식물들의 겨울나기

기온이 뚝 떨어져 찬바람이 불고 눈이 펑펑 내리는 추운 겨울 식물들은 어떻게 추위를 이겨낼까?

잎들을 다 떠나보내는 나무의 몸속엔 영양이 듬뿍한 나무진이 있는데 여름동안 초록색 나뭇잎에서 만들어 낸다.

나무진은 아무리 추워도 나무가 꽁꽁 얼지 않게 해 주는데 마치 우리 몸에 피와 같다.

풀꽃들도 저마다 겨울을 난다.

봄과 여름에 산이나 들, 화단의 싱싱하고 푸른 잎을 자랑하던 식물들은 겨울이 되면 제각기 씨앗, 잎과 뿌리, 땅속줄기, 푸른 잎을 간직한 채 모진 추위를 이겨내며 겨울을 나고 그러다가 봄이 되면 왕성한 생명력으로 잎과 줄기가 올라오고 꽃을 피우고 열매를 맺는다.

분꽃, 나팔꽃, 채송화 등 많은 식물들이 씨앗으로 겨울나기를 하지만 가을에 싹이 나서 혹은 뿌리에서 새로운 잎이 나거나 잎을 그대로 간직한 채 잎과 뿌리로 겨울을 나는 식물(로제트 식물 : 뿌리에서 난 잎을 땅바닥에 방석처럼 펼치고 햇빛을 받으면서 겨울을 나는 식물)로 곰보배추(잎이 곰보처럼 생겼다고 해서 붙여진 이름) 금창초, 달맞이꽃, 망초, 개망초, 큰 망초(밭을 망치는 풀이라고 망초, 일본인들이 우리나라 망하라고 심어 놓고 간 풀) 민들레, 방가지똥, 보리뱅이, 지칭개 등이 있다.

가을에 싹이 나서 겨울을 나는 식물로 봄까치꽃, 광대나물, 독새풀, 꽃마리 등이 있으며 가을에 잎과 줄기가 마르고 뿌리에서 새로운 싹이 나와 겨울을 나는 구절초, 금계국, 기린초, 꽃무릇(석산), 샤스타국화, 소리쟁이, 초롱꽃, 박하, 방풍, 엉겅퀴 등과 잎을 그대로 간직한 채 겨울을 나는 식물로 맥문동, 백리향, 사랑초, 토끼풀, 솔잎국화, 꽃잔디, 상록패랭이 등이 있고 다알리아, 수선화, 튤립 등 알뿌리로 겨울나기를 하는 식물 감자, 토란, 연, 나리 등 땅속줄기를 이용한 겨울나기를 하는 식물 등 다양하다.

또한 겨울눈을 만들어 겨울나기를 하는 식물로는 낙엽활엽수, 과일나무 등이 있으며, 푸른 잎을 자랑하며 겨울나기를 하는 상록활엽수 및 침엽수 등도 있고 온실 속에는 따뜻하기 때문에 잎이 떨어지지 않고 계속 자라는 식물들도 있다.

실내 등 베란다 식물들의 겨울나기는 내한성이 약한 식물은 실내로 들이고 내한성이 강한 식물은 보온을 해서 겨울나기를 해야 한다.

생장을 멈추고 휴면에 들어가는 관엽식물들은 월동온도(최저 생육온도) 관리를 잘해주어야 한다.

이렇게 많은 식물들은 저마다의 방법으로 추운 겨울을 보내면서 따뜻한 봄을 기다린다.

봄부터 가을까지 화려한 꽃과 무성한 잎, 탐스러운 열매를 자랑하던 식물들은 겨울을 맞으면서 다양한 형태로 겨우살이 들어가 겉으로는 앙상한 모습이지만 안에서는 봄을 맞아 새싹을 틔우고 꽃을 피울 준비를 한다. 놀라운 사실은 모든 식물이 잎을 떨어뜨린 직후부터 봄맞이에 돌입한다는 점이다.

기쁨과 행복의 힘을 제공하는 식물

식물(植物)의 사전적 의미는 분류학적으로 식물계(植物界)에 속하는 생물이다.

생물(生物)은 생명을 가지고 스스로 생활현상을 유지해 나가는 물체로 영양, 운동, 생장, 증식을 하며 동물, 식물, 미생물로 나뉜다.

식물은 보통 광합성을 하나 기생, 공생으로 양분을 얻는 종도 있으며 원래 식물은 운동성이 거의 없으나 파리지옥, 신경초, 무초처럼 민첩한 운동을 하는 식물도 몇 종 있다고 하며 국립 한국자생식물원에 따르면 국가생물 종목록에 기록된 우리나라 자생식물 종수는 약 4,900여 종에 달한다고 한다.

식물을 가꾸는 것은 꽃과 열매를 맺히게 하는 기쁨이 있으며 봄부터 가을까지 꽃이 피는 시기가 다르고 꽃이 지면 열매를 맺고, 가을이 오면 잎을 물들이고, 겨울이면 앙상한 가지를 드러내지만 다가올 봄을 준비 하는 모습 속에서 사계절을 느낄 수 있다.

사람들을 행복하게 하고 스트레스를 해소해주며 기억력, 학습, 창의력을 향상시켜 준다.

자연과 연결되어 영혼에게 좋고 집안의 공기를 깨끗하게 하며, 또한 식물은 사람들이 질병에서 빨리 회복되도록 한다.

광합성 작용으로 사람들에게 충분한 산소를 공급해 주며 많은 병을 이겨 낼 수 있는 약재들의 재료가 된다.

따라서 식물을 가꾸는 것은 치유와 더불어 기쁨과 행복의 힘을 제공한다.

식물과 함께 즐기는 건강한 생활 속에서 식물을 지키고 가꾸는 일은 기후변화와 탄소중립 시대에 지구를 살리는 첫걸음일 것이다.

작물은(논밭에 심어 가꾸는 곡식이나 채소) 주인 발자국 소리를 듣고 자란다라는 말이 있다. 식물도 마찬가지이다

어떠한 노력보다도 "관심" 그 자체가 중요하다 할 것이다.

오래전 필자가 벤처농업 다닐 때 들은 이야기인데 광양에서 청매실 농원을 경영하는 홍쌍리여사(82세)는 매실농원에 많은 풀과 나무들과 약초들을 만나며 그들과 대화했다고 한다.

잎이 마르면 목마른가 보다 하고 물을 주고, 아파하면 약을 주고, 배고 파 하면 거름을 주었으며….

하루는 찔레꽃 밑에 새 한 마리가 죽어 있어 그걸 보고 '이름 모를 저 새는 엄마를 부르다가/찔레꽃 향기 속에 울다가 잠이 들었네….' 글을 써 놓고 흥얼거리다가 보니 노래가 되었다고 하며 일하면서도 책을 네 권이나 펴내고 노래도 잘한다고 한다.

식물은 거짓말을 할 줄 모른다. 그저 자연과 함께 할 뿐이다.

사람들이 조금만 더 관심을 가져 주면 더 많이 보답할 것이다.

하찮은 들꽃 하나가 세상을 바꾸듯 우리 모두 식물에 대한 관심과 애정 그리고 사랑이 필요할 때인 것 같다.

천연기념물 식물과 보호수

전국에 있는 많은 노거수(老巨樹)들이 우리의 지구를 지켜주고 있다.

노거수(老巨樹)란 수명이 오래된 노목(老木), 고목(古木) 등의 거목(巨木)을 말하며 당산목(唐山木), 정자목(亭子木), 명목(名木), 풍치목(風致木) 등으로 마을의 안녕과 평안을 기원하는 성황당으로 어린이 놀이터로, 더위쉼터로, 정보센터 등으로 그 마을 사람들의 깊은 관심과 사랑을 받고 살아왔으며, 우리 선조들이 삶 속에서 희로애락을 함께하며 마을의 역사적 전설이나 문화적 가치를 간직하고 있다.

이 땅위에는 사람보다 오랜 세월을 살아 수많은 풍파를 겪어 왔을 많은 노거수가 보호수로 향토문화유산으로 천연기념물로 지정되어 관리되고 있다.

필자는 도 및 군의 협조를 받아 천연기념물과 보호수 현장을 돌아보며 더 많은 노거수, 희귀식물들이 천연기념물 또는 보호수로 지정받아 좀 더 관리가 잘 되었으면 좋겠다는 생각을 해보면서 기후위기시대 탄소중립 실천과 지역향토 문화 및 관광자원 등 그 역할은 실로 크며 모두가 우리의 자산이다.

천연기념물(天然記念物)이란 학술적, 자연사적, 지리학적으로 중요하거나 그것이 가진 희귀성, 고유성 때문에 특별히 보호가 필요하여 법률로 규정한 창조물이며, 특이현상 또는 그것을 보호하기 위하여 필요한 일정한 구역이다.

현재 전국에 분포한 천연기념물 식물은 노거수, 수림지, 마을 숲, 희귀식물 등 265건이 지정되어 있고 충남의 경우는 예산군 용궁리 백송을 비롯한 13건이 지정되어 관리되고 있으며, 우리나라 천연기념물 1호는 1962년 지정된 대구광역시 도동에 있는 측백나무숲이다.

또한, 보호수는 노목(老木), 거목, 희귀목으로서 산림보호법 제13조 1항에 따라 지정 관리되는 나무로 우리나라는 느티나무 등 30여 종에 13,859본이 지정되어 있고 충남의 경우에는 1,856본이 지정되어 있다. 이중 최고령 보호수는 1,061년의 수령으로 예산군 대흥면 상중리(봉수산 휴양림 입구)에 있는 느티나무이다.

식물은 낮에는 광합성작용을 통해서 산소를 내뿜고 CO_2를 흡수한다. 밤에는 이화작용으로 CO_2를 내뿜지만 흡수량이 훨씬 많아 탄소흡수원으로써 중요한 역할을 한다.

느티나무 한그루는 일 년에 이산화탄소 2.5톤을 흡수하고 1.8톤의 산소를 방출한다고 한다.

이렇듯 나무는 기후변화시대 탄소 중립을 위해서도 중요한 역할을 한다.

한 그루의 나무도 중요하기에 나무를 더욱 사랑하고 역사문화적 존재가치를 알리고 자랑할 수 있도록 가꾸어야 한다.

또한, 오래된 나무는 스토리텔링을 통한 관광자원으로 적극 활용하는 동시에 사라져 가는 우리 식물 멸종위기종을 지키고 가꾸며 증식 확대시키는 일도 중요하다.

• 우리나라 천연기념물 제1호 : 측백나무

•위치 : 대구광역시 동구 산 78-1
•지정년도 : 1962년 12월 7일

계수(桂樹)나무의 향기

요즈음 고운식물원에 들어서면 이곳저곳에서 어릴 적 사 먹던 솜사탕 맛처럼 달콤하고 달달한 냄새가 발걸음을 멈추게 하며 기분을 좋게 한다. 카라멜 향기 같은 계수나무의 향기다.

초록잎이 노랗게 물들고 갈색띠를 보이며 떨어지는 잎들을 보며 가을의 정취를 느낀다.

계수나무는 계수나무과의 낙엽지는 큰키나무의 교목으로 수고가 25~30m에 이른다.

은행나무와 더불어 아주 오래전부터 이 땅을 지켜온 계수나무는 잎이 하트모양으로 다른 나무들의 잎과 달리 개성이 또렷하다.

중국과 일본이 원산지이며 일제강점기 일본을 통해 도입되면서 계수(桂樹)나무로 한반도에 보급되었다.

1920년대 일본에서 경기도 광릉에 처음 도입 식재되었으며 현재 모수(母樹)는 국립수목원에 있다.

계수나무의 가지나 잎에서 나는 특유향은 10월에 단풍이 들었을 때 가장 많이 나는데 계수나무 잎에 함유된 맥아당(麥芽糖: 물엿의 주성분) 때문이라고 한다.

계수나무 하면 1924년 윤극영 선생이 작사 작곡한 “반달”이 생각난다.

“푸른 하늘 은하수 하얀 쪽배에 계수나무 한 나무 토끼 한 마리 돛대도 아니 달고 삿대도 없이 가기도 잘도 간다 서쪽나라로.”

유명하다 보니 계수나무에겐 루머들이 있는데 바로 "계(桂)"라는 한자에서 유래한 오해인데 가장 대표적인 것으로 월계관의 재료가 되는 월계수, 토끼가 방아를 찧는 달나라에 있는 나무, 계피의 재료가 되는 나무 등이 우리 주변에서 흔히 보는 계수나무라고 생각하는 것이다. 하지만 실제로는 우리 주변의 계수나무와는 전혀 상관없는 나무다.

한국과 일본에서는 달에 계수나무가 자란다는 설화가 있다.

이는 중국의 목서(木犀)에 대한 설화가 넘어온 것인데 중국에서는 목서를 계수(桂樹)라 부르기 때문에 혼동하지 말아야 한다.

중국에서는 목서를 달에 심어져 있다고 믿었다고 한다. 그리고 중국에서는 이 목서를 계수라고 불러 우리나라 사람들도 계수나무가 달에 심어져 있다고 믿게 되었고 동요 반달에도 계수나무라고 보는 설이 존재한다고 한다.

계수나무는 잎은 마주나며 암수딴그루로 5~6월에 누런빛을 띤 희고 작은 꽃이 잎보다 먼저 원추(圓錐) 화서로 핀다. 열매는 검은빛의 타원형으로 한 개의 씨가 있으며 3~5개 달린다.

계수나무 가지를 차로 달여 마시면 심장과 혈액순환에 도움이 되고 계수나무 꽃은 차로 마시면 불면증, 감기, 심신의 안정에 효과적이며 위장을 따뜻하게 한다.

선선한 가을바람 타고 밀려오는 달콤한 내음은 어느 꽃의 향기보다도 그윽하고 따스함을 느낀다.

청양의 명소 지천 백세건강공원

민선 3기(군수 김시환) 청양군 발전에 500여 공직자들의 제안을 받아 당시 정책 개발팀장이었던 필자는 군수에게 본 계획은 군수님 임기 내에 끝내야 성과가 있습니다.

"용역 주지 말고 실과별로 나누어 플랜을 짜서 직접 추진할 수 있도록 방안을 모색하면 좋겠습니다"라는 건의가 받아들여져 담당급(6급) 이상 공무원들을 모여 놓고 군수가 직접 의견을 청취하고 지시한 사업이다.

2004년 말(계장 조예곤)에서 총괄하면서 건설도시과에서는 하천둑 쌓기, 기술센터에서는 제방 꽃심기와 대형 시계탑(당시 거꾸로 가는 시계) 주변 꽃심기 등 장면들이 생각난다.

당시 이곳 고수부지는 연탄재를 비롯하여 각종 쓰레기 투기 장소로 지저분하고 악취가 나던 하천부지였다.

그러던 장소가 지금은 군민들의 가장 사랑받는 지천 건강백세공원으로 명소화 되어 군민 행복과 사랑을 주는 장소로 탈바꿈된 것이다.

당시 공원 내 설치된 주요시설은 옛 정취가 물씬 풍기는 물레방아, 연못, 폭포, 돌보시설 등의 특색 있는 시설과 순환산책로, 건강 지압길 등 기존의 체육시설과 연계되는 운동 코스를 비롯해 잔디광장, 야외무대, 화초류 단지, 대형 꽃시계 설치 등 주민들이 항상 편리하게 이용할 수 있는 다양한 시설로 조성되었다.

우리 팀에서 제안 2005년도에 조성한 지천생태공원과 연계해 군민들의 휴식처,

주야간 건강 걷기 트레킹이나 그라운드 골프, 야간 축구운동, 어린이 물놀이장, 철새와 백로, 왜가리 등 텃새들의 서식지, 하천에 수종의 물고기, 각종 건강 기구 및 시설 설치, 다양한 꽃과 식물 등 청양의 젖줄인 지천 백세공원이 군민들의 건강과 행복을 주는 공간으로 거듭나고 있다.

2005년부터는 이곳에서 청양고추,구기자 축제는 물론 칠갑문화재 2008년 칠갑산 봄꽃축제와 세계 고추 박람회도 개최하였으며 청양은 물론 도단위 대규모 행사도 지천 백세건강공원에서 개최하는 등 청양의 명소로 알려지면서 인근 시군에서 벤치마킹하는 사례도 많았다.

낮과 밤이 아름다운 청양 지천 백세건강공원 그 이름처럼 모든 사람들의 행복의 전당이 되길 바란다.

필자는 몇 년 전부터 지천 백세건강공원을 돌아보며 더 좋은 공원을 만들 수 없을까 고민하면서 몇 가지 생각이 들었다.

공원은 비가 좀 많이 내리면(100m 이상) 물이 범람하여 홍수 피해를 입는다.

양쪽 둑방을 성토하여 강우 시 물이 범람하여 피해받지 않도록 하고 성토한 한쪽의 둑방에는(시내 쪽) 무궁화와 배롱나무를 심고 한쪽 둑방(교월리 방향)은 캐기버드나무를 심으며 좋겠다는 생각이다.

얼마 전 인천 연수구에 있는 해돋이 공원에 가본 일이 있는데 호수 주변에 캐키버드나무를 심고 황톳길을 조성해 놓았는데 우리 백세건강공원에도 심어 놓으면 좋겠다는 생각이 들었다.

교월리 방향 산에는 잡목을 제거하고 맥문동을 심어 보랏빛 꽃을 볼 수 있도록 하면 더욱 좋겠다는 생각이다.

우리 군민들의 건강과 행복한 삶의 공간인 지천 백세건강공원에 대한 더 많은 사랑과 관심을 기대해 본다.

〈2024. 10. 15.〉

백세공원 공사장면

백세건강공원

인천공원

안개, 이슬, 스모그 그리고, 식물이야기

사자성어에 오리무중(五里霧中)이란 말이 있다.

옛날 중국에 장해라는 선비가 있었는데 학문이 깊고 덕이 높아 그를 따르는 사람이 많았으며 왕이 내리는 벼슬도 거절하면서 사람들을 피해 조용히 있고 싶은 날엔 오리(五里)에 안개를 일으켜 사람들이 자신을 찾을 수 없도록 했다고 한다.

오리무중을 직역하면 사방오리(2km)에 안개가 끼어 안 보인다는 뜻이다. 즉 뭐가 뭔지 알 수 없는, 갈피를 잡을 수 없는 상황을 이야기할 때 사용하는 말이다.

런던에서는 안개가 심할 때 팔을 앞으로 쭉 뻗으면 자신의 손을 볼 수 없을 정도도 있었다고 하며 안개가 많이 낀 날은 항공기 이착륙도 불가능하다.

안개는 주로 가을과 초겨울에 많이 생기는데 그 이유는 바로 이때가 낮과 밤의 온도차가 심하기 때문이다.

지표면은 해가 진 때부터 식기 시작해서 다음날 해가 뜨기 전까지가 계속 차가워진다. 그러면 땅 근처의 공기층 역시 차가워지기 시작하며 그러다 새벽녘에 기온이 이슬점이하로 내려가면 공기층에 있던 수증기들이 서로 응결하여 물방울이 되고 우리 눈엔 하얗게 보이는데 이것이 바로 안개이다. 즉 지표면에 붙어있는 구름을 안개라 한다.

만일 수증기들이 높은 곳에서 응결하면 그건 구름이다.

따라서 구름과 안개의 구성요소 및 생성원리는 동일하다.

우리가 흔히 볼 수 있는 이슬점과 관계되는 현상을 몇 가지 보면 이른 아침에 비가 오지 않았는데 물방울이 맺혀있는 경우 줄기나 잎의 표면에 접한 공기의 온도가 이슬점 이하로 떨어져서 표면에 수증기가 응결하기 때문이며, 겨울철 실내와 실외의 온도 차이가 심할 때(보통 15℃이상 차이 날 때) 내부벽이나 천장, 창가 등에 차가운 이슬이 맺히게 되는 현상 또는 냉장고에서 꺼낸 캔음료수의 겉표면에 물방울이 맺히는 현상 등 많이 볼 수 있다.

따라서 이슬점이란 공기 중에서 물체를 서서히 냉각시키면 그 둘레의 공기의 온도도 함께 내려간다.

이때 공기 중의 수증기가 응결하여 물체의 표면에 물방울인 이슬이 생길 때의 온도를 이슬점이라고 한다.

예를 들어 물의 온도를 낮추게 되면 물은 응고점인 0℃에서 고체로(얼음) 변하고 물의 온도를 높이게 되면 기화점(증발)에 도달하는 100℃에서 기체로 변한다.

여기서 100℃ 이상의 수증기(기체상태의 물)를 다시 100℃ 이하로 낮추게 되면 수증기가 물방울로 변하는 현상을 관찰할 수 있으며 주전자로 물을 끓이다 보면 주전자 뚜껑에 물방울이 맺히는 현상은 수증기가 상대적으로 낮은 온도의 주전자 뚜껑에 닿으며 수증기가 물로 변하게 되는 원리인 것처럼 수증기가 이슬점에 도달하게 되면 물로 응결되는 것이다.

학술적인 의미의 해석은 공기를 서서히 냉각시켜 어떤 온도에 다다르면 공기 중의 수증기가 응결하여 이슬이 생기며 이때의 온도를 이슬점이라고 하며 이슬점은 수증기의 양에 의해 결정되므로 공기 속에 있는 수증기의 양을 나타내는 기준이 되며 처음 기본이 같더라도 상대습도의 조건이 다르면 이슬점도 달라진다.

밤사이에 구름이 없는 맑은 하늘이면 지표면의 열이 방출되어 지표면이 차갑게 식어 공기도 식게 된다.

그때 수증기가 응결되어 작은 물방울이 되는데 해가 뜨면 지표면이 열을 받아 온도가 올라가면서 공기의 온도도 따라서 높아져 응결해 있던 작은 물방울들이 증발해 공기 중으로 사라진다.

안개가 걷히면 맑은 하늘이 드러나 안개가 아침에 낀 날은 하늘이 아주 파랗고 맑은 날이 되는 것이다.

이런 현상을 보고 우리는 이른 아침에 안개가 끼어 있는 날이 날씨가 맑다고 말

한다.

연기(smoke)와 안개(fog)의 합성어로 안개가 끼어있는 대기가 공장이나 굴뚝에서 나오는 연기, 혹은 자동차 배기가스와 같은 오염물질과 합쳐져서 하늘이 뿌옇게 보이는 현상을 스모그라 하며, 햇빛이 강하고 바람이 약한 날에 주로 발생하며 사람에게 호흡기질환을 발생시키며 식물이 잎이 마르거나 열매갸 열리지 않는 등 식물의 생장을 방해한다.

안개로 인해 가시거리가 감소하여 시야 확보가 잘 안되고 가끔 약하게 빗방울이 흩날리는 경우도 있으며 주로 새벽에 발생하며 낮에 기온이 올라가면 걷힌다. 가시거리가 200m 이하의 짙은 안개를 "농무"라 부르며 약한 안개를 "박무" 또는 "엷은 안개라 부르기도 한다.

안개는 공기 중의 습기가 빛을 산란시켜 그 결과 식물에 도달하는 빛의 양이 줄어들어 식물의 광합성 속도가 느려지고 성장에 영향을 미치며 장시간 동안 빛이 부족할 경우 작물생육이 더뎌져 수확량 감소 및 상품성 저하를 유발할 수도 있다.

요즘 내안으로 인공광원 보광시스템 등도 개발되었다고 한다.

이슬점과 온도와 습도와의 관계를 잘 공부해 두면 식물이 증산작용을 잘하는 조건과 곰팡이성 질병을 예방하는 방법에 대한 해결을 찾기 수월할 것이다.

이와 같이 안개와 이슬 그리고 스모그가 왜 생기는지 그리고 그에 따른 식물과의 관계를 알아보는 일은 중요하다.

〈2024. 10. 18.〉

숲은 우리의 희망이고 미래다

지난 10월 28일 대전광역시 유성구에 있는 호텔인터시티에서 2024년 세계 산림치유 포럼이 세계 각국 산림치유 지도자와 저명 정책입안자, 학자, 의료전문가 등 200여 명이 넘게 모여 산림의 가치에 대한 재조명과 한국형 산림복지와 치유를 국제적으로 확산하고 세계적 연대를 도모하는 자리에 신원섭(전 산림청장) 한국 산림치유포럼 회장은 "산림은 다양한 기능과 서비스, 산물을 산출해 내는 고귀한 자원"이라며 그중 산림이 지닌 치유의 힘은 오랜 역사를 통해 활용돼 왔다면서 산림치유를 다양한 분야에 접목 국민의 삶의 질 향상은 물론 경제 활성화 등을 이끌어내야 한다고 강조했다는 내용 등의 글을 충청매일신문(2024. 10. 29.)에서 "산림이 주는 가치, 상상 그 이상이다"라는 제목의 포럼내용을 보았다.

필자의 생각도 전적으로 공감하며 숲은 정말 우리 인간들의 미래이고 희망이라 할 수 있다.

숲은 나무들이 무성하게 들어찬 곳이라 하며 많은 동·식물들이 함께 살고 있다. 숲은 행정용어 또는 법률용어로 산림이라 하며 우리나라 숲은 대부분 산에 있기 때문에 산과 숲을 나누지 않고 하나의 개념으로 보고 있다.

우리나라는 64%가 숲으로 숲의 울창함은 전 세계의 자랑거리이고 우리 모두의 건강과 스트레스를 낮추고 면역력을 높이는 비타민 G(Green)이라는 것이다.

남성현 전 산림청장은 산림 르네상스시대를 강조한 바 있다.

즉, 숲으로 잘 사는 시대를 열겠다는 것이다.(르네상스는 이탈리아에서 유래된 말로 다시 태어나는 부활을 의미함) 이와 같이 숲이 주는 기능은 무한하나 필자는 생각나는 대로 몇 가지 논해보고자 한다. 숲은 생명이 살아 숨 쉬는 삶의 터전으로 생명의 활력도 건강하고 다양한 아름다움도 모두 숲에서 비롯되며 인간의 인품도 길러준다.

또한 숲은 정서적 안정감과 만족감을 찾는 이들의 마음에 위로가 되기도 하고 적당히 불어오는 서늘한 바람, 오색찬란한 빛깔의 나무, 향긋한 흙내음 등과 함께 생명의 교감을 이루는 힐링과 사색의 공간이기도 하다.

숲은 인간의 몸과 마음을 건강하게 해 준다.

햇빛 경관, 온도, 습도, 피톤치드, 먹거리, 소리, 음이온 같은 요소들이 뇌파를 활성화시켜 주며 우울증 경감, 인지기능 향상, 치매예방 등 건강을 증진시켜 주고 쾌적함과 면역력 향상 같은 인체반응을 일으키는데 이를 우리는 치유활동이라 하며 호흡만 깊게 해도 온몸의 세포가 살아나고 마음이 편안해지며 찌든 심신의 때를 씻어주곤 한다.

산림문화 휴양에 관한 법률 제2조(2005. 8. 4. 제정)에 보면 산림치유란 향기 경관 등 자연의 다양한 요소를 활용하여 인체의 면역력을 높이고 건강을 증진시키는 활동으로 정의하고 있다.

숲은 바람소리, 물소리, 새소리 등 자연의 소리를 들려주며 인체의 오감(시각, 청각, 미각, 후각, 촉각)을 자극하여 기분을 좋게 하고 마음을 안정시키며 생리적 반응을 활성화시켜 주며 우리의 영혼을 맑게 하고 가슴을 따뜻하게 해 준다.

건강에 도움을 주는 보약이 가득한 숲은 만병을 치유하고 현재 전 세계 이슈가 되고 있는 기후변화에 따른 탄소중립의 대안이 되기도 한다.

숲은 지구의 순환 시스템에 대단히 중요하며 물의 저장 기능도 대단하다.

산림과학원에 의하면 우리나라 숲이 1년간 저장하는 물의 양은 188억 톤(소양댐 6개의 수량)을 저장한다고 한다.

또한 숲은 거대한 산소공장으로 잘 가꾸어진 숲 1ha는 연간 18톤의 산소를 배출한다고 하는데 이는 한 사람이 하루 0.75kg의 산소가 필요한데 숲 1ha에 65명이 숨 쉴 수 있는 산소를 공급해 준다는 것이다.

또한 대기 중에는 질소 78%, 산소 21%, 기타 아르곤 등 1%인데 이는 고도 약

100km까지 일정하다고 하며 숲에 오면 도심보다 1~2%가 높아 가장 쾌적함을 느낄 수 있다고 한다. (산소 7% 미만 시 인간사망, 2% 미만 시 식물고사)

인간은 자연(숲)과 더불어 산다.

인간이 산소를 흡수하여 배출하는 이산화탄소를 받아서 식물이 흡수하고 식물은 다시 인간이 필요로 하는 산소로 환원시켜 주는 상호작용이 잘 이루어져 있다.

그러나 인구의 폭증과 물질문명의 발달로 인간이 과다하게 사용하는 에너지의 부산물인 이산화탄소가 식물이 감당하여 산소로 변환시킬 양을 초과하였을 뿐만 아니라 이산화탄소를 분해하는 숲은 개발이라는 논리로 없애 버리거나 황폐화시켜 이산화탄소를 산소로 만드는 자연공장의 면적이 절대적으로 부족하게 만들었다.

숲의 식물들은 나름대로 해충이나 불필요한 박테리아, 세균 등의 접근을 방지하기 위하여 피톤치드와 같은 특수한 화학성분을 만들어 공기 중으로 뿜어내는데 이 성분들은 인체에도 이로운 것들이 많다.

이러한 점에서 숲속의 공기는 대부분의 경우 더 많은 산소와 인체에 이로운 효과를 줄 수 있는 좋은 공기를 제공하고 있다는 것이다.

국립산림과 학원에 따르면 2020년 기준 산림의 공익적 가치(5년마다 통계를 냄)는 259조 원(국내 총생산량의 약 13.3%)으로 1인당 연간 499만 원의 혜택을 받는다고 한다.

이처럼 숲은 경제적 가치는 물론 생명의 활기가 넘치는 곳이며 수많은 식물과 동물 등 인간과 자연이 살아 숨 쉬며 공존하는 커다란 생명체이다,

즉, 생명의 숲이다. 몸과 마음이 치유되는 숲과 함께 인간의 건강과 행복의 시대를 활짝 열어가길 기원하며 숲은 우리의 희망이고 미래라는 것을 외쳐본다.

〈2024년 10월의 마지막 날〉

충남산림자원연구소 청양의 희망이고 미래다

청양군은 충남 15개 시군에서 인구가 가장 적은 지역이다.

전국 226개 기초 자치단체 중 206번째이며 60년대 인구가 10만 명이 넘었지만 산업화와 도시화를 겪으면서 인구유출을 피하지 못한 원인이 크다.

2024년 상반기를 마지노선으로 인구 3만 명이 무너진 전국에서 손꼽히는 인구 소멸 고위험 지역으로 분류된다.

지난 8월 30일 확정된 산림자원연구소 청양이전은 앞으로의 청양군 발전의 획기적 전기가 되어야 한다는 것은 군민 모두가 염원하는 바 크다.

1994년 공주시 반포면 일대 270만㎡ 부지의 충청남도 직속기관으로 설립된 산림자원연구소는 2012년 세종시 출범에 따른 행정구역 개편으로 공주시 반포면에서 세종시 금남면으로 편입되어 충남으로의 이전이 제기되어 오던 중 2022년 7월 산림자원연구소 이전이 추진되어 오다가 2024년 7월 3일 최민호 세종시장과 김태흠 충남지사가 세종시청에서 산림자원연구소 이전 공동대응을 위한 업무협약식을 계기로 본격 추진되었다.

그동안 약 2년 2개월 동안 공주시, 보령시, 금산군, 태안군, 청양군 등 5개 시군의 치열한 유치 경쟁 속에 청양군(고운식물원일대 약 391.5ha)으로 최종 확정된 것이다.

청양군 유치의 성공유인으로 산림자원연구소의 주요 기능인 산림연구, 산림보존, 휴양복지를 수행하기에 풍부한 산림자원을 보유하고 있으며, 연구소 이전 부지인 고운식물원은 이전 조성에 필요한 기간과 비용을 획기적으로 단축시킬 수 있는 높은 경제성과 충남의 정 중앙에 위치해 도내에서 1시간대에 접근이 가능하고 지역균형 발전에 부합하며 천혜의 자연조건과 군민 모두의 간절한 염원이 있었기 때문이다.

그동안 부지승낙 등 산림자원연구소 유치를 위해 큰 힘을 모아주신 모든 분들께 감사와 축하의 말씀을 드린다.

특히 평생을 몸 바쳐 일구고 가꾸어온 고운식물원을 산림자원연구소 부지로 청양군 발전을 위해 섭섭하지만 통 큰 결단을 해주신 이주호 회장께 깊은 감사를 드린다.

현재 세종시에 있는 산림자원연구소는 금강자연휴양림, 금강수목원, 산림박물관, 열대온실, 동물마을, 나무병원 등이 설치돼 있으며 청양에 이전할 연구소는 금년에 기본구상 및 타당성 조사 용역을 거쳐 2028년 완공할 예정이라고 한다.

산림자원연구소 청양이전에 따라 김태흠도지사는 연구소의 이전이 단순한 기관의 이동에 그치지 않고 청양지역의 관광 및 산림산업 활성화와 연계된 미래발전 동력으로 자리 잡아야 한다고 강조하였고 , 군은 연간 30만 명 이상의 방문객과 100여 개 이상의 녹색일자리 창출을 기대하며 김돈곤 청양군수는 인구감소와 지역소멸 위기에 놓인 청양군이 산림연구 복지거점 지역으로 성장 인구 5만 자족도시로 가는 전환점이 될 것이라고 기대한다고 말했다.

산림이 주는 가치는 상상 그 이상의 가치가 있는 우리의 자원이다.

모든 국민의 건강과 행복의 자원이고 경제적 자원이며 우리의 희망이고 미래다. 산림자원연구소의 청양 이전설립과 관련하여 예산확보 등 많은 어려움이 있겠지만 적극적인 노력으로 우리 청양군 발전의 획기적인 전환점이 되고 인류가 추구하는 최첨단 시설을 갖춘 세계적인 연구소로 거듭 태어날 수 있도록 그야말로 통 큰 그림을 그려야 하며 우리 군민 모두의 한마음 한뜻이 모아져야 한다.

그리하여 세계인들이 모여들고 세계에 자랑할 수 있으며, 인간과 동.식물 자연이 함께 공존하는 가운데 인류의 희망과 미래를 선도하는 연구소가 되어야 하며 무엇보다도 청양군민들의 따뜻한 성원과 사랑이 함께하며 가장 세계적인 연구소가 되어야 한다는 것이 필자의 생각이다.

산림은 영원한 우리의 희망이고 미래이기 때문이다.

끝으로 묵묵히 평생을 몸 바쳐 산림을 지키고 가꾸어온 고운식물원 설립자 이주호 회장의 전시관도 만들어 자원화하면 좋겠다는 생각을 하며 이곳 청양으로 새로 이전되는 산림자원연구소가 세계적인 명소가 되길 기원한다.

〈2024. 11. 3.〉

생물다양성(生物多樣性)

1992년 UN 환경개발회의는 지구상의 생물 종을 보호하기 위해 마련된 생물다양성 협약을 채택했으며 협약에 따르면 생물다양성은 육지해양 및 기타 수중 생태계에서 생물들의 종 다양성(Species)과 형질을 결정하는 유전자(Gene)의 다양성 및 서식하는 생태계(Ecosystem)의 다양성을 포함하여 정의하고 있다.

인간에 의해 발견된 세계 800만 종 가운데 100만 종이 수십 년 내 멸종할 것이다라는 과학자들의 경고도 있다. 생물다양성은 지구생태계의 중요한 구성요소로서 생물들 간의 상호작용을 통해 지속가능한 생태계를 유지하는데 중요한 역할을 한다.

즉 생물의 다양성은 지구에 존재하는 다양한 생명체와 그들이 속한 생태계를 의미하며 유전자의 다양성은 같은 종 내에서 개체마다 유전적 차이를 나타내는 것을 의미하고 종 다양성은 특정지역 또는 지구 전체에 존재하는 생물 종의 수와 분포를 뜻하며 생태계 다양성은 숲, 초원, 습지, 해양 등의 다양한 생태계가 존재하는 것을 의미한다.

따라서 생물의 다양성은 지구생태계의 균형을 유지하고 인류의 생존과 번영에 기여하는 인류의 미래다.

인간이 생태계로부터 받은 혜택은 식량, 의약품, 목재, 섬유 등의 자원과 기후조절, 수질정화, 해충 및 질병 조절 및 토양형성, 영양순환, 광합성 등 생태계 유지에 필수적이며 생태관광, 문화적 가치 등을 제공받는 등 혜택이 크다.

이러한 생물 다양성이 인간활동에 의해 현재 혜택이 빠르게 감소하고 위협을 받는 실정이다.

도시화, 농경지 확대, 산림 벌채로 인해 생물의 서식지가 사라지고 있는가 하면 온도상승, 해수면 상승 등 기후변화로 인해 많은 종이 새로운 환경에 적응하지 못하고 새로운 이동이나 멸종위기에 처하기도 한다.

또한 황소개구리 등 외래종이 유입되면 생태계의 균형이 깨질 수 있으며 남획 및 불법포획으로 말미암아 특정 종의 개체 수가 급격히 감소하는가 하면 수질오염, 공기오염, 농약사용 등은 생태계를 파괴한다.

현재 지구의 상황은 매우 위급한 상황에 놓여 있다.

지구상에서 인간의 손이 닿지 않는 산림은 15%이며 바다는 고작 3%밖에 되지 않는다고 한다.

인간의 극심한 생태계 파괴로 인해 지금의 멸종위기는 6,500만 년 전에 발생한 대멸종과 비슷한 수준이라 하며 전 세계에서 다양한 암초 생태계를 갖춘 호주의 동부 해안선을 따라 2,300km나 펼쳐지는 눈부시게 아름다운 최고의 관광지 그레이트배리어 리프라는 바다의 산호 군락지가 1995년 대비 절반이상 파괴되어 산호초가 대규모로 죽어가고 있다고 한다.

바다는 산림보다 더 많은 이산화탄소를 흡수하며 해조류에서 발생되는 산소량은 지구 전체 발생량의 70%를 차지하고 있다는 것이다.

우리는 과거에 몰랐던 생물의 이로운 가치를 재발견하고 있다.

우리가 사용하는 항생제 및 항암제의 80% 이상은 자연에서 유래된 물질로 의학발전에 도움을 주고 있으며 우리에게 잘 알려진 신종플루의 치료제인 타미플루도 주요성분은 스타아니스라는 식물의 방어물질이라고 한다.

이렇게 다양한 생물들의 물질이 우리의 의약품뿐만 아니라 의식주를 비롯한 다양한 산업에 사용될 수 있는 새로운 자원으로도 발전되고 있다는 것이다.

지구의 생물다양성 감소는 인류의 생존과 지구 생태계의 안전성에 중요한 위협이 되고 있다.

따라서 생물의 다양성을 보존하는 것은 기후변화, 식량안보, 인류건강 등과 직결되는 문제로 이를 해결하기 위해서는 서식지 보존, 지속가능한 자원관리, 기후변화 대응 등 종합적인 노력이 필요하다.

생물다양성은 우리가 살아가는 지구의 기반이자 미래세대를 위한 귀중한 유산으로 우리는 생물다양성을 지키고 이를 보호하는 노력을 지속해야 할 것이다.

지난 2월 19일 산림청과 국립수목원에서 산림 생물다양성 증진을 위한 국, 공, 사립식물원 지속적 협력을 위한 워크숍이 있었던 것으로 알고 있는데 생물다양성 증진을 위한 이들 기관들의 보다 더 적극적인 노력도 중요하다.

〈2025. 3. 20.〉

대화와 소통 이야기

식물은 말을 하지 못하며 뇌가 없는 대신에 기억, 저장, 상황판단을 하는데 세포 하나하나가 뇌기능을 하고 있다는 영국의 한 실험 결과이다.

필자가 재직시절 한 오이 재배 하우스에 좋은 음악을 틀어주니 오이가 생육이 좋아지고 잘 자라는 것을 보았다.

소위 "그린 음악"이다.

옛날 벤처 농업대학 다닐 때 광양에서 매실 농원을 운영하고 있는 홍쌍리 여사님의 말이 생각난다.

비바람이 부는 날이면 일찍 일어나 매실 농원을 돌아보며 농원의 수많은 식물들과 안부를 주고받으며 대화한다는 것이다.

"얘야 어제저녁 바람이 많이 불었는데 괜찮으냐"라고 하는 등 많은 식물들과 대화를 하면서 배고파하면 거름 주고 아파하면 약 주고 목말라하면 물주며 쉼 없이 대화하며 보살핀다고 하며 그러다 보니 식물박사가 되었다고 한다.

"작물은 주인의 발자국소리를 들으며 자란다고 한다" 자주 대화하며 보살피다 보면 그 식물도 인간에게 반드시 보답한다는 것이다. 즉 식물도 감정이 있다는 뜻이다.

사람들에게도 대화와 소통은 중요한 삶이다.

대화(對話, 다이얼로그 diqlogue)는 둘 이상 실체 사이의 언어 소통으로 나이와 남녀노소에 상관없이 대화를 한때는 상대방을 배려하고 존중하면서 공손하고 예절

바르게 말해야 한다.

소통(疏通, 커뮤니케이션 communication)은 뜻이 서로 통하여 오해가 없다는 뜻으로 사실, 생각, 의견, 감정 등을 교환해 공통이해를 도모하는 의식, 태도, 행동 변화를 이끌어내는 행위라 할 수 있다.

사람은 감정의 동물이기 때문에 대화와 소통은 우선 상대방을 이해하는 긍정적인 입장에서 출발해야 한다.

옛 속담에 "말 한마디에 천 냥 빚 갚는다"라는 말이 있다. 말을 할 때는 애써 주의해서 해야 된다는 말로 말 한마디가 얼마나 소중한가를 말해주고 있다.

상대방을 생각하지 않고 부정적으로 내뱉는 퉁명한 말투는 상처를 주고 기분을 상하게 한다.

우리 속담에는 많은 말들이 있다.

같은 내용이라도 표현하는데 따라서 듣는 말이 다르다는 "말이란 아 다르고 어 다르다" "가는 말이 고와야 오는 말이 곱다" 또한 "말은 보태고 떡은 뗀다"는 속담이 있는데 말은 전해질수록 더 보태지고 음식은 전해질수록 줄어든다는 뜻이다.

말은 우리의 마음을 전하는 도구이기 때문에 어떤 마음을 갖고 말하는지도 중요하지만 같은 마음이어도 어떻게 말하는지가 중요하다.

말 한마디가 인간관계를 그르치기도 하고 살리기도 한다.

절망에 빠진 사람을 일으켜 세우기도 하고 멀쩡한 사람을 절망에 빠지게도 할 수 있으며 오해를 사기 쉬운 것도 말이지만 진심을 전하는 것도 말이다.

우리는 가끔 마음은 안 그런데 말을 잘못해서 오해받고 그 사람의 진심을 몰라주는 경우도 많다.

그렇다고 말을 안 하면 잘 모른다. 속담에 "말 안 하면 귀신도 모른다"라는 말은 마음속으로만 애태우지 말고 속마음을 이야기하란 뜻인지도 모른다.

또한 속담에 "말은 해야 맛이고 고기는 씹어야 맛이다"라는 말도 있듯이 해야 할 말은 해야 한다는 뜻이다.

우리는 일상에서 많은 말을 하지만 좋은 시기에 좋은 말로 좋게 말하고 좋게 해석하는 지혜 속에 더 많은 대화와 소통을 해야 하지 않을까 하고 생각해 본다.

〈2025. 3. 25.〉

장수만리화(長壽萬里花)

개나리는 진달래와 함께 전통적으로 봄이 왔음을 알리는 꽃으로 한국인에게 매우 친근한 꽃이다.

일반인들이 무심코 지나치면서 보기에 개나리꽃 같지만 자세히 보면 장수만리화라는 꽃이다. 세계적으로 개나리 속(屬)에 속하는 종류만 11종이 있는데 이중 4종이 국내에서 자생하며 모두 우리나라 특산식물(고유종)이라고 한다.

일명 장수개나리라고도 불리는 장수만리화는 줄기가 위로 직립하고 개화기간도 40~50일 정도로 매우 길며 햇빛이 잘 드는 산골짜기 개울가 주변에 자란다.

물푸레나무목 개나리과에 속하는 낙엽활엽관목으로 높이 1~1.5m 정도 자라며 꽃은 3월 말부터 4월 초에 잎보다 먼저 노란색으로 피기 시작하는데 다른 개나리보다 1주일 정도 빠르다.

잎은 마주나기를 하며 달걀모양으로 양면에 털이 없으며 표면은 짙은 녹색이고 가장자리에 잔 톱니가 있거나 거의 없고 잎자루는 8~12mm 정도이다.

장수만리화는 1930년 북한의 황해도 장수산(해발 745m)에서 처음 발견되었으며 "장수산에서 자라는 만리화"라는 뜻으로 이름 붙여졌다 하며 북한에서는 향수꽃이라 부르기도 한다. 한편 길게 줄지어 자라는 모습을 만리에 꽃이 피어 있는 것에 비유해 또한 만리(萬里)까지 꽃향기가 퍼진다 하여 이름 붙여졌다는 등 많은 이야기도 있다.

이곳에서만 자생한다고 알려진 토종 특산식물이지만 2006년 경기도 연천에서 군락지가 발견되었다고 하며 북한에서는 천연기념물이기도 한 만리화는 노란 꽃으로 여심을 사로잡기도 한다.

길과 산에서 흔히 볼 수 있는 일반 개나리는 넝쿨처럼 옆으로 늘어졌지만 장수만리화는 꼿꼿하게 서 있는 게 다르다.

"희망, 기대, 달성, 깊은 사랑"이라는 꽃말을 가진 장수화는 내한성이 강하며 양지를 좋아하지만 반음지에서도 잘 자라는 식물로 꽃이 일찍 피면서 오래가고 병해충 건조 등에 강하며 대기오염이 심한 지역에서도 개화결실이 잘되는 좋은 관상수로 알려져 있다.

산림청 국립수목원에서는 2009년도 장수만리화를 4월의 나무로 선정한 바도 있다.

열매는 9~10월에 익으며 번식방법은 씨앗 뿌리기와 3~7월에 1년생 가지를 이용한 꺾꽂이 방법으로 한다.

또한 이른 봄에 노란색 꽃잎을 따거나 가을에 열매를 채취해서 술을 담가 먹기도 한다.

우리 청양 고운식물원 입구에는 많은 장수만리화가 피어 언제나 환한 미소로 찾아오는 관광객을 맞이하며 식물원의 새봄을 알리고 있다.

아름다운 꽃 신비로운 약용자원 골담초(骨擔草) 나무

건강에 좋아 골담초라 이름 붙여졌다는 이 나무는 4~5월 중에 긴 꽃대에 꽃자루가 있는 여러 개의 꽃이 어긋나게 붙어서 밑에서부터 피기 시작하여 끝까지 피며 꽃은 길이 2.5cm~3cm의 나비 모양으로 버릴 것이 없다는 꽃나무 골담초이다.

옛 어린 시절 울타리 주변에서 노란색 꽃이 피는 골담초 꽃을 따서 먹거나 여러 개 따서 밥과 함께 비벼 먹던 생각이 난다.

생으로 먹어도 맛이 달콤하며 눈도 입도 즐거웠던 꽃이다.

콩과에 속하며 중국 및 우리나라가 원산지로 전국에 분포하며 키는 1~2m쯤 되고 잔가시가 많다.

잎은 깃골겹잎이고 잔잎은 넓은 타원형 모양이며 봄에 황색에서 적색으로 변하는 나비 모양의 누런 꽃이 잎겨드랑 사이에서 하나씩 핀다.

"풀(草) 자"가 들어 있어 풀로 생각하기 쉬운 나무이며 일부 지방에서는 곤단추나무라 부르기도 하고, 불가에서는 선비화(禪扉花)로 불리며 노란 비단의 닭이란 뜻으로 금계인(錦鷄人), 노란 참새가 무리 지어 있는 듯 보인다고 해서 금작화(金雀花) 등 여러 별명이 붙어 있으며 퇴계 이황이 부석사에 들렀다가 이 나무를 보고 "부석사 비선화"라는 시를 남겼다고 한다.

전설에 의하면 경북 영주시에 있는 부석사를 창건한 의상대사가 중생을 위해 짚고 다니던 지팡이를 이곳 조사당 처마 밑에 꽂았더니 가지가 돋아나고 잎이 피어 오늘에 이르렀다고 전해오며 잎을 달여 마시면 아들을 낳는다는 속설이 전해져 오기도 한다.

골담초는 내한성과 내 건조성이 강하며 해변이나 공해가 심한 도심지역에서도 잘 자라며 성장이 빠르고 위로 자란다.

번식방법은 8~10월경에 열리는 종자를 가을에 화단에 뿌리거나 뿌리의 맹아에 의해 발생한 묘목을 포기나누기 하며 새로 나온 가지를 이용하여 3~4월이나 6~9월경에 삽목 하는 등 종자파종, 삽목, 포기나누기 등으로 번식한다.

"청초, 겸손"이라는 꽃말을 가진 골담초는 다양한 효능 덕분에 약재로 널리 이용되고 있는데 골담초꽃은 자연이 주는 소중한 선물로 다양한 건강 효능이 있다고 한다.

혈액순환 개선과 혈압을 낮추고 이뇨작용 촉진 해열과 항균작용 그리고 스트레스 해소와 마음의 안정에 많은 도움을 준다는 것이다.

골담초의 뿌리는 한약재로 사용되어 폐를 맑게 하고 소화기를 도우며 혈액순환을 좋게 하고 혈압을 낮추는 효과가 있어 고혈압, 타박상, 신경통이나 관절통의 치료로 쓰인다고 한다.

그러나 뿌리에 독성이 약간 있어 과다섭취는 지양해야 한다고 한다.

이와 같이 통풍에 좋고 관절통 신경통 뼈 건강에 좋은 보약이라 알려져 있으며 소중한 우리의 약용자원인 골담초는 우리 식물원 곳곳에서 만날 수 있으며 골담초를 집단 재배하여 축제 등 다양한 체험 프로그램을 운영하면 좋겠다는 생각을 해본다.

〈2025. 4. 10.〉

관심(關心)이야기

사랑은 관심이라고 말했던가?

식물이든 동물이든 간에 관심이 없다면 어떨까 좋든 싫든 살거나 죽거나 나는 모른다는 이야기는 바로 관심이 없다는 이야기다.

어떤 것에 마음이 끌려 주의를 기울이거나 그런 마음이나 주의를 관심이라고 말한다.

흔히들 마음이 없으면 보아도 보이지 않고 들어도 들리지 않는다고 한다. 즉 관심여부다.

필자도 자동차를 운전할 때 속도위반이 되면 네비에서 뚝뚝하고 소리를 내지만 알아듣지 못하고 그냥 지나쳐 버리는 경우가 있다.

정신을 다른 곳에 집중하면 즉 엉뚱한 생각을 하면 바로 주변에서 발생하는 현상황을 인식하지 못하는 것 같다

어떤 분은 오늘 누구하고 약속한 것 같은데 기억이 나지 않는다고 한다.

무관심인지 다른 곳에 정신이 있는 것인지 기억력이 없는 것인지 잘 모르지만 필자는 관심이라 생각한다.

지나친 관심은 많은 부작용을 초래하고 힘들게도 하지만 말이다.

이곳 식물원에는 수많은 식물들이 자라고 있다.

가끔 관광객이 저게 무슨 식물이냐(꽃)고 물으면 확실하게 식물이름을 몰라 답변을 못하거나 얼버무릴 때가 있다.

옛말에 "알아야 면장을 한다"는 이야기가 있듯이 식물원에 근무한다면서 식물의 이름 잘 모른다는 이야기는 식물에 대한 무관심을 떠나 창피한 일이다.

필자는 식물원에 오면서 하루 2가지씩 식물 이름 알기로 마음먹고 식물명, 서식 위치, 꽃말 등을 적으며 꽃피는 시기별로, 대표되는 식물, 주요 동선별로 식물원을 돌아보는 날짜별로 물어보고 인터넷에 찾고 하면서 외워 보기도 하나 하루 지나면 또 잊어먹기 일쑤다.

2024년에는 식물에 대한 메모를 할 수 있도록 수첩을 만들어 관람객에게 배부하고 있기도 하다. 잊어먹어도 또 메모하고 외우고 관심을 갖다 보면 알아지겠지 하는 생각에서 말이다.

이것이 관심이 아닌가 싶기도 하며 무슨 식물인지 꽃인지도 모르고 그저 스쳐 지나가 버린 곳에 무관심했음을 느낀다.

식물 문화가 발달한 사회란 식물에 관한 정확한 정보가 잘 통하도록 기본 소양을 갖고 있어야 한다. 즉 정확한 식물정보를 공유하고 있는 사회가 아닌가 한다.

정확한 정보를 위해서는 식물 이름을 정확히 아는 것이 우선이다.

지난 친 관심은 오히려 식물에 해가 된다라는 말도 있지만 관심 자체가 식물에 대한 사랑이며 애정이고 보살핌이며 적당한 관심이 아닐까 생각해 보기도 한다.

식물의 어느 한 전문가는 식물의 이름은 물론 역사, 식물수집, 증식, 육종, 번식, 관리 등 식물의 모든 분야에 대해 잘 알고 있지만 이는 모두가 식물에 대한 관심에서부터 출발한다는 사실을 우리는 알아야 하며 관심은 식물을 사랑하는 힘이고 식물도 관심과 사랑을 줘야 잘 자란다.

아울러 고사성어에 "풍수지탄(風樹之歎)이라는 말이 있다

요즈음 윤리의식이 실종되어 가고 심화되는 개인주의 이기주의 속에 무관심해져 가는 부모님에게도 관심이 필요한 때인 것 같다.

우리 지구가 아파하고 있다

지구의 날(4월 22일)을 맞아 환경부는 “해보자고 기후행동! 가보자고 적응생활!”이란 주제로 기후주간(4월 21일~25일)을 운영하며 일상 속 꾸준한 탄소중립 생활 실천과 기후적응 역량 강화로 탄소중립 시대로 나아간다는 것이며 이곳저곳에서 많은 지구의 날 행사를 개최한다고 한다.

지구의 날은 1970년 4월 22일 지구환경 문제에 대한 범시민적 각성과 참여를 위해 민간운동에서부터 출발하였다고 하며 미국 상원의원 게이로드 넬슨이 주창하고 당시 하버드대학교 학생이던 데니스 헤이즈가 발 벗고 나서 1970년 미국 뉴욕에서 처음으로 지구의 날이 개최되었다고 한다.

중요한 것은 지구의 날 의미를 되새기며 지구가 왜 아파하는지 생각하고 실천하는 일이다. 지구가 아파하는 것은 기후위기와 환경오염 때문에 자연환경이 멍들어가고 있기 때문일 것이다.

유럽연합의 기후변화 관측국에 따르면 2024년 사상 처음으로 지구의 평균 온도가 산업혁명 직전보다 1.5℃ 이상 상승했으며 1.5℃ 상승 제한 티켓을 지키려면 2030년까지 화석연료 사용을 지금보다 40% 줄여야 한다고 하며, 2015년 파리 기후변화 협약(우리나라를 비롯하여 195개국 참여)은 산업화(1850~1900) 이전보다 기후 평균기온 상승폭은 2℃ 밑으로 유지하며 1.5℃ 이하로 제안하기 위하여 노력한다는 목표가 지난해 깨진 셈이다.

호주의 뉴사우스웨일스대학교(UNSW) 기후 위험 대응 연구팀은 지구의 평균기온이 3℃ 더워지면 세계가 40% 가난해진다고 하며 마지노선(1.5℃) 넘은 지구의 온도를 1.7℃ 내외로 억제 목표들 세우고 지금 줄이지 않으면 늦는다고 강조한다.

우리 기상청에 관계부처 합동으로 발간한 2024 이상기후 보고서에 따르면 지난 해 우리나라 기상관측 이래 가장 더웠던 여름철 폭염에 이어 열대야 폭우, 폭설 등 각종 이상기후 현상이 빈번하게 나타난 것으로 분석되었다.

사람을 비롯한 생명이 있는 모든 동식물에 직간접적으로 영향을 주는 환경 문제는 자연이 스스로 정화할 수 없는 지점에 도달하여 인류의 존망을 위협하며 개인, 이웃, 지역 국가를 넘어 인류가 해결해야 할 지구촌의 문제이다.

대기오염, 수질오염, 토양오염, 해양오염, 방사능오염, 소음 및 진동, 악취, 일조 방해, 빛공해 등 사람의 활동에 의한 것들로 인간이 해결할 문제이다.

세계 각국은 환경문제 해결을 위해 오존층 파괴물질의 사용을 규제한 몬트리올 의정서(1987), 생물다양성 협약(1992), 사막화 방지협약(1994), 온실가스 배출감축에 관한 파리협정(2015) 등을 비롯한 여러 가지 노력을 하고 있지만 중요한 것은 날이 갈수록 심화되는 환경문제를 대다수 사람들이 자신과 관련된 일이 아니라 하고 제대로 인식하지 못하고 있는 것이 가장 큰 문제인데 전 세계인들이 올바른 환경문제를 인식하고 실천하며 다양한 주체들의 적극적인 노력도 중요하다.

환경을 지키는 것은 환경과 공존하는 우리 인간의 삶의 가치와 건강의 가치를 지키는 일이다.

2025년 지구의 날을 맞아 기후위기와 환경에 관한 새로운 의미와 가치를 되새기며 실천하는 계기가 되길 바란다.

자연경관을 화사하게 만드는 화살나무

화살나무는 생태적으로도 중요한 가치를 지니고 있다.

가을에 맺히는 빨간색의 열매는 새들에게 소중한 먹이가 되어 새들이 이 열매를 먹고 이동하는 과정에서 씨앗을 퍼뜨려 자연 속에서 새로운 화살나무가 자랄 수 있도록 도와주고 있어 숲과 자연의 균형을 유지하고 다양성을 보존하는데 큰 기여를 하고 있어 생태적 역할이 크다고 할 수 있으며 이런 점에서 중요한 가치를 지닌다.

필자가 재임시절 일본에서는 화살나무를 가정에 심으면 집안에 우환이 없다는 소문이 있어 산에서 2주를 캐다 사무실 안에 식재한 적이 있다.

우연인지 모르나 그 뒤로 직원들의 우환이 없었다. 때문에 강의할 때 화살나무 이야기를 자주 했던 기억이 새롭게 느껴진다.

또한 화살나무는 그 독특한 외형과 계절마다 변하는 아름다움으로 자연과 인간에게 많은 가치를 선사하고 있다.

"위험한 장난, 냉정"이라는 꽃말을 가진 화살나무는 낙엽 활엽 관목으로 한국을 비롯한 이웃 일본 중국에 자생하며 노박덩굴과 식물로 홋잎나무, 참빗나무, 참빗살나무 등으로 불리기도 하며 분재 소재로도 많은 인기를 받고 있다.

줄기와 가지에 2~4줄의 뚜렷한 코르크질의 날개가 붙어 있는데 이게 마치 화살깃처럼 보인다고 해서 화살나무라는 이름이 붙였다고 하며 나무의 크기는 1~3m 정도이며 잎은 마주나기로 달리고 꽃은 황록색으로 5~6월에 피며 2~3개씩 모여 달린다.

열매는 붉은색이며 10월에 성숙하여 12월까지 달려 있다.

전국에서 자라며 추위와 건조에 강한데다가 가을철에는 강렬하고 선명한 붉은 단풍나무로 자연경관을 화사하게 만들어 관상용으로 많은 사랑을 받고 있으며 가지의 독특한 구조와 촘촘히 자라는 특성 때문에 정원수나 울타리로 많이 심으며 새들에게 열매를 통해 먹이를 제공하고 씨앗을 퍼뜨려 자연생태계를 유지하는데도 기여하고 있다.

어린잎은 "홑잎나물"이라 부르며 된장국을 끓여먹을 때 넣거나 무침을 해 먹기도 하며 봄철이 되면 홑잎을 뜯는 아주머니들을 종종 볼 수도 있다. 잎은 그늘에 말려 차로 마시기도 하는데 이를 "귀전우차"(화살나무 가지에 달린 날개를 한방에서 이르는 말)라고 부르며 가지를 달여서 먹으면 신경과민, 불면증에 좋다고도 하며 햇빛에 충분히 말려서 소량씩 달여서 먹으며 열매는 혈액순환을 좋게 하며 염증 치료에도 효과가 좋다고 알려져 있다.

특히 플라이보드와 같은 황산화성분이 풍부해 세포 손상을 방지하고 면역력을 강화 심혈관 건강지원 등 현대 건강 관리에도 그 활용성이 높아지고 있으며 봄엔 나물로 가을엔 단풍나무로 관상적, 생태적, 약용적 가치를 갖춘 나무이다.

고운식물원에는 이와 같은 화살나무를 곳곳에서 만날 수 있으며 특히 문화아트홀 뒤편에는 오래된 화살나무들이 미소 지으며 친절하게 관람객을 맞이하고 있다.

소중한 생태자원 느티나무

느릅나무과의 낙엽활엽교목으로 높이는 20~30cm 정도까지 크며 우리나라를 비롯하여 일본, 대만, 중국 등에 분포하는 느티나무는 크고 무성한 잎이 있어 조류와 곤충 등 다양한 생물에게 서식처를 제공하며 포식자와 피식자의 생태적 균형을 이루는데 기여하고 열매는 여러 동물에게 중요한 식량자원이 되는 등 생물다양성 유지 증진에도 큰 도움을 주는 한편 이산화탄소를 흡수하고 산소를 방출하며 대기오염물질 흡수력이 뛰어난가 하면 자연적 그늘을 제공하고 있어 기후변화 대응 및 환경개선에 큰 영향을 미치는 중요한 생태적 자원이다.

오래된 느티나무는 노거수로써 천연기념물이나 보호수로 지정되어 관리되고 있으며 더위 쉼터, 어린이 놀이터, 정보센터, 마을의 안녕과 평안을 기원하는 성황당 등으로 마을 사람들의 깊은 관심과 사랑을 받아왔으며 우리 선조들의 삶 속에서 희로애락을 함께하며 마을의 역사적 전설이나 문화적 가치를 지니고 있다.

필자가 "미래를 열어가는 식물이야기" 책 제작 시 현장자료에 의하면 2022년도 말 기준 전국에서 느티나무 18곳이 천연기념물로 지정되어 있으며 충청남도에는 천연기념물 13곳 중 느티나무는 부여군 임천면 군사리에 있는 느티나무(천연기념물 제564호)이며, 우리 군 보호수 85곳 중 65곳의 느티나무가 보호수로 지정되어 관리되고 있다.

그 외 많은 느티나무 노거수들이 있으며 잘 가꾸면 1천 년 이상 산다고 한다.

세종 국립수목원(탄소정원 가꾸기)에 따르면 수종별 흉고 직경 12cm 기준 연간

탄소흡수량이 68.1kg으로 느티나무가 제일 높다.

또한 우리 군의 나무가 느티나무이며 대기오염 물질 흡수력도 뛰어난 걸로 알려져 있다.

그렇다면 우리 군 구석구석에 대대적으로 느티나무를 심어 무병장수 도시를 상징하고 기후위기 시대 탄소중립 실천에 앞장서며 전 국민 무더위 쉼터로 제공하는 한편 청정자원을 유지 개선하는데 도움이 되고 소중한 생태도시로 부상할 수 있는 우리 군의 좋은 소재라고 필자는 주창한다.

가을에 떨어지는 낙엽은 노인 일자리 창출로 긁어모아 친환경 퇴비로 활용하면 그 역시 좋은 재료다. 느티나무의 깊고 넓은 뿌리는 토양침식을 방지하고 수분을 유지하여 식물들이 자생할 수 있는 환경을 만드는 등 결국 생태계의 건강성을 높이는데도 기여한다.

또한 느티나무는 전통적인 마을의 경관을 구성하며 세대 간의 기억과 역사를 간직한 존재이기도 하다.

느티나무는 다양한 서식지를 제공하고 기후위기 대응과 환경개선에 기여하며 인간과의 상호작용에도 중요한 역할을 하는 소중한 나무이다.

따라서 느티나무와 같은 생태적 자원에 대한 보존과 보호는 우리의 미래와 지구환경을 위해서도 필수적이다.

특히 우리 군은 청정지역으로 군 나무인 느티나무를 많이 심고 가꾸는 일이 지구생태계의 건강성을 유지하고 미래세대에 더 좋은 환경을 물려주는 기반이 될 것이다.

〈2025. 4. 25.〉

느티나무 천연기념물 제564호 (부여군 임천면 군사리)

바다식목일

5월 10일은 바다식목일이다.

육지에 숲이 있듯이 바닷속에도 숲을 이루며 바다의 꽃이라 불리는 산호가 있다.

미국 해양 기상청과 국제산호초 이니셔티브는 전 세계 바다에서 전체 산호초 84%가 백화 수준의 열 스트레스를 받았다고 밝힌 바 있다.

해양 생물의 먹이이자 산란, 보육의 장소이며 포식자로부터 몸을 숨기는 은신처로 바다 생태계의 근간이며 해양 생물의 다양성을 유지하는 중요한 역할을 한다.

기후 변화 위기를 맞으며 해수 온도 상승과 해양 환경오염으로 바다숲이 사막화되는 갯녹음(백화현상) 현상이 우리나라 모든 연안에 걸쳐 발생하고 그 범위가 점차 확대되는 실정이다.

특히 해양 환경이 오염되면서 특정 종이 비정상적으로 증식하거나 석회조류(수온 상승으로 해조류를 먹는 성게, 고둥 등 석회조류가 증식하는 환경이 만들어짐)가 연안 암반 지역을 뒤덮게 되면 물고기가 떠나버려서 심각한 바다 생태계의 문제를 초래한다.

따라서 바닷속 생태계의 중요성과 황폐화의 심각성을 국민에게 알리고 범국민적인 관심 속에서 바다숲이 조성될 수 있도록 하기 위해 세계에서 최초로 바다식목일(2012년 제정) 법정기념일로 정한 것이다.

이 시기는 1년 중 해조류가 가장 많이 자라는 시기이며 2025년 제13회 바다식목일 기념식은 지난 5월 9일 경남 통영시에서 개최되었다.

생명의 근원인 바다를 다시 풍요롭게 만드는 바다숲의 가치를 되새기는 날로 해양수산부는 2009년부터 지난해까지 전국 연안에 서울시의 절반 이상에 달하는 347.2km² 규모의 바다숲을 조성한 바 있다고 한다.

지구 산소의 75% 공급하는 바다는 생명의 원천이며 바다숲은 기후 변화에 대응할 수 있는 지구 생태계의 회복능력을 강화하는 원동력이다.

이것이 바로 지구온난화를 막고 생태계를 지켜줄 중요한 울타리인 바다를 가꾸는 일이 중요한 까닭이다.

지구온난화 현상으로 바다 온도가 올라가면 바닷속 탄산칼슘의 용해도가 낮아져 더 이상 녹지 못하고 해저면에 달라붙어 바닷속에 사는 생물인 해조류가 더 이상 살 수 없어 바다 사막화 현상이 일어나는데 이에 따라 다시마, 감태, 모자반 등 해조류를 가꾸는 바다숲 조성 사업을 하는 등 각종 노력을 기울이고 있는 것이다.

따라서 우리는 지구온난화 현상을 막기 위해 대중교통을 이용하고 냉난방 온도를 지키는 등 온실가스를 줄이고 비닐, 플라스틱 등 쓰레기 배출을 줄이며 샴푸와 각종 세제를 적정량을 사용하여 해양 환경오염을 막는 등 모든 노력을 다해야 할 것이다.

〈2025. 5. 11.〉

만 가지 병을 치유한다는 영험한 풀 만병초

청양 고운식물원에는 20년 이상 자란 만병초(萬病草) 200여 그루가 군락을 이루며 흰색, 연분홍색, 붉은색 등 다양한 색깔의 꽃봉오리가 우아함을 뽐내며 일대 장관을 이루고 많은 관람객을 유혹하고 있다.

진달래목 철쭉과에 속하는 만병초는 우리나라가 원산지이며 상록활엽수로 만병을 고친다는 풀로 다른 이름으로 천상초(하늘의 신선들이 가꾸는 꽃), 뚝갈나무, 풍엽, 석암엽 등으로 불리기도 한다.

4월부터 다양한 색깔로 화려하며 풍성하게 마치 조화를 달아 놓은 듯 줄기 끝에 10~20송이가 무리 지어 피고 노란 꽃이 피는 것은 노랑만병초, 짙은 붉은색 꽃이 피는 홍만병초 등이 있으며 꽃말은 "인내, 숭고한 정신"이다.

만병초는 고무나무와 닮았고 꽃이 철쭉과 비슷한 채 꽃에서 좋은 향기가 나기 때문에 중국에서는 칠리향(七里香) 또는 향수(香樹)라 이름 부르며 고산지대에 많이 서식한다고 한다.

꽃이 예뻐 꽃만 보아도 만 가지 근심을 사라지게 해줄 것 같다는 만병초는 수고가 1~4m 정도이고 수피는 회백색이며 잎은 어긋나지만 줄기 끝에서는 5~7장이 모여 달린다.

어린줄기에는 흰털이 촘촘하게 나 있지만 점차 없어지고 줄기는 갈색으로 변하며 꽃받침잎과 꽃잎은 다섯 갈래로 갈라지고 수술은 10개이며 털이 있고 암술은 1개이다. 열매는 삭과(蒴果: 열매 속에 여러 칸으로 나뉘어서 각 칸 속에 많은 종자가 들어있는 열매의 구조)로 9월경에 갈색으로 익는다.

또한 이국적인 아름다움과 강인한 생명력으로 많은 사랑을 받고 있으며 봄부터 초여름까지 화사한 분홍, 고귀한 흰색, 신비로운 보라색, 예쁜 붉은색 등으로 피어난다.

만병초는 혹한 속에서도 피어나는 생명의 지혜를 가진 식물로 잎이 푸른 채 겨울을 나고 잎이 아래로 축 처지거나 뒷면이 말려 있는 모습을 볼 수 있는데 「잎의 처짐」 현상은 강한 햇빛으로부터 잎을 보호하기 위한 자연스런 현상이며 「잎의 말림」 형상은 잎의 처짐과 다르게 영하의 날씨에는 잎 표면과 내부에 얼음이 형성되는데 이로 인해 세포 사이에 얼음이 끼게 되면 수분이 세포 밖으로 빠져나가 팽압을 잃게 된다. 그 결과 잎의 형태가 변형되어 뒷면이 말리게 된다.

2024년 국립백두대간수목원에서는 아침에 말린 채 늘어진 잎들이 오후가 되자 생기를 되찾으며 활짝 펼쳐지는 모습을 관찰했다고 한다.

전 세계적으로 약 600여 종에 이르는 만병초들은 종마다 다른 변화를 보이는 경우도 있지만 잎의 처짐과 말림 등은 모두 극한 환경 속에서 살아남기 위해 식물이 보여주는 유연한 변화이다

만병초는 약용수로 민간에서는 고혈압, 저혈압, 당뇨, 신경통, 양기 부족 등으로 쓰이는 곳이 많은 나무다.

번식은 실생과 꺾꽂이로 하는데 9월경에 씨가 갈색으로 익으면 채취해서 이듬해 피트모스에 직파하거나 용토에 뿌리며 꺾꽂이는 9월에 그해에 자란 좋은 가지를 7~10cm로 잘라 발근제를 처리하여 꽂는다.

〈2025. 5. 13.〉

보리수(菩提樹) 나무

씨앗의 모양이 보리를 닮았다 하여 보리수라 부른다고 하며 열매의 겉 표면이 마치 파리똥 같다 하여 일명 보리똥나무라고도 한다.

열매는 팥알만 한 크기로 어릴 적에는 뽀로수나무라 부르며 가을 산에서 따 먹던 약산 떫은 듯하면서도 달콤한 맛의 추억이 서려 있는 열매다.

장미목 보리수나무과의 낙엽관목으로 나무의 높이는 3m가량이며 잎은 긴 타원형으로 복엽이 어긋난 형태로 자라 있으며 가지나 잎자루 잎 뒤에는 회백색의 비늘조각이 빽빽하게 나 있고 꽃은 황백색으로 초여름이 되면 잎겨드랑이에서 꽃이 다발처럼 달린다.

보리수나무는 봄에는 곤충에게 겨울에는 새에게 먹이를 제공하는데 4~6월에 연한 황색꽃을 피우고 꽃대가 길어 아래 방향으로 축축 처진 꽃 안에는 향기 좋은 꿀이 가득해 벌이 많이 모여들며 10~11월 가을이면 빨간색의 열매가 새의 눈에 잘 띄어 좋은 먹잇감이 되고 있으니 식물다양성을 증진시켜 주는 소중한 생태자원이기도 하다.

요즈음 시골에 가면 자주 볼 수 있는 보리수는 원산지가 일본이며 일본에서 건너와 우리나라 뜰에 심기 시작했다 해서 뜰보리수라 부르며 뜰보리수 개량품종으로 열매가 길쭉하고 과육의 양이 훨씬 많으며 토종 보리수보다 약 3배 크고 뜰보리보다는 2배 정도큰 왕보리수가 있으며 5~6월에 붉은 열매를 맺는다.

불교에서는 석가모니가 깨달음 알았고 그 아래에서 성불했다는 보리수는 이것과는 전혀 다른 뽕나무과의 상록활엽수로 인도보리수라 부르며 고무나무 같이 잎이 두텁고 인도처럼 더운 지방에서 자라는 열대성 나무로 30~40m까지 자라는 큰 상록수다.

중국을 거쳐 불고 들어올 때 "깨달음의 지혜"를 뜻하는 산스크리트어(인도의 고전어) 보리(Bodhi)를 음역해 보리수나무와 혼동이 생기기 시작했다.

이 나무는 우리나라에서 월동하지 못하기 때문에 몇 군데 수목원 온실에서 볼 수 있는데 세계꽃식물원(충남 아산)에 들어서면 입구에 큰 나무 2주가 있다.

따라서 빨간 열매가 달리는 보리수와 부처가 성불했다는 보리수 슈베르트가곡에 나오는 보리수는 각각 다른 나무다.

즉 인도와 유럽의 전혀 다른 두 나무가 우리나라 보리수라는 이름으로 만나는 것임을 혼돈하지 말아야 한다.

최근 연구 결과에 따르면 보리수나무 열매에는 비타민C, 비타민B, 칼슘, 철분 등 다양한 영양분이 풍부하게 들어 있으며, 특히 주요 성분 중 하나인 폴리페놀은 강력한 항산화 작용을 하는 것으로 알려져 있으며 이 성분은 체내 유해 활성산소를 효과적으로 제거하여 노후화를 지연시키고 면역력을 높이는데 기여한다고 하며 식이섬유도 풍부하게 함유되어 장 건강증진, 변비 개선 등에 효과가 있다고 한다.

또한 보리수 열매는 천식과 기침 예방에 효과가 좋은 것으로 알려져 있으며 보리수 열매하면 천식 예방이 대표적이다.

보리수 열매를 활용한 차, 아이스크림, 젤리, 보리수청 등 다양한 기능성 식품을 만들 수 있다.

이와 같이 보리수 열매는 우리 몸에 필요한 다양한 영양분을 함유하고 있어 건강증진에 많은 도움을 준다.

번식은 삽목, 휘묻이, 뿌리나누기, 실생 등 여러 방법이 있으며, 청양 고운식물원에는 약 100여 주의 보리수나무, 뜰보리수, 왕보리수 등을 볼 수 있다.

〈2025. 5. 15.〉

보리수

뜰보리수

왕보리수

꽃이 부처 머리를 닮았다는 불두화(佛頭花)

불두화는 쌍떡잎식물로 꼭두서니목 인동과의 낙엽활엽관목으로 산에서 나는 백당나무를 개량한 종으로 꽃의 모양이 부처의 머리처럼 곱슬곱슬하고 4월 초파일을 전후해서 꽃이 만발해 불두화라 하고 번식력과 향기가 없으며 사찰 주변에 많이 심는다.

꽃 모양이 수국과 비슷하나 불두화는 잎이 단풍잎처럼 세 갈래로 갈라진다.

한국, 일본, 중국, 만주 등지에 많이 분포하며 높이는 3~6m 정도이다.

어린 가지는 붉은빛을 띠는 녹색이나 자라면서 회백색으로 변하고 줄기껍질은 코르크층(비대생장을 하는 목본식물의 줄기나 뿌리의 표피 밑에 형성되는 조직)이 발달하였으며 불규칙하게 갈라지고 잎은 마주나며 달걀모양이다.

잎 뒷면 맥 위에 털이 있으며 잎자루 끝에 2개의 꿀샘이 있고 밑에는 턱잎이 있다.

5~6월에 무성화(無性花)로 꽃이 피며 꽃은 줄기 끝에 산방꽃차례로 달린다.

처음 꽃이 필 때는 연녹색이나 활짝 피면 흰색이 되고 질 무렵이면 누런빛으로 변하며 무성화이기 때문에 열매를 맺지 못한다.

사찰 주변이나 오래된 시골 정원 등에서 많이 볼 수 있으며 둥글고 탐스러워 장식용으로 인기가 좋다고 한다.

불두화는 나무수국과 백당나무를 교잡시켜 만든 꽃이지만 불행하게도 생식 작용을 하지 않기 때문에 꽃이 지고 나도 열매를 맺을 수 없다.

불두화를 탄생시킨 백당나무의 꽃 모양은 불두화와 완전히 다른데 불두화의 전체 꽃이 가진 특성인 무성화를 바깥에 동그랗게 화려한 꽃을 피워놓고(그것으로 곤충들을 유혹함) 그 안쪽에 자잘한 진짜 꽃을 피워내며 꽃가루받이를 해서 열매를 맺은 유성화이다, 신기하게도 안팎의 무성화와 유성화는 색깔도 다르다.

백당나무는 지금 피는 꽃도 볼 만 하지만 가을에 맺는 빨간 열매도 참으로 예뻐 가을 정원을 장식해 주는 소중한 존재의 생태자원이다.

관찰해 보면 불두화와 수국, 설구화는 무성화만 있는 둥근 형태이고 산수국과 백당나무, 라나스 덜꿩나무는 백당나무와 같이 무성화가 유성화 주변을 둘러싸고 있는 형태이다.

그리고 산수국에서 무성화만 남겨 놓은 것이 수국이고 백당나무에서 무성화만 남겨 놓은 것이 불두화이며 라나스 덜꿩나무에서 무성화만 남겨 놓은 것이 설구화라는 것이다.

수국은 전 세계 화단을 장식하는 대표적인 꽃으로 꽃색은 토양의 산성도에 따라 여러 가지로 변한다(산성이면 청보라색, 알칼리성이면 연보라색).

불두화의 꽃말은 불교의 가르침 중의 하나인 우주의 모든 사물은 돌고 변하여 한 모양으로 머물러 있지 않는다라는 뜻을 가진 "제행무상(諸行無常), 은혜, 베풂" 등이 있다.

청양 고운식물원에는 불두화를 비롯해서 수국, 백당나무, 라나스 덜꿩나무, 분꽃나무 등 비슷비슷한 나무의 꽃들이 많아 혼동하기 쉬우나 세심한 관찰과 함께 아름다운 꽃들과 함께하면 좋을듯하다.

〈2025. 5. 14.〉

불두화

백당나무

일편단심 민들레

민들레는 국화과에 속하는 다년생 초본식물로서 우리나라 각지의 밭이나 들 양지바른 아무 곳에서나 잘 자라는 여러해살이풀이다.

한반도와 중국, 일본 등지에 많이 분포해 왔으나 현재는 번식력이 좋은 서양민들레에 밀리고 있는 상황이다.

민들레는 바닥에 딱 붙어서 5~6개의 꽃대가 올라오며 톱니 모양의 잎새와 꽃이 지고 나면 솜털 같은 깃이 달린 씨앗들이 바람을 타고 날아다니며 널리 퍼진다.

뿌리가 깊게 내리기 때문에(직근) 짓밟아도 잘 죽지 않는다.

꽃이 진노랑색의 서양민들레는 꽃을 감싸는 바깥쪽 꽃받침(총포) 아래로 향해 있는 반면 우리 고유의 민들레는 바깥쪽 꽃받침이 꽃을 감싸고 있다.(위로 향한다)

민들레를 연구한 식물학자들마다 조금씩의 다른 견해도 있으나 민들레는 민들레(옛날 털민들레), 산민들레, 흰민들레, 좀민들레는 우리나라 토종 민들레라는 것이다.

유럽 원산의 서양민들레는 1990년대 초 우리나라에 들어온 귀화식물로 전역에 왕성하게 자라며 생명력이 강해 우리 토종 민들레를 압도하고 있다.

우리 토종 민들레는 같은 종 이외에는 절대로 결혼하지 않는다.

흔하게 피어나는 서양민들레 꽃가루가 찾아와 애걸해도 받아들이지 않으며 자기가 원하는 토종민들레의 꽃가루가 날아오기만을 일편단심 기다린다.

때문에 1981년 조용필 가수가 부른 "일편단심 민들레야" 노래도 여기서 나온 것이라고 하며 민들레의 근성(根性)인 하나의 중심 뿌리가 땅속으로 곧게 내려 바람에 흔들리지 않는 이유와 일편단심 노래 작곡가 이주현(당시 72세)씨가 6.25 전쟁 때 북으로 끌려가 죽은 남편을 사랑하는 변함없는 진심을 이야기 한다고 한다.

반면 서양민들레는 근친이고 무엇이든 찾아오는 데로 모두 받아들여 씨를 맺기 때문에 서양민들레의 숫자가 계속 증가하고 있다.

흰민들레는 이름 그대로 꽃이 하얗다 완전히 하얀 건 아니고 가운데가 노리끼리하다.

꽃이 하얀 민들레만 토종민들레라고 아는 사람이 많으나 토종민들레인 민들레, 산민들레, 좀민들레는 노랗기 때문에 주의해야 한다.

정확히 구분하려면 꽃받침(총포)를 확인하면 된다.

유럽에서 건너온 외래종인 서양민들레와 유사한 붉은씨서양민들레가 있는데 잘 구분하기 어렵다.

다만 종자 색깔이 서양민들레는 옅은 녹색인 반면 붉은씨서양민들레는 종자 색깔이 붉다.

민들레(옛날 털민들레)는 끝에 돌기가 있고 꽃 밑에만 흰털(밀모)이 있으며 꽃은 노랗다.

또한 산민들레는 끝에 돌기가 없으며 꽃줄기에 털이 있고 끝부분에 자줏빛이 돌며 총포는 민들레보다 약간 긴 15~20mm 정도로 자라며 꽃은 노랗다.

좀민들레는 제주도 한라산 높은 초지에 자생하며 붉은 기운이 돌고 끝에 돌기가 흔적만 있고 꽃줄기에 털이 거의 없으며 꽃은 노랗다.

민들레는 예로부터 귀한 약초로 사랑받아 왔으며 최근 민들레의 효능이 과학적으로 증명되면서 민들레 뿌리, 민들레즙, 민들레차 등으로 많이 이용하는데 면역력 강화, 간기능 강화, 소화기능 개선, 항염 및 항암효과, 피부건강 증진 등 놀라운 효능이 있다고 한다.

특히 흰민들레가 약효가 더 뛰어나다고 한다.

민들레의 꽃말은 노랑민들레는 "감사하는 마음. 행복"이며 흰민들레는 "내 사랑을 그대에게 드려요"이다.

민들레(털민들레)

흰민들레

산민들레

좀민들레

서양민들레

교잡종

모란(목단)과 작약(함박꽃), 다알리아

모란은 중국이 원산지이며 낙엽활엽관목으로 오래전에 약용으로 한국에 들어왔으며 높이 2m까지 자라고 가지에 털이 없으며 잎이 크게 3~5 갈래로 갈라지는 모양이다.

꽃은 암수 한 꽃으로 4~5월에 피며 꽃색은 자홍색이 보통이나 개량종에는 빨강, 분홍, 노랑, 분홍 등 다양하며 겹꽃도 있다.

꽃은 아주 크며 화려하고 우아하여 꽃의 왕이라는 별명이 있으며 꽃말은 "부귀, 영화, 왕자의 품격, 행복한 결혼"이다.

중국과 일본에서는 모단(牡丹)이라는 한자를 쓰며 우리나라에서는 목단(牧丹)이라 쓰는데 이는 삼국유사에 목단이라고 잘못 표기한 것이 계속 이어졌다고 한다.

모란꽃은 부의 상징으로 조선시대에는 결혼식 때 입는 옷과 침구류 등에 모란꽃이 자수로 새겨졌고 모란꽃이 그려진 병풍을 쓰기도 했다고 한다.

미인을 가리켜 "앉으면 모란, 서면 작약"이라고 일본에서 유행했다고 하고 평양의 모란봉은 언덕 전체의 형상이 모란의 모습과 닮아서 이름 지어졌다 하며 한국의 모란시장, 모란역 등 모두 여기서 따온 것이다.

작약(芍藥)은 작약과에 속하는 여러해살이풀로 1m 이하로 자란다. 하나의 굵은 뿌리에서 여러 개의 줄기가 나와 곧게 서며 잎과 줄기에는 털이 없다.

잎은 어긋나며 가지의 가장 윗부분에는 잎 3개가 함께 모여 달리기도 한다.

5~6월에 중심 줄기 끝에서 꽃이 피어나는데 꽃의 크기가 상당히 크고 향기가

진하나 일주일 정도 피었다가 꽃이 진다.

꽃의 색은 분홍색, 흰색, 줄무늬가 있는 흰색 등 다채롭다.

꽃말은 "부끄러움"이며 중국에서는 "정이 깊어 떠나지 못한다."라는 꽃말을 가지고 있어 연인들이 자주 선물하는 꽃이라 한다.

모란꽃과 혼동하기 쉬우나 모란꽃은 나무이며 작약은 풀이다.

다만 둘 다 아름다운 꽃이기에 동양권에서는 미인을 모란이나 작약에 빗대였다.

이와 함께 모란꽃을 "화왕(花王)" 작약꽃을 꽃의 재상인 "화상(花相)"이라 표현했으며 작약꽃을 흔히 함박꽃. 함박초라고도 한다.

다알리아는 국화과에 속하는 여러해살이풀로 땅속에 덩이줄기가 여러 개 있으며 줄기는 곧추서고 높이는 1~2m이며 위쪽에서 가지가 갈라진다.

잎은 마주나며 깃골로 갈라지고 갈래조각은 난형으로 가장자리에 톱니가 있다.

꽃은 7~10월에 가지 끝에서 지름 5~10cm인 머리 모양 꽃차례로 달리며 멕시코가 원산으로 꽃이 크고 화려하며 1963년 멕시코의 국화로 지정되었다.

꽃밀은 빨산색은 "당신이 나를 행복하게 합니다" 흰색은 "친절에 감사하다고 하네요", 분홍색은 "당신을 알게 되어 기쁩니다" 이다.

초여름부터 서리가 내릴 때까지 화려한 꽃이 피기 때문에 전국의 화단이나 정원용으로 잘 어울린다.

봄에 구근을 심는 뿌리 식물이며 백합, 글라디올러스와 함께 여름에 인기 있는 식물이다.

다알리아는 내한성이 약하기 때문에 꽃이 피고 난 후에는 구근을 캐내어 저장하였다가 이듬해 봄에 심는다.

우리 청양 고운식물원에는 1만여 종의 식물들이 지속적으로 피고 지며 사람과 자연이 어우러져 몸과 마음이 치유되는 곳이다

새소리, 물소리, 바람소리 등 자연의 소리와 함께 펼쳐지는 꽃향기에 많은 관람객들의 쉼표 같은 하루가 되길 바란다.

〈2025. 5. 20.〉

모란꽃

작약꽃

다알리아

기(氣) 받는 낙우송(落羽松)

우리 청양 고운식물원에 들어서면 아름드리 낙우송들을 이곳저곳에서 볼 수 있으며 특히 문화아트홀 뒤편 습지에 낙우송의 호흡근(공기뿌리)이 아주 매력적이다.

관람객들은 이곳에 오면 식물원의 정기와 나무의 기(氣)를 받기 위해 공기뿌리를 손으로 만지거나 낙우송 나무에 머리를 대고 기를 받는 등 인기가 좋다.

한의학에서 기(氣)는 사람의 몸은 기로 이루어져 있기 때문에 기의 밸런스가 깨지면 병에 걸리기 쉽다고 하며 동양철학에서는 기(氣)를 천지만물 존재 에너지의 원천으로 기가 모이고 흩어짐에 따라 천지만물이 생성되고 소멸된다고 하기 때문인지도 모른다.

낙우송은 북미 원산으로 주로 호숫가나 강변에 심어 기르기도 하는 낙엽침엽수로 폭 4m에서 높이 50m 정도까지 자라는 큰키나무의 교목으로 우리나라를 비롯하여 미국, 일본, 멕시코 연안에 주로 분포하며 아메리카 수종이라고도 한다.

본래 자생지는 미국 미시시피강 유역이라고 하나 나무의 화석은 북반구의 일본이나 유럽 여러 나라에서 발견되고 있고 갈탄의 연료였다는 설도 있다.

보통 침엽수는 낙엽이 지지 않는데 비해 낙우송은 침엽수이면서 낙엽이 지는 특이한 나무다.

메타세쿼이아와 비슷하지만 잎과 열매 모양이 조금 다른데 메타세쿼이아는 깃털처럼 생긴 잎과 잔가지가 서로 마주나지만 낙우송은 잎과 잔가지가 서로 어긋나게 자라며 깃털처럼 생긴 잎이 가을에 황갈색으로 단풍이 들어 잎이 떨어질 때는 가지채 떨어진다.

낙우송은 질퍽하고 습한 땅을 좋아하는데 나무의 뿌리는 습한 땅에서 호흡하기 어렵기 때문에 땅 위로 공기뿌리(氣根)를 내보내 호흡한다.

낙우송의 생존전략인 공기뿌리는 마치 동굴에서 만들어지는 석순처럼 매력적이고 이색적인 풍경을 만들어 낸다.

땅속뿌리 뻗은 만큼 땅 밖으로 공기뿌리(또는 혹뿌리)를 솟아 올리는데 이는 물을 좋아하는 낙우송의 특성이기도 하다.

서양인들에게는 여위고 벗겨진 무릎같이 보여서 애도하는 무릎이라고도 하며 불교 신자의 눈으로 보면 달마상이나 오백나한(五百羅漢: 석가모니가 남긴 교리를 결집하기 위하여 모였던 오백명의 성자)들이 큰 집회를 하는 것 같다고 한다.

또한 낙우송의 기근을 망부석(望夫石) 같기도 하고 종유석(鐘乳石: 천장에 고드름 같이 달려 있는 석회석) 같기도 하며 이 공기뿌리(호흡근)는 매년 5~10cm 정도 자란다.

낙우송은 잎은 깃 모양으로 갈라지고 선상 피침형으로 끝이 날카로우며 질은 연하고 부드러우며 암수한그루로 4~5월에 자주색 꽃이 피고 달걀모양의 구과(毬果)로 2.5cm 정도이며 가을에 단풍이 든 잎은 새의 날개가 떨어지듯이 잔가지째 낙엽이 지는 소나무란 뜻의 낙우송(落羽松) 이름이 붙여졌다고 한다.

대통령 옛 별장인 청남대에 가면 하늘에 닿을 듯 치솟아 자라는 늠름한 기상을 지닌 낙우송 산책로가 있는 등 전국의 수목원, 식물원 등지에 많이 심겨 있다.

새봄에 솟아나는 연둣빛 잎새는 마음을 편안하게 해주며 여름철 짙푸른 모습은 바라만 보아도 시원한 기분을 주며 가을이 되어 갈빛단풍으로 깊은 맛을 자아내며 우리들의 감탄사를 자아내고 있다.

이러한 낙우송의 늠름한 기상(氣像)과 호흡근의 매력 때문인지 사람들은 나무의 기를 받으려 모여들고 있다.

순수한 사랑을 고백하는 손수건나무

찾아오는 손님들에게 큰 사랑을 드리고 항상 행운이 가득하기를 기원하는 뜻에서 손수건나무를 심고 가꾸는 주인의 마음이다.

이곳 청양 고운식물원에는 다른 곳에서 볼 수 없는 매력적인 손수건나무가 있어 많은 사람들이 찾고 있다.

손수건나무는 낙엽활엽교목으로 중국이 원산지(후베이 성, 쓰촨 성)이며 중국에서 멸종위기 및 희귀식물이며 특히 중국 천문산에 많이 분포하고 있다.

외국에서는 손수건나무보다는 비둘기나무라 주로 부르기도 하는데 이 나무의 매력적인 특징은 긴 백색화포(총포, 포편, 싸개잎)가 꽃을 감싸고 있다는 것이다. 화포가 큰 것은 20~30cm라고 하며 그 모습이 마치 나무에 손수건을 걸어둔 것 같기도 하고 비둘기가 앉아있는 모습 같기도 하여 비둘기나무(dove-tree) 또는 손수건나무(hand ker chief tree)라 불리며 심지어 유령나무(ghost tree)라고도 불린다.

나무의 꽃 모습도 매우 특이하고 개체수도 매우 희귀하지만 이 나무의 아주 특별함은 연구조사 결과 1,000만 년 전 신생기 제3기에 지구상에 존재하였다는 증거인 화석이 발견된 수종으로 제4기 빙하기에 거의 모두 멸종되었는데도 용하게 중국일부에서 살아남은 이른바 살아있는 화석이다.

1869년 서양인에게 처음 발견되어 널리 알려진 세계적인 희귀종이라 하지만 서양인이 발견하기 전에도 쭉 지구상에 특히 중국에서 수천만 년 동안 살아왔던 나무라한다.

꽃잎처럼 보이는 2장의 흰색은 꽃을 싸고 있는 화포로 큰 화포가 바깥을 싸고 작은 화포가 안에서 우산처럼 받쳐 싸고 있는데 바깥 큰 화포는 화려한 장식으로 곤충을 유인하고 작은 화포는 꽃을 보호하기 위한 것이다.

발그레한 꽃들은 지름 1~2cm의 공이 여러 개 대롱대롱 매달린 형태로 피는데 공 하나하나마다 꽃잎의 기능을 하는 커다란 순백색의 잎 모양이 한쌍씩 붙어있다.

어릴 적 콧물을 닦기 위해 하얀 손수건을 왼쪽가슴에 달았던 초등학교 입학식 때의 추억 속 한 장면이 생각나기도 하는 손수건나무는 중국 특유의 진귀한 식물로 중국 국가 1급 보호식물에 등재되었다고 한다.

손수건나무는 꽃의 순백색은 순결함을 고운 형태는 사랑의 아름다움을 상징하며 즉 순수함과 사랑을 상징하며 연인 간의 교감을 나타내고 사람의 감정을 잘 나타낼 수 있으며 자신의 사랑과 우정을 전달하는데 적합한 꽃으로 대중적 호감이 좋다.

따라서 손수건나무는 연인들에게는 순수한 마음으로 사랑을 나누며 고백하고 일반인들한테는 좋은 감정을 교감하며 정담을 나누는 곳, 어린이들에게는 나의 순수함과 위대함 그리고 아름다움과 건강을 상징하는 나무이다.

이 나무는 가정의 달인 5월 중에 약 2주 정도 개화하며 꽃말은 "용서와 사랑"이며 이 나무와 함께 사진을 찍어 기념하면 좋은 추억이 될 것으로 기대한다.

고운식물원 김광두 대표이사는 아르헨티나에 출장 갔다가 공원에서 이 나무를 발견하고 사진도 찍어 오기도 했다고 한다. 특히 중국 장가계 천문산 일대는 손수건 나무로 조성된 곳이 많다고 한다.

봄소식을 알리는 히어리나무

히어리는 조록나무과 낙엽관목으로 1~4m 높이로 자라며 이른 봄에 노란 꽃을 피우고 가을에 둥근 잎이 노랗게 물드는 아름다운 나무다.

이름이 외래식물 같지만 우리나라 고유 특산종이다.

이른 봄인 3~4월에 잎보다 꽃이 먼저 피는데 초롱 모양의 작고 노란색 꽃이 8~12개씩 모여 달려 밑으로 늘어지며 무더기로 피어서 절정일 때는 그야말로 장관이다.

꽃이 지고 나면 잎이 나오는데 잎은 꽤 큰 편으로 둥근 달걀모양이며 가장자리에 톱니가 있으며 앞면은 연녹색 뒷면은 회백색이다.

9월경에 달리는 열매는 긴 돌기가 달린 여러 개의 씨방으로 되어있으며 열매가 익어 벌어지면 씨방마다 2~4개의 새까만 씨가 나온다.

가을(10월쯤)에 잎이 노란색으로 단풍이 드는데 이 역시 아름답다.

환경부의 2005년 멸종위기 2급으로 지정되어 보호받아오다 산림청 학술 조사단에 의해 경남 하동군과 산청군 등 지리산 기슭이나 하천 등 군락지가 발견되는 등 꾸준한 자생지 보전과 서식지외 보전 등 다양한 노력으로 개체 수가 늘어남에 따라 2012년 멸종위기종에서 해제된 바 있다.

히어리의 명명은 여러 가지 설이 많으나 이 나무가 처음 발견된 곳이 전남 순천 조계산 송광사 근처인 데서 유래되어 송광납판화(松廣蠟瓣花: 꽃잎의 질감이 밀랍과 비슷하기 때문)라 부르다가 식물학자 이창복 교수는 1966년 이 나무를 처음으로 히어리라 명명하였고(한국수목도감) 산림청 국가표준 식물목록에서는 히어리를 추천 명으로 하고 있으며, 북한에서는 납판나무라고 하며 송광꽃나무, 시오리나무, 각설대나무라고 부르기도 한다.

히어리는 꽃말이 "봄의 노래"처럼 꽃이 따뜻한 봄볕에 화사하기 이를 데 없이 봄소식을 알린다.

같은 과의 풍년화는 비슷하게 꽃이 피고 가을에 멋진 단풍으로 물들지만 외국에서 들어온 원예종이라고 한다.

청양 고운식물원에는 37.4ha(약 11만 3천 평)의 자연 그대로의 부지에 1만여 종의 꽃들이 피고 지고 있으며 히어리나무는 이곳저곳 많은 곳에 군락을 이루고 있어(약 500여 주 중 20년 이상 100주) 봄, 가을에는 일대 장관을 이루며 많은 관람객을 유혹하고 있다.

히어리는 꽃이 화사하고 가을철 단풍이 아름다워 조경수, 정원수, 산울타리도 인기가 높으며 가을철에 씨를 받아서 노천 매장했다가 이듬해 봄에 뿌리면 약 70~80% 정도 발아된다고 한다.

봄이 왔음을 알려주는 꽃나무 히어리 내한성이 강하고 산기슭에서 잘 자라며 이른 봄에 개화하는 밀원식물로서 환경오염에도 강한 수종으로 알려져 있으며 생태적인 개념에서도 기대되는 나무이다.

히어리의 뿌리껍질은 열이 나면서 오싹오싹 춥고 구역질이 나거나 가슴이 두근두근할 때, 어질어질할 때 이용하면 효능이 있다고 알려져 있다.

시니어 셰어하우스가 뜨고 있다

외롭지 않고 행복한 시니어 셰어하우스 이야기 –

오늘은 화성면에 출장 갔다 있었던 일인데 약 한 달여 전에 90세가 넘은 홀어머니가 편찮으셔서 병원에 입원했다는 소식을 들은 바 있어 오늘 만났기에 어머니는 좀 어떠하시냐고 물었더니 엊그제 퇴원하시어 집에 계신데 건강이 좋아지셨다고 하면서 요양원(병원)에 모실까 봐 조마조마하시길래 절대 요양원(병원)으로는 안 모시고 끝까지 제가 모시겠다고 말씀드렸더니 기뻐하시며 건강이 좋아지셨다고 한다.

요즈음 나이 드신 어른들이 요양병원이나 요양원에 가면 "죽으러 가는 것이다, 살아 돌아오는 사람 보았나" 하시며 "고려시대의 고려장이나 마찬가지이다"라고 이야기하시며 굉장히 두려워하고 걱정하신다.

필자의 어머니도 두려워 걱정하시길래 어머니 요양병원이나 요양원으로 모시는 일은 절대 없을 것이니 걱정하지 말라고 말씀드린 바 있다.

사람이 나이 들고 혼자 살면 외로움과의 싸움이다.

한 유튜브 영상을 보니까 자녀와 함께 살면 결국 갈등이 생기고 간병인을 고용하자니 경제적 어려움이 따르고 요양병원이나 요양원은 감옥살이고 -

그래서 요즈음 어떤 노인은 직장 다니는 이웃 부부의 유아원 아이 데려오는 것을 맡고 대신 저녁을 얻어먹는 형태로 이웃과 함께 살아가는 방법을 찾는가 하면, 어떤 노인은 시니어 셰어하우스로 들어가 살면서 여생을 자유롭고 외롭지 않게 살아간다는 이야기를 들은 바 있으며 부산의 도란도란이라는 노인 전용 셰어하우스에는 3분의 할머니들이 함께 살면서 같이 마음을 나누며 노년을 즐겁게 살아가시는 영상을 보았다.

셰어하우스(share house)란? 다수가 한집에 살면서 개인적인 공간인 침실 외에 거실, 화장실, 주방, 베란다 등을 공유하는 주거 방식으로 최근 1인 가구 증가로 그 수요가 늘고 있다고 한다.

또한 비용 절감과 공동체 복원 측면에서도 긍정적인 평가이며 이는 집값이 상승하면서 홀로 사는 청년세대한테도 인기가 있고 홀로 사는 어르신들한테 주목받는다.

공과금등을 N분의 1로 나누어 부담하기 때문에 주거비용을 줄일 수 있으나 서로 마음이 맞지 않거나 생활패턴이 맞지 않을 경우 작은 다툼이 발생(서로 전기를 많이 썼니, 가스를 많이 썼니, 왜 공용공간 정리 안 하니 등)할 수 있으나 마음이 맞는 사람끼리 거주한다면 최고의 주거 방식이 될 것이다.

요즈음 시니어(seneor)라는 말을 많이 쓰는데 손위, 상위, 연장자라는 뜻을 가진 영어단어이며 흔히 은퇴한 나이 많은 사람들을 시니어라 부른다. (일상에서는 할아버지와 할머니를 일컬음)

따라서 시니어 셰어하우스란 혼자 사는 노인들이 외롭지 않게 살아갈 수 있는 새로운 주거공간으로 떠오른다.

(쉐어하우스와 셰어하우스는 모두 같은 뜻이나 일반적으로 셰어하우스라 한다)

필자는 재직시절 귀농 귀촌 교육 시 반드시 마음이 맞는 3~4가구가 함께 한곳으로 귀농해서 살아야 서로 의지하며 외롭지 않게 살 수 있다고 역설한 바도 있다.

현재 농촌에서는 주로 농한기에 아침부터 저녁때까지 대부분 마을회관에 노인들이 모여 서로 정담을 나누고 점심때는 마을회관에서 공동으로 식사하는 등 외로움도 달래는 마을이 늘어가고 있는데 마을회관도 일종의 시니어 셰어하우스 역할을 하고 있다고 생각하면서 이런 점에서 시니어들의 마음에 맞게 발전시켜 나아가야 한다고 생각한다.

시니어가 혼자 거주하면서 생기는 질병, 외로움, 경제력 등 여러 가지 문제도 있지만 긍정적인 측면에서 보면 독립, 자유, 사교, 평생학습을 통해 건강하고 즐거운 노년을 보낼 수 있기도 하다.

우리 청양군의 65세 인구 비율이 40.7%로 제일 높은 것을 감안하면서 100세 시대 외롭지 않고 즐겁게 노년을 지낼 수 있도록 잘 챙겨서 더욱 살기 좋은 고장으로 거듭나기를 기원한다.

〈2025. 3. 6.〉

구황식물 무릇

어린 시절 할머님께서 산이나 들녘에서 땅속에 묻혀있는 알뿌리(비늘줄기 인경: 鱗莖)를 캐어 껍질을 벗기어 삶고 우려서 엿기름과 함께 섞어 삭힌 후 조청처럼 오래오래 졸이고 고아 주면 맛있게 먹었던 기억이 있다.

지금도 청양 장날이면 시골 할머니가 무릇을 팔아 손자 용돈 줄려고 맛있게 고아 미숫가루나 콩가루를 뿌려 시장에 나온 것을 사서 먹던 생각을 떠올리면 어느새 군침이 돈다. 우리의 식물이며 정성을 다한 먹거리에 더욱 호감이 느껴지는 것 같다.

아직은 그 누가 재배하거나 연구한 사례가 없는 것 같아 이 식물에 대한 연구개발이 필요한 우리네 좋은 식품이며 약용식물이다.

무릇은 백합과의 다년생 여러해살이풀로 파, 마늘, 달래, 부추 등과 함께 사찰에서 금하고 있는 오신채의 하나로 마늘과 비슷한데 봄에 흑갈색의 비늘줄기에서 마늘잎 같은 모양의 잎이 두 개 나온다.

재미있고 특이한 것은 봄에 돋아난 잎은 초여름의 시작과 함께 흔적도 없이 사라지고 초가을 다시 싹을 올려서 꽃을 피운다는 것인데 추운 겨울과 무더운 여름은 땅속에서 편히 쉬겠다는 식물의 속셈인 듯하기도 하다.

무릇은 한국이 원산지이며 아시아 동북부 온대에서 아열대까지 널리 분포하며 양지바른 곳이면 어디서든 잘 자라고 키는 20~50cm이고 잎은 선처럼 가늘고 길며 여러 장이 잎의 밑동에서 나오고 잎은 날카로우며 길이 15~30cm 폭은 0.4~0.6cm이다.

꽃은 7~9월에 줄기 끝부분에서 보랏빛 연분홍색으로 여러 송이가 뭉쳐서 피며 총상꽃차례를 이룬다. 백색의 꽃이 피는 것 등 유사 종도 많으며 최근 관상용으로 화단이나 화분에 기르기도 한다.

꽃말은 강인한 자제력과 인내이며 뿌리 부분은 흑갈색의 비늘줄기로 달걀모양인데 아래 부분에 짧은 줄뿌리가 있어 수염뿌리가 달린다.

열매는 9~10월경에 맺으며 종자는 넓고 뾰족하다.

번식은 구근과 종자로 하는데 9~10월경에 익은 종자를 가을이나 이듬해 봄에 화단이나 화분에 뿌리고 비늘줄기는 여러 개로 나뉘어 모래에 심는다. 해마다 많은 비늘줄기가 생기기 때문에 따로 분리해도 좋다.

무릇은 과거 흉년이 들거나 식량이 떨어질 때 사람들의 배고픔을 채워주는 역할을 한 구황식물(救荒植物)이기도 하며 요즈음은 건강에 좋은 우리 것의 웰빙식품이기도 하다.

잎을 먹을 때는 나물로 무쳐 먹는데 그냥 먹으면 떫은맛이 강해 소금물에 데쳐 찬물로 우려낸 후 나물로 무쳐 먹는다.

무릇에는 아밀로펙틴, 이눌린, 포르스 실마리딘 등 성분이 있어 심혈관 관련 혈액순환에 좋다고 하고 이로 인해 뇌졸중, 뇌혈관 질환, 심장질환 등 성인병 예방에 도움을 주며 혈관 속에 콜레스테롤을 제거해 주고 혈전을 제거해 준다고 하며 이뇨작용 촉진과 방광염, 만성 콩팥염 등에 좋다고 한다.

또한 천연 진통제라 할 정도로 통증 완화에 도움을 주며 뿌리는 구충제로 사용하기도 한다.

한편 동의학에서는 성질이 서늘하고 혈이 잘 돌며 해독, 부종, 강심작용, 이뇨작용, 타박상, 요통, 근골통에 좋다고 하며 면조아(綿棗兒: 무릇의 생약명)라 부르기도 한다.

자연을 잘 이용해 건강한 생활을 했던 선조들의 지혜와 자연에서의 배움을 생각해 보는 이유가 되었으면 하는 생각이다.

〈2025. 6. 28.〉

자연이 주는 선물 마가목

마가목은 장미과의 식물로 한국이 원산지이며 고산지에서 자생하는 소교목으로 최대 10m까지 자란다.

가지에 어긋나게 달려있는 잎은 기다랗고 가상자리에 톱니가 있으며 뒷면은 흰빛이 돈다.

꽃은 5~6월에 가지 끝에 둥글게 모여 피며 겹고른꽃차례를 이룬다.

꽃이 진자리에 맺히는 녹색의 열매는 둥글며 9~10월에 붉은색으로 익는다.

이때 푸른 잎에 붉은 열매가 맺은 장면이 아주 아름다우며 꽃말은 "조심, 신중. 게으름을 모르는 마음"이다. 조선 정조 때 지어진 "광제비급"(이경화 의학사가 1970년 펴낸 의서)에서는 풀 중에 으뜸은 산삼이요, 나무 중에 으뜸은 마가목이라고 되어 있다.

즉 마가목은 산삼에 버금가는 효능을 지닌 나무라는 뜻인지도 모른다.

나무껍질은 회갈색이며 가늘고 긴 돌기가 있으며 가지는 회색이며 털이 없다.

마가목은 원래 말의 이빨 같은 새순이 나온다는 뜻으로 봄에 새싹이 나올 때 말의 어금니를 닮아 이름 지어진 마아목(馬牙木)이 세월을 지나오면서 마가목(馬價木)이 되었다고 전해온다.

마가목의 새순은 나물로 먹는데 끓는 물에 새순을 살짝 데친 후 찬물에 헹궈 물기가 빠지면 양념을 넣고 골고루 버무려 먹으며, 열매는 생으로 먹는 것은 미량의 청산 배당체 같은 성분이 있어(소화불량, 설사 등) 금물이고 말리거나 가공을 해서 먹는데 민간에서는 주로 술로 담가 먹거나 말려서 차로 마신다.

필자가 재직시절인 2014년 산야초 대학을 운영하면서 앞으로 기능성 식물인 마가목이 히트 칠 것이라는 생각과 정원수로 심기 위해 충북 옥천 어느 농장에서 묘목 10주를 사다 은청원에 심었던 기억과 4H 회원을 통해 시범사업을 추진했던 기억이 있다.

번식은 실생 및 무성생식으로 하는데 가을에 채취한 종자는 과육을 오래두면 발아율이 저하(과육에는 발아 억제 물질이 함유)되기 때문에 빨리 제거하고 2년간 노천 매장 후 봄에 파종하며 삽목은 5월에, 6월 상순에는 숙지삽, 7월 중순에 녹지삽, 접목(아접)등으로 번식한다.

마가목은 혈액순환을 개선하고 하체 기력을 회복시켜 남성 정력 강화에 도움을 주며 리코벤과 플라보이드 성분이 뼈 건강과 골다공증 예방에 유익하고 기침, 가래, 천식 등 기관지 질 개선에 도움을 준다고 하며 최근 알려진 소식에 의하면 고산지대인 울릉도에서 마가목의 진정한 가치를 담은 제품 등이 유명하다고 한다.

필자가 얼마 전 들은 얘기로는 의료물질의 80% 정도가 식물에서 얻어진다고 한다.

우리 청양 고운식물원에는 우리 자생식물을 비롯해서 1만여 종의 식물들이 자라고 있다.

자연에서 나고 자연에서 자라는 우리 식물들의 소중한 가치를 생각해 보며 사람과의 반려, 기후변화 대응과 환경 그리고 의료산업에 이르기까지 더 깊은 관심으로 연구하고 개발하여 블루오션을 찾아야 할 때가 아닌가 생각해 본다.

〈2025. 7. 1.〉

마가목 개화

마가목 열매

나라꽃 무궁화

다가오는 8월 8일은 무궁화의 날이다.

무궁하다는 무한대의 기호(∞)를 사용해 2007년 민간단체 주도로 지정하였다고 한나.

무궁화(無窮花)는 영원히 피고 또 피어서 지지 않는 꽃이라는 아름다운 뜻을 가지고 있다.

예로부터 민족의 사랑을 받아왔으며 고조선 이전부터 하늘나라의 꽃으로 귀하게 여겼으며 신라는 스스로 무궁화의 나라라고 부르기도 했고 일제강점기기와 광복 후에도 자연스럽게 나라꽃으로 자리매김하였다고 한다.

옛 문헌을 통해 이미 2,500년 전부터 이 땅에 무궁화가 피었으며 오랜 역사 문화 속에서 우리 민족과 동고동락하며 나라꽃, 희망의 꽃, 백성의 꽃으로 이어져 오면서 민족정신의 상징으로 부각 되었으며, 피고 지고 피는 꽃이 우리나라 사람들의 강인 정신력과 닮아 우리나라 꽃이 되었다고 한다.

무궁화의 원산지는 중국, 인도이며 세계적으로 300여 종의 무궁화가 존재한다고 하며 우리나라에서는 고조선 시대부터 무궁화가 자생하였으며 고려시대에 무궁화를 국화로 지정하였고 조선시대 과거시험에 무궁화에 대한 문제가 출제되기 시작하였다고 한다.

7월 초순부터 10월 중순까지 거의 매일 꽃이 활짝 피고 지는데 새벽 1시경에 꽃을 피우고 오후(낮 12시)가 지나면 오므라들기 시작해 해가 질 무렵 꽃잎이 봉우리 채 떨어지며 가장 아름답고 신선한 무궁화꽃은 아침 햇살이 퍼질 무렵인 오전 10시경이며 100여 일 동안 한그루에서 피고 지는 꽃송이가 2~3천 송이라고 한다.

아욱과에 속하는 낙엽관목인 무궁화는 높이가 3~4m 정도까지 자라며 꽃의 형태는 홑꽃, 겹꽃, 반 겹꽃 등 3가지가 있으며 꽃의 지름은 약 7.5cm이다.

5천 년 대한민국의 역사를 담고 함께 해온 무궁화는 품종에 따라 다양한 색상의 꽃이 있으며 영원, 일편단심, 끈기, 진취성, 세심함 등 꽃말이 있으며 자귀나무, 배롱나무와 함께 우리나라 여름철 3대 꽃나무라 부르기도 한다.

우리 청양 고운식물원에는 120여 종의 다양한 국화꽃들이 피어있다.

여름방학 철이며 8월 8일 무궁화의 날을 맞아 고운식물원에서 아름다운 국화꽃과 꽃이 가진 의미를 되새겨 보는 것도 좋을듯하다.

무궁화 번식은 종자, 꺾꽂이, 포기나누기 등으로 하며 생명력이 강해 키우기가 쉽다.

오랜 세월 우리 민족과 함께해 온 무궁화는 조선말기 개화기를 거치면서 "무궁화 삼천리 화려강산"이란 노랫말이 애국가에 포함된 후 더욱 사랑을 받았다.

따라서 우리 민족과 함께 영광과 어려움을 같이해 온 선조들의 고귀한 민족정신과 나라 사랑의 길을 되새겨 보았으면 하는 마음이다.

부부 금슬 좋게 하는 자귀나무(사랑나무)

자귀나무는 콩과의 다년생 낙엽교목으로 한국, 중국, 이란 등 아시아 중남부가 원산지인 이 나무는 우리나라 산과 들에서 서식한다.

미모사가 잎을 건드리면 움츠러들 듯이 자귀나무는 밤이 되면 양쪽으로 마주난 잎을 포갠다. 때문에 과거에는 갓 결혼한 신혼부부를 위해 마당이나 정원 등에 심었다 하며 부부 금슬을 상징하는 나무로 사랑초라 부르기도 하며 마치 서로 안고 있는 모습을 보여주며 합환수(合歡樹), 합혼수(合婚樹). 야합수(夜合樹) 등으로 불린다.

또한 지진과 같은 천재지변이 일어나면 잎을 닫는다는 이야기도 있다.

자귀나무는 나무를 깎는 자귀의 손잡이를 만드는데 사용되었기 때문에 자귀나무라 한다는 설이 있으며 소가 무척 좋아하고 잘 먹는다 하여 소 쌀나무라 부르는 곳도 있다.

필자가 청양군청에 근무할 때 자귀나무 꽃이 너무 아름다워 가로수로 적극 권장하고 실제로 대치면 구치리 로변 가로수로 심었으며 어릴 적 산에 올라 자귀나무를 따서(당시는 짜게 나무라 함) 소에게 주었던 기억이 있는 나무다.

잎은 줄기에 하나씩 달리는 것이 아니라 아카시 나무처럼 작은 잎들이 모여서 하나의 가지를 만들고 이들이 다시 줄기에 달리는데 이것을 복엽이라 하며 대부분의 복엽은 작은 잎들이 둘씩 마주나고 맨 끈에 잎이 하나 남는데 자귀나무는 작은 잎이 짝수여서 밤이 되어 잎을 닫을 때 홀로 남는 일이 없다 그래서 부부 금슬을 상징한다.

꽃은 연분홍색으로 6~7월에 피는데 작은 가지 끝에 15~20개씩 산형으로 달리며(우산 살처럼 짧은 꽃자루들이 한 곳에서 많은 수로 퍼져나가는 형태) 수술은 25개 정도로 길게 밖으로 나오고 윗부분이 홍색이다.

수술의 꽃받침에 가까운 쪽은 흰색이지만 수술머리 쪽은 갈수록 분홍색이 진해지는 품종이 일반적이며 꽃이 홍색으로 보이는 것은 수술의 빛깔 때문이며(흰꽃을 피우는 품종도 있음:주로 여수지방) 기다란 분홍 수술이 부채꼴 모양으로 늘어져 공작처럼 화려하게 펼쳐지며 매우 아름답다.

은은하고 달콤한(향기가 잘 익은 살구 냄새와 비슷) 꽃을 피우기 때문에 밀원수로도 좋으며 열매는 9월 말에서 10월 초에 익고 콩과식물답게 콩깍지처럼 편평한 꼬투리이며 길이 15cm 내외로 5~6개의 종자가 들어 있다.

자귀나무의 꽃말은 "환희와 가슴의 두근거림"이다.

잎과 줄기는 약용으로 쓰이진 않으나 껍질을 벗겨 불면증 등 약으로 쓰기도 하는데 이것을 합환 피라고 한다.

자귀나무의 번식은 종자파종과 삽목 등 2가지 방법이 있는데 가을에 익은 꼬투리를 따서 종자를 채취한 후 보관하였다가 이른 봄에 뿌리는데 씨앗이 단단한 껍질을 가지고 있어 전처리가 필요하며 파종 전 뜨거운 물에 하루 정도 담가두거나 껍질에 약간의 상처를 내면 발아율이 촉진될 수 있다.

삽목은 6~7월 사이에 반숙지(10~15cm 길이) 이용하는 것이 좋으며 발근제를 처리하면 성공을 높일 수 있다.

두 방법 모두 충분한 햇빛과 수분 관리가 중요하며 자귀나무는 햇빛을 충분히 받는(하루 6시간 이상) 위치에 심는 것이 좋다.

청양 고운식물원에는 자귀나무가 여러 주 있다. 특히 홍엽 자귀나무도 있다.

부부사이를 더욱 좋게 하려면 이곳에 와서 자귀나무를 만지면 부부의 금슬이 좋아진다.

1만여 종의 식물들이 자라며 4계절 꽃이 피고 지고 또 피는 천상의 화원(天上의 花園) 이곳에서 자연과 함께 몸과 마음도 치유하고 부부의 금슬도 더욱 좋아지기를 기원한다.

〈2025. 7. 4.〉

人間과 自然의 調和 그리고 共存

인간은 자연의 품에서 함께 할 때 큰 행복을 느낀다.

한 예로 대자연이 펼쳐지는 숲 속에서 새들의 지저귐(새소리), 물소리, 나뭇잎 스치는 소리(바람소리) 등 자연의 소리를 들으며 인간과 자연은 연결되어 있고 소통할 수 있으며 같이 공존하는 것을 깨달을 때 순간순간 작은 것들에 감사하며 행복해진다.

인간과 자연의 조화는 지속 가능한 미래를 위한 필수요건이며 공존하는 것이다.

영국의 철학자 베이컨 등 많은 학자들이 인간 중심주의 자연관을 주창하였지만 결국 기후변화, 자연고갈, 환경오염, 생태계 파괴 등을 불러왔다.

물, 공기, 식량 등 인간이 생존하고 번영하는데 필수적인 자원은 모두가 자연에서 비롯되며 인간과 자연은 떼려야 뗄 수 없는 상호 공존 관계로 자연이 건강해야 인간도 건강하다. 깨끗한 공기와 물은 물론 풍부한 자연생태계는 인간에게 안정적인 삶을 제공하고 자연과의 조화는 상호 의존성을 유지하며 미래세대에 물려줄 수 있는 최고의 가치이며 자산이다.

자연과의 조화를 이루는 것은 지속발전을 위한 필수조건이며 지속 가능성은 현재와 미래를 모두 고려하여 자원을 효율적으로 활용해 환경에 미치는 영향을 최소화하여야 하며 이를 위해서는 재생 가능한 에너지, 친환경 기술 그리고 우리 모두의 새로운 환경의식이 중요하다.

자연을 바라보는 관점으로 자연환경은 기본적으로 인간의 생존에 필요한 의식주의 원천을 제공하지만, 한편으로는 자연재해를 통해 인간의 삶과 생활에 커다란 위협이 되기도 하기 때문에 자연과 어떤 관계를 맺느냐에 따라 삶의 방향이 달라진다.

따라서 인간과 자연은 서로 영향을 주고받는 유기적 관계로서의 조화와 균형이 중요하다.

고대 그리스의 철학자 아리스토텔레스는 식물은 동물의 생존을 위해서 동물은 인간의 생존을 위해서 존재한다 하였으며, 인간 중심주의는 산업화시대의 주요 기조였으나 결과적으로 심각한 환경파괴를 가져왔다.

즉 현대 인간이 누리는 물질적 풍요와 편리함을 가져다주었지만 지구는 몸살을 앓고 있다.

그래서 최근에 온건한 인간 중심주의가 새롭게 등장하는데 인간만 생각하는 이기심을 버리고 자연을 보호, 보존하여야 한다.

또한 환경 파괴를 가져온 인간 중심주의의 반성으로 생태 중심주의가 등장하는데 모든 생명체를 자연의 일부로 보고 그 가치를 존중해야 한다는 관점에서 인간은 자연의 일부로서 서로 주고받는 조화와 균형으로 공존해야 하며 인간 편의를 위해서 자연을 개발하는 것을 지양하고 물, 공기, 토양뿐만 아니라 모든 생태계가 존중받아야 한다는 것이다.

미국의 생태학자이며 환경 보호론자인 「알도 레오폴드」는 인간은 토양과 물, 동식물 등과 함께 하나의 공동체 안에서 서로 의지하며 평범한 시민으로서 역할을 다하게 될 때 자연을 단순한 자원이 아닌 인간과 동등하게 보는 철학을 주창하며 생태계의 중요성을 강조하는 "대지 윤리"가 비로소 실현된다고 하였다.

그러나 자연에 대한 인간의 어떤 개입도 허용하지 않는 극단적 생태 중심주의는 비판의 대상이 된다고 하였다.

우리는 인간 중심주의와 생태 중심주의의 조화와 균형 속에서 자연을 이해하고 배워야 하며 공존해야 할 것이다.

인간과 자연의 조화를 위해 우리가 실천할 수 있는 방법은 다양하며 우선 1회용품 줄이기, 재활용, 대중교통 이용 등 작은 실천부터가 큰 변화를 가져올 수 있다.

자연은 생명의 근원이며 자연의 파괴는 환경오염, 기후변화, 해수면 상승, 생태계 파괴 등 인류에게 큰 피해를 준다.

따라서 지속 가능한 개발과 환경보호를 통해 자연과 공존해야 하며 그 이유는 생태계의 균형 및 인간의 건강과 복지 그리고 지속 가능한 미래를 위해서다.

자연을 보호하는 것은 자신의 삶과 직결된다는 것을 인식하고 행동으로 옮기는 것이 중요하며 자연과 조화로운 관계를 유지하는 것은 우리의 생존과 미래를 위한 필수적인 선택임을 인식하고 자연과 공존하는 지속 가능한 삶을 위해 모두가 노력해야 할 때인 것 같다.

〈2025. 7. 12.〉

꿈과 미래가 있는 숲 사랑

숲은 수많은 식물들과 풀 그리고 헤아릴 수 없는 미생물, 곤충, 야생동물들이 모여 사는 보금자리이다.

이들은 제각기 룰이 있고 질서가 있으며 지구상에서 가장 완벽한 자연이 낳은 최대의 걸작이다. 필자는 오늘 중부산림청장으로부터 숲사랑 지도원으로 위촉을 받았는데 이는 평소 숲사랑 운동을 실천하기 위함인지도 모른다.

숲은 우리에게 많은 이로움을 주는 보물 창고이며 가장 기본이 되는 우주만물의 이치와 질서가 숲에 있기 때문이다. 따라서 숲을 가꾸고 지키는 일은 우리 인류의 사명인지도 모른다.

연구에 의하면 숲은 도덕성과 사회성 등 심성을 향상하고 자존감을 높이며 건강을 증진하고 치유할 수 있는 곳이라 밝혀지고 있다고 한다.

즉 필자가 주창하는 인성(인품)을 길러주는 곳이기도 하다. 이는 요즈음 실종되어 가는 윤리의식을 일깨워 준다는 뜻인지도 모른다.

또 숲이 우리에게 주는 이로움은 어떤 것들이 있을까 생각해 보면 숲은 거대한 산소 공장으로 신선한 공기를 제공하며 공기청정기 역할도 한다.

인체에 해로운 대기 중의 먼지 등 공기를 정화하는데 숲 1m²당 1년 동안 약 3kg의 먼지를 나뭇잎의 흡수를 통해 흡수해서 공기를 맑게 해준다고 한다. 그래서 숲에 오면 공기가 좋다는 것이며 또한 숲은 대도시보다 음이온 발생이 많다.

실개천의 작은 폭포, 산림의 호흡작용, 토양의 증산작용, 깨끗한 자연환경 등에서 발생되는 음이온은 자율신경의 진정, 불면증 개선, 신진대사의 원활, 세포 기능 활성화 등에 도움을 준다고 하며 식물들이 품어내는 방향성 항균물질인 피톤치드는 우리 몸의 면역력을 높여주고 마음을 안정시키며 스트레스를 줄이는데 효과적이다.

어느 자료에 의하면 의료물질의 80% 이상을 식물에서 얻는다고 하며 숲에서 자생하는 다양한 식물이나 약초 등을 의료산업 소재로 다양한 요리로 연구하고 있다고 한다.

숲은 미생물을 비롯하여 모든 생명체의 터전이며 동물들의 먹이 장소, 피난처, 보금자리로 수많은 생명체들이 살고 죽는 생로병사가 있는 곳이다.

또한 나뭇잎 등을 통해 반사되어 비치는 간접햇빛은 자극 없이 행복한 느낌을 주는 세로토닌 분비를 활성화시켜준다.

또한 나무의 뿌리들이 흙을 붙잡고 흙에는 스펀지처럼 많은 물이 스며들어 녹색댐 역할을 하며 숲길 산책은 지친 일상에서 벗어나 자연 속에서 휴식을 하고 피로를 해소하며 심신의 안정을 찾는 곳이다.

한편 숲은 목재, 펄프, 합판 등 나무 자원의 곳간으로 보물 창고요 천연의 생산 공장이며 버섯 등 여러 가지 청정산채류의 생산기지 등 경제적인 자원이 크다. 숲의 공익적 가치는 2020년 기준 259조 원으로 국민 1인당 연간 499만 원의 혜택을 보고 있는 것이다.

이외에도 숲이 우리에게 주는 이로움과 가치는 무한하다 할 것이며 사람을 비롯해서 동. 식물 모두에게 생명의 보고(寶庫)이다.

꿈과 미래가 있으며 아낌없이 주는 숲에게 항상 감사함을 느끼며 건강하고 깨끗한 숲을 위해 다 함께 노력해야 한다.

숲을 사랑하는 사람으로 산림보호의 중요성과 산, 나무, 숲 그리고 식물에 이르기까지 우리의 자연과 생태계의 보존에 대하여 홍보하고 연구해야 하고 이를 통해서 그 가치를 더욱 증진시켜야 하며 이것이 또한 생물다양성을 지키고 추구하는 길이 아닌가 생각해 본다.

〈2025. 7. 19.〉

세상의 아름다움을 위하여

오늘은 5월의 마지막 날 고운식물원 문화아트홀에서 관람객을 안내하는데 30대로 보이는 젊은 부부가 유모차를 끌고 등장하였다.

어린아이인가 보다 하고 무척 반가웠지만 자세히 보니 유모차 안에는 반려견(강아지) 2마리였다. 순간 많은 생각을 하게 되는데 그래 그래도 집에 문 열고 들어가면 꼬리 치며 반갑게 맞아 주는 것은 강아지밖에 없다는 어느 지인의 말이 생각나며 강아지를 집안에서 한 달만 키워보면 강아지 없으면 못 산다는 말이 실감나듯 한다.

어릴 적 부모님을 비롯해서 할아버지 할머니 삼촌 고모 형제들이 집안에 많아 가끔 싸우기는 하였지만 외롭지 않게 자라며 장유유서 그리고 의리와 예절을 배우고 서로 교감하며 정들고 다정다감하게 살아왔다. 지금은 혼자인 세상에 외로움을 타고 결국은 동적인 개념인 강아지 등과 교감하다 보니 강아지 없이 못 산다는 말이 나오는 이유인 것 같다.

경제적인 이유로 부모가 일찍 아이를 유아원에 보내고 모유가 아닌 소 젖을 먹여 키우니 그도 그럴 수밖에 없는지 모른다. 자기밖에 모르는 이기주의가 발달하고 좋은 것 맛있는 것 있으면 자기 욕구부터 채워야 하니 말이다. 이러다 보니 부성애. 모성애가 사라지는가 하면 가족 간 교감이나 개념이 사라지는 것 같기도 하다.

새해 세배나 제사 문화도 점차 사라지고 부모가 나이 들면 가기 싫어하는 요양원이나 요양병원으로 보내지고 사람이 죽어도 과거 3년 상(대상)에서 1년 상(소상), 49제, 삼우제로 바뀌더니 이제는 장례식과 함께 탈상해 버리고 고인이 돈이 없으면 시신수습도 장례도 안 치르고 모르는 사람처럼 대하니 필자가 이해하기엔 아직은 이르다는 생각을 해본다.

웃어른 존경문화, 부모 존경문화, 가족 존경문화는 없어지는 것 같고 너는 너 나는 나라는 식의 문화이다 보니 깊은 정과 교감이 없고 사랑이 메말라 간다.

한 아파트에 살면서 같은 동 아래 위층 간에도 원수 아닌 원수가 되고 그야말로 닭장속에서 말없이 지내고 있으니 말이다.

한번 결혼하면 검은 머리 파뿌리 되도록 오랜 세월 같이 살며 소중한 인연과 정이 흘렀는데 지금은 돌아온 싱글, 이혼, 졸혼 등 갈등이 심화되고 있는 실정이다.

얼마 전만 해도 부모님, 할아버지, 할머니, 삼촌, 고모, 형제, 자매는 정말 가까운 사이였다. 그래서 천륜(天倫)이라 하였다.

다 그런 것은 아니지만 요즈음 오랜만에 그것도 식당에서 손자, 손녀들을 보면 아이들이 낯설어하고 마구 운다.

아이들한테는 왠지 분위기가 낯설고 서먹서먹하니 짜증을 내는데 그도 그럴 것이 교감이 없어 익숙하지 못하니 당연한지도 모른다.

사람이 자주 만나야 정이 들고 교감이 생기는 것인데 모처럼 그것도 집 밖에서 만나니 그럴만하다 아이들이 달리 표현이 있겠는가 울음밖에….

집이라는 공간에서 밥도 같이 먹고 잠도 같이 자며 대화라도 나누어야 서먹서먹하지 않고 낯설지 않겠는가! 옛 어른들 말씀에 며느리가 시집오면 시댁에서 온 가족과 함께 1년간은 같이 데리고 살아야 한다는 말이 있는데 가풍을 전수 시켜주는 것도 중요하지만 서로 교감 때문인 것 같다.

사람은 서로 싸울수록 정이 든다는 말이 있다. 서로의 생각이 다를뿐이지 틀린 것은 아니다 서로 다름을 인정하고 이해하여야 교감이 된다. 비록 떨어져 있더라도 자주 만나고 교감하며 소통해야 더욱 가까워지며 친숙해진다.

그래야 낯설고 서먹서먹한 느낌이 없어지고 정이 생긴다.

인간이 인간답게 살아가는 윤리의식은 유아원, 유치원, 초등학교부터 배우고 익혀야 올바른 자아가 형성된다.

옛말에 세 살 버릇 여든까지 간다는 말이 있다.

어릴 적 습관은 못 고친다는 말인지도 모른다.

정규 교육의 시작인 초등교육은 그래서 중요하며 소중함과 함께 최고의 가치를 지닌다고 필자는 생각하며 어린아이부터 성인에 이르기까지 많은 교감과 대화 그리고 사랑이 함께해야 한다.

이것이 또한 세상사의 아름다움 아니겠는가!

〈2025. 7. 24.〉

※ 참고문헌

◦ 수목의 목재문화(숲과 산림문화)
◦ 숲과 문화(사)숲과 문화연구회)
◦ 미래를 열어가는 식물이야기(고운식물원)
◦ 산림자원연구소(충남)
◦ 한국식물도감(이창복 박사) 상·하
◦ 바람직한 식물의 관리와 이해(고운식물원)
◦ 자연과 사람이 하나되는 곳(고운식물원)
◦ 삶이 있는 꽃 이야기(이상권 지음)
◦ 의기의 식물(이충건 옮김)
◦ 지피식물학(방광자 지음)
◦ 한국의 약용식물(배기환 박사)
◦ 멸종위기 야생동식물 보전
(한국 서식자의 보전기관연구회)
◦ 한국의 야생화 이야기(윤숙현 옮김)
◦ 인터넷(구글, 네이버, 다음 등)
◦ 홈페이지(고운식물원, 청양군청, 충남도청, 환경부, 산림청, 통계청, 기상청)

자연 환경 식물이야기

초판 1쇄 인쇄 2025년 12월 20일
초판 1쇄 발행 2025년 12월 25일

지은이 강상규

펴낸이 강신용
펴낸곳 문경출판사
주 소 34623 대전광역시 동구 태전로 70-9(삼성동)
전 화 (042) 221-9668~9, 254-9668
팩 스 (042) 256-6096
E-mail mun9668@hanmail.net
등록번호 제 사 113

값 30,000원

ISBN 978-89-7846-887-9 03810